하나님과 함께하는 직장생활

Mit Gott im Job

Ganzheitlich leben - Gott am Arbeitsplatz begegnen

PETER ASCHOFF

ORIGINALLY PUBLISHED IN GERMAN UNDER THE TITLE OF MIT GOTT IM JOB

COPYRIGHT © 2004 BY PETER ASCHOFF,
PUBLISHED BY R. BROCKHAUS VERLAG WUPPERTAL,
PRINTED IN GERMANY.

KOREAN TRANSLATION COPYRIGHT
© 2006 BY CHRISTIAN LIFESTYLE PRESS,
SEOUL, KOREA.

....

이 책은 R. Brockhaus 출판사와의 독점계약에 의해
도서출판 CLP에서 출간된 책입니다.

....

도서출판 CLP(Christian Lifestyle Press)는 그리스도인으로 살기운동 출판부입니다.
그리스도인으로 살기운동(www.clm.or.kr)은 철저히 헌신된 삶을 독려하고, 삶의 전 영역에서
온전한 그리스도인의 모습이 나타나도록 돕는 단체입니다.

하나님과 함께하는 직장생활

그리스도인의 직장생활을 위한 실제적인 지침서

페터 아쇼프 지음 / 이해란 옮김

사랑하는 한국의 독자 여러분께

저는 이 책을 쓰면서 언젠가 이 책이 한국말로 번역되리라고는 꿈에도 생각지 못했습니다. 이제 이 일이 이루어져 매우 기쁘면서도 동시에 저의 독일적인 사고방식과 실례들이 때때로 이해하는데 어려움을 줄 수도 있겠다는 생각이 들었습니다. 따라서 성령께서 여러분이 이 책을 읽을 때 도와주시고, 읽고 난 후 제가 할 수 있는 그 어떤 것 보다 더 좋은 통찰력을 독자들에게 주시기를 기도드립니다.

한국민족과 독일민족은 어쨌든 몇 가지 공통점을 갖고 있습니다. 우리는 전쟁으로 민족이 서로 나눠져 많은 고통을 경험했습니다. 그리고 독일이 이 문제를 푸는 데 있어 약간 더 앞서긴 했지만 이곳에서도 이 분단이 완전히 극복된 것은 아닙니다. '서구적'으로 방향을 잡았던 쪽은 경제적으로 많이 발전하여 이웃 민족들로부터 절제력 있고 근면한 노동자들이라는 명성을 얻으며 부를 이룩했습니다. 그리고 기독교의 역사가 더 긴 독일 역시 (분명 현재는 더 적은 영향력을 끼치고 있을 수도 있지만)오늘날 한국이 처해 있는 것과 마찬가지로 세계화되어가고 나날이 급변하는 세상의 도전을 받고 있습니다.

저는 여러분이 이 책을 읽을 때 많은 좋은 자극들을 받을 수 있기를 바랍니다. 우리 모두가 공동으로 하나님과 함께하는 용기 있는 걸음을 내딛고 하나님의 가능성들을 발견한다면, 우리는 개인적인 삶에서, 우리들의 교회 안에서 그리고 또 결국은 우리 사회 안에서도 변화들을 보게 될 것입니다. 그리고 우리 이웃들에게는 진보적이고 절제력 있는 모습뿐 아니라 행복하고 느긋하며 기쁨에 찬 사람들로 인정받게 될 것입니다.

2006년 8월
Peter Aschoff

차례

서문 _ 9

제 1장 직장생활 속 긴장의 현장들

1 위기를 극복하는 방법 _ 13
      ··· 주전자 속의 개구리

2 갈등을 이겨내는 법 _ 25
      ··· 확고한 정의

3 일이 재미있어지는 방법 _ 39
      ··· 의욕의 불모지대를 통과하며

4 성공에 대한 정의 _ 55
      ··· 가치-창조

5 경제적인 자유에 이르는 법 _ 69
      ··· 돈이냐 생명이냐

6 건강한 자존감을 형성하는 방법 _ 87
      ··· 명예의 문제

7 나의 삶의 질을 높이는 방법 _ 103
      ··· 확실하게 차단하기

8 모든 것을 통합하는 방법 _ 117
    … 세상의 모든 시간

9 절망적인 상황을 극복하는 법 _ 131
    … 무력한 자들의 힘

10 난처해하지 않고 예수님에 관하여 이야기 할 수 있는가? _ 145
    … 잘 맞는 신발

11 비밀이 드러나다 _ 163
    … 하늘의 식민지들

제 2장 사고의 틀 바로잡기

12 그리스도인들이 일상을 새롭게 발견해야 되는 이유 _ 181
    … 성전만으론 충분하지 않다

13 하나님이 일을 만드신 이유 _ 197
　　… 취미그리스도인에서 전업제자로

14 나의 행위를 의미 있게 만드는 법 _ 207
　　… 아담의 동물들과의 생활

15 도전의 변화 _ 221
　　… 과거와 현재의 일

16 올바른 자리를 찾는 방법 _ 235
　　… 소명과 직업

17 이 세상에 대한 하나님의 계획 _ 249
　　… 괴물과 인간에 관하여

　참고도서 _ 266

■ 서문

지난 수년간의 엄청난 변화와 함께 직업세계는 우리 일상과 가정생활 그리고 우리의 행동에서 많은 것들을 변화시켰습니다(그러나 그 변화가 모두 좋은 것만은 아닙니다). 많은 경우 우리의 사고는 변화를 좇아가지 못했고 새로운 질문에 여전히 옛 답변을 주려합니다.

이 책의 목적은 그리스도인들이 변화에 더 이상 무력하게 반응하지 않고, 변화에 뒤처지지 않으며 다시금 능력 있게 행동하도록 하는데 있습니다. 그리고 이 책의 일차적인 목적은 어떤 지침서 역할을 하려는 것이 아닙니다. 지침서는 실제적인 조언은 제공하지만 우리에게 많은 문제들을 야기했던 생각의 습관은 변화시키지 못합니다. 또한 이미 지나친 요구를 받고 있는 사람들에게 또 다른 의무를 지우는 교화적인 노동윤리서가 되려는 것도 아닙니다. 저는 복음의 빛 아래서 당신이 당신의 일상에 대해 명확하고 자주적인 관점을 찾도록 -창조주이신 하나님만 제외하고 다른 모든 것들의 중심이 되는 직업세계의 한 가운데서- 당신을 고무시키려 합니다.

만약 당신이 이제 막 믿음에 관심을 갖기 시작했고, 믿음으로 인해 혹여 세상과 동떨어진 이상주의자가 되지 않을까 걱정하고 있다면 안심하고 계속 이 책을 읽어 나가십시오. 이러한 걱정들 중 많은 것들이 기우였다는 것이 드러나게 될 것입니다. 적어도 당신이 예수님과 함께 모든 일을 하리라 결단하려 할 때 당신의 일상에서 무엇을 얻을 수 있을지 알게 될 것입니다. 저는 우리 삶의 긍정적인 변화를 위한 열쇠는 생각과 마음에 있다고 확신합니다. 변화의 열쇠는 우리가 하루아침에 변경할 수 없기에 이미 많은 사람들이 항복했던 환경이나 기술, 구조에 있는 것이 아닙니다. 당신이 '하나님과 함께 하는 직장생활'을 하겠다고 마음먹는 순간 놀라운 긍정적인 변화를 경험하게 될 것입니다.

저는 이 자리를 빌려 많은 사람들에게 감사를 전하고 싶습니다. 무엇보다도 저를 사랑으로 격려하고 지원해 준 아내에게 감사합니다. 아내가 아니었다면 이 책이 나올 수 없었을 것입니다. 그리고 큰 인내심으로 제가 이 책의 내용을 발전시킬 수 있었던 영역을 제공해 주었던 저희 교회에 감사드립니다. 친절한 대화와 건설적인 조언에 대해 우도 안리히(Udo Anrich)와 호어스트 우쯔(Horst Utz), 마르틴 라우(Martin Rauh)와 스티브 클리포드(Steve Clifford)에게 감사합니다. 함께 일해 준 알브록하우스(R. Brockhaus) 출판사의 직원들에게도 감사드리며 마지막으로 세 분의 위대한 "W"에게도 감사드립니다. 이 분들의 책을 통해 지난 수년간 하나님과 세상에 관한 제 생각에 많은 영감을 받았습니다. 이 분들은 달라스 윌라드(Dallas Willard)와 월터 윙크(Walter Wink) 그리고 엔 티 라이트(N. T. Wright)입니다.

2004년 오순절에 에어랑엔(Erlangen)에서
페터 아쇼프(Peter Aschoff)

제 1장
Mit Gott im Job

직장생활 속 긴장의 현장들

··· Ganzheitlich leben – Gott am Arbeitsplatz begegnen

1 위기를 극복하는 방법
(주전자 속의 개구리)

> 모험이란 이해는 되었지만 실행할 수 없는 것일 뿐이다.
> 실행할 수 없는 것이란 모험을 잘못 이해한 것뿐이다.
> 체스터톤(G. K. Chesterton)

클라우스는 그레고르의 작은 사무실 문을 열었다. 시각은 아침 8시 30분이었고 그레고르의 직원들은 한 시간 후에나 출근할 것이었다. 각자의 일을 시작하기 전 함께 의견을 나누고 기도할 시간이 두 사람에게 충분했다. 흥미롭게도 지난주의 기도제목들은 그들의 기도생활이나 부부생활이 아닌 그들의 일에 관한 것이었다. 오늘도 그랬다. 그레고르는 커피 한 잔을 앞에 놓고 전부터 위생설비를 거래해 온 한 고객이 비교적 비싼 제품을 주문해 놓고서는 자기 배우자의 의료보험 비용도 함께 지불해 줄 것을 요구했던 일에 관해 이야기하기 시작했다. 그레고르가 직접 그 사람을 상대했던 것은 아니지만 그를 담당했던 동료가 어떻게 해야 할지 몰라 그레고르에게 물어왔던 것이다. 게다가 그 남자는 그의 요구가 받아들여지지 않으면 경쟁사로 거래처를 바꾸겠다는 뜻을 내비쳤다.

그레고르는 이 부당한 요구의 뻔뻔함에 당황했지만 동시에 그와 동료들 모두는 그 당시 더 이상 고객들을 잃어서는 안 되는 상황임을 잘 알고 있었다. 주면의 상점들이 이미 문을 닫아야만 할 상황이었고 고객들은 시내중심가의 다른 곳들을 선호하고 있었다. 옛 우정을 위해 한 번 눈감 아주는 것이 그렇게 나쁜 일일까? 의료기관들에선 매년 수십억이 낭비되고 있지 않은가. 또 다른 측면에서 이런 선례가 알려지면 직원들이 어떻게 생각할 것인가? 더 소소한 부정행위들과 횡령사건이 쌓이게 되지 않겠는가? 그렇다면 그는 어디까지 고객의 편의를 위한 한계를 두기 원하며 그 이유는 무엇인가? 그렇게 되면 새로운 관리자로서의 그의 옳은 품행과 직원들에 대한 그의 도덕적 권위 또한 사라질 것이다. 그가 어떻게 결정하든 그레고르는 손해를 볼 수밖에 없는 상황이었다. 클라우스는 자신의 상황을 생각했다. 그가 만약 이와 같은 난처한 상황에 처하게 된다면 어떤 결정을 할 것인가? 그는 왠지 자신이 그런 순간에 대해 전혀 준비되어 있지 않으며 아마도 이때 위 부근에 거북함을 느끼더라도 갑작스런 압박에 굴복할 것 같았다. 그러나 존경스럽게도 그레고르는 바르게 처신했으며 거래를 거절했다. 그레고르는 영웅이 된 것같이 느끼진 않았지만 이러한 곤란한 상황을 앞으로 더 잘 이겨낼 수 있을 것 같았다.

만약 개구리를 뜨거운 물속에 던진다면 개구리는 할 수 있는 한 빨리 빠져나오려고 온간 힘을 다 기울일 것이다. 그러나 개구리를 미지근한 물에 넣고 열을 가하면 이 불쌍한 짐승이 그릇에서 튀어나오는 일 없이 요리할 수 있다. 걱정은 말라, 내가 직접 해 본 것은 아니고 읽기만 한 것이다.

우리의 상황을 빗대어 이렇게 말할 수도 있을 것이다. 기독교적 가치와

기독교적 가치와 원칙들의 점진적인 해체의 위험은 우리의 신앙과 생활 양식에 대한 정면공격 보다 훨씬 더 심각한 것이다.

원칙들의 점진적인 해체의 위험은 우리의 신앙과 생활양식에 대한 정면 공격 보다 훨씬 더 심각한 것이다. 전선이 분명한 진짜 박해의 상황 속에서는 기독교가 -숫자적으로 그리고 내면의 질에서- 성장할 때가 많다. 이와 반대로 끝없이 많은 주의를 분산시키는 오락거리들을 제공하는 번영의 시기에는 기독교가 훨씬 어려운 상태에 처한다. 어떻게 이러한 오락들이 사람들을 미혹하여 안심시키며 또 그들의 생각과 정의감에 대해 모든 조종이 가능하도록 상처를 입힐 수 있는지는 나중에서야 분명해진다. 신학자인 월터 윙크(Walter Wink)는 에베소서를 인용하여 '우리가 전혀 눈치 채지 못하고 들이마시는 오염된 공기와 같은(Walter Wink, Engaging the Powers, Discernment and Resistance in a World of Domination, 53쪽)' 분위기에 관하여 말한다. 이런 분위기는 우리의 영을 죽일 수도 있으며 결국에는 우리가 믿는 것과 중요하게 여기는 것, 심지어 우리가 아직 느끼고 보고 있는 것까지도 결정한다. 하나님은 우리의 일상과 연관하여 기이하게 비현실적인 것처럼 보이기도 하고 기도는 무익한 의무가 되며 우리의 우선순위는 점점 더 경제적인 계산에 좌우된다. 우리가 하나님의 통치를 의식적으로 각각의 시대정신과 명확히 대비시키지 않는다면, 우리의 생각을 하나님께서 예수님 안에서 시작하신 새로운 것으로 변화시키지 않는다면, 우리가 판단을 내려야 하는 수많은 상황 속에서 선한 대안들과 가능성들이 저절로 떠오르지는 않을 것이다.

> 우리의 영적인 성장, 우리의 삶의 질과 만족은 특별히 위대하고 영웅적인 행동들에 의해 결정되는 것은 아니다.

그러므로 우리의 영적인 성장, 우리의 삶의 질과 만족은 특별히 위대하고 영웅적인 행동들에 의해 결정되는 것은 아니다. 대부분의 경우 -

긍정적적이든 부정적이든 – 많은 영향을 미치는 것은 작은 단계들이다. 내가 알고 있는 대부분의 사람들은 고귀한 뜻을 품고 새로운 직장에 들어갔다. 그들은 더 많은 돈이나 안락함 때문에 그들의 품성을 바꾸지 않을 것이며 치열한 사업경쟁 가운데 더 빠른 성장과 더 큰 영향력을 얻기 위해 가정의 행복과 건강을 희생하지 않을 것이며, 그리스도인으로 용감하게 하나님에 대해서 말할 것이며 등등을 생각했다. 종종 이렇게 뜻을 품었던 사람들이 몇 년 후에는 그들이 피하고 싶었던 바로 그 실수를 똑같이 저질렀다는 것을 확인하게 되었다. 시간이 지남에 따라 원래는 명확했던 한계들이 없어졌다. 철통같이 보이던 원칙들은 눈 깜짝할 사이에 물러졌다. 아마도 많은 것들이 처음 생각처럼 그렇게 쉽지는 않았을 것이다. 이것을 깨닫는 것은 종종 고통스러웠다. 어떤 사람은 건강을 잃었고, 어떤 이는 부인과 자녀들과 헤어졌으며 또 어떤 이는 쓰라림과 절망으로 내면적으로 사직을 한 상태가 되었다. 이 각각의 사람들에게서 공통적으로 느낄 수 있는 것은 무한한 환멸이었다.

'성공요소' 고결함(Integrität)

영화 '데블스 에드버킷'에서 키아누 리브스는 명예욕이 강한 젊은 변호사로 나오는데 아주 유명한 변호사 사무소의 새로운 파트너로 일하게 되면서 상사와 선배로부터 양심을 무시하고 계속해서 승진에 도움은 되지만 정의의 대가를 치러야 되는 일들을 하도록 지속적으로 종용받는다. 기도하는 어머니의 경고를 그는 무시해 버린다. 서서히 그러나 확실하게 그는 지금까지의 삶에서 의미 있었던 모든 것을 파괴한다. 그럼에도 결국 이 모든 피해에 책임을 질 수 있는 사람은 자기밖에 없었다. 그는 이미 이 이야기의 처음부터 형식적으로는 정당할지 모르나 양심을 저버린 결정을 함으로 자신의 고결함을 잃어버렸다. 이로써 시작되는 추락의 길에는 붙잡을 것이 아무것도 없다.

> 즉, 사람이 자신의 양심을 거스르거나 법을 어길 때마다 스스로에게 해를 끼치기 때문에 내면적으로 흠이 생겨서 고결함이 훼손된다는 뜻이다.

이 점에서 강렬하게 과장된 영화의 행동과 우리의 현실이 만난다. 고결함은 나의 삶이 장기적으로 성공할지 혹은 내가 가벼운 유행과 즐거움의 노리갯감, 심지어 파괴적인 힘들의 노예가 될 것인지를 결정한다. 옛 시대와 도래하는 하나님 나라의 긴장 가운데 내 마음과 생각에서 '주권'을 잃어버리지 않고 굳건한 입장을 유지하기 위해서는 진리의 허리띠와 의의 흉배가 필요하다. 고결함은 진리, 정의와 아주 많은 연관이 있다. 일반적으로 고결함이라 할 때 사람들은 '행실이 바른' 그리고 '책잡을 것 없는' 삶의 겉모습을 생각한다. 그러나 고결함이란 단어에는 '해를 입지 않은' 혹은 '상처를 입지 않은' 이란 의미도 있다. 즉, 사람이 자신의 양심을 거스르거나 법을 어길 때마다 스스로에게 해를 끼치기 때문에 내면적으로 흠이 생겨서 고결함이 훼손된다는 뜻이다. 언젠가는 사람이 이 내면적인 흠을 더 이상 알아차릴 수 없을 정도로 무감각해질 수도 있지만 그럼에도 그 상처의 결과는 여전히 남아있게 된다. 이러한 내면적으로 해를 입지 않은 상태, 이러한 올곧음과 '마음의 깨끗함'은 엄격히 말하면 누구도 내게서 뺏을 수 없지만 내 자신의 결정들을 통해 잃어버릴 수 있다. 내가 친구관계를 그 자체를 위해 혹은 상대방을 위해 맺는 것이 아니라 더 큰 경력을 쌓는 기회나 더 좋은 이미지 같은 이득을 약속하기 때문에 맺을 때 그렇다. 내가 자녀들에게 약속을 지키지 않거나, 게을러서 주기로 한 벌을 주지 않고 넘어

감으로 아버지로서 정직함에 실패할 수 있다. 교회 안의 지도자로서도 내가 책임을 지고 있는 사람들을 희생해서 인정과 성공을 얻으려 할 때 정직함에 실패할 수 있다. 또 직원으로서 등 뒤에서 다른 사람들을 비방하거나, 진정한 열정 없이 의무적으로 규정에 따라 일을 하거나 진리를 아주 조금 양보하거나 포기함으로써 나의 고결함을 잃을 수 있다. 잘못된 타협들을 통해 결국 나는, 비록 이를 다른 사람을 눈치 채지 못한다 할지라도, 항상 스스로 쇠약해진다.

신뢰성의 잔고

작가인 스티븐 코비(Stephen Covey)는 아주 적절한 비유를 사용했다. 그는 '고결함의 계좌'(Covey/Merrill/Merrill, 길, 60-61쪽)에 관하여 말한다. 내가 스스로에게, 다른 사람들에게 혹은 하나님께 하고 지킨 모든 약속들과 함께 나는 얼마간을 입금한다. 이와 반대로 모든 어겨진 약속들(혹은 내가 세운 계획)의 경우 또 그만큼을 이 계좌로부터 빼낸다. 그렇게 되면 나의 잔고는 금방 마이너스가 될 것이고 점점 더 내가 약속을 지키고 이행하리라는 것을 믿기 어렵게 된다. 이렇게 자신들이 세운 선한 원칙들을 의도적이건 의도적이지 않건 간에 배반했다는 자책감은 시간이 지남에 따라 그에 대해 무감각해지고 차가워지는 냉정함으로 변한다. 이어 그들은 자기 자신에 대한 신뢰를 잃어버린다. 신뢰성은 의지와 능력이라는 두 가지 측면을 갖고 있다. 만약 내가 나의

> 만약 내가 나의 능력을 의심하기 시작하면 의지 자체는 더 이상 큰 의미가 없다. 의지는 구속력 없는 소원이 되거나 진심이 결여된 시도가 된다.

능력을 의심하기 시작하면 의지 자체는 더 이상 큰 의미가 없다. 의지는 구속력 없는 소원이 되거나 진심이 결여된 시도가 된다. 그러므로 "잘했어!"의 반대말은 "좋은 의도였어!"라는 말이 나온 것이 아닌가. 스스로에게 신뢰할 수 없게 된 사람은 돌연 '한다면, 할 텐데, 해야 하는데, 할 수 있다면, 그럴 거야' 등 가정법으로만 이야기한다.

자신 안의 선함에 대한 믿음을 잃어버린 사람들은 전혀 양심의 가책 없이 악행을 저지른다. 옛 마피아 영화들에서처럼 내게 계속해서 너는 거짓말쟁이이며 사기꾼이고 실패자라고 말하며 그것이 변하는 일은 없을 것이라고 말하는 내면의 목소리가 일어난다. 그리고 모든 노력들이 의미가 없는 듯 보이고 성공을 약속하지 못할 때 나는 마치 독재정권에 따르는 사람들이나 작은 마피아들과 똑같이 나의 운명에 굴복한다. 아주 적은 사람들만이 시스템을 탈피하고 이를 위해 어떤 대가라도 치를 수 있는 그런 지점에 도달한다. 아마도 이 지점이 참회의 고행에 대한 심층심리학적(신학적으로는 의문의 여지가 있는) 의미가 있는 곳이겠지만 또 신체적 훈육이란 단순한 형태의 의미도 있을 것이다. 고행은 사람들이 다시 자신의 고결함의 계좌에 입금을 할 수 있도록 만들어 준다. 물론 그것은 용서를 대신하는 것이나 보상이 아니라, 회개와 용서의 증거이다. 물론 우리 그리스도인들은 '인간 안의 선'을 단순히 믿지 않지만 그리스도인들의 마음 안에서 아주 자연스런 방법으로 선에 대한 의지와 능력을 일깨우시고 움직이시는 성령의 변화시키는 능력을 믿는다. 비록 영적인 훈련들이 죄를 없애지 못할지라도 이 훈련은 변화를 일으킨다. 나쁜 사고와 생활습관들이 더 좋은 것들로 대체된다. 작은 단계들을 통해 훈련들은 서서히 고결함의 계좌를 다시 구축한다. 여기에서도 작은 것에 충성하는 것이 하나님의 더 위대한 계획과 생각들에 대한 길을 예비한다는 성경의 원리가 확증된다.

우리 시의 행정부에서는 그라피티(벽의 낙서-역자 주)를 되도록 빨리 없애려고 항상 노력하고 있다. 경험에 의하면 낙서가 된 건물 벽에는 즉각 다른 낙서들이 생겨나기 때문이다. 이와 반대로 깨끗한 구역의 깨끗한 벽에 낙서하는 것은 아주 어려운 일처럼 보인다. 하나님께서는 내가 죄를 고백할 때 나를 깨끗하게 만들어 주신다. 그러므로 선을 행하고자 하는 이 소원이 다시 새로워지고 유혹과 탈선에 대한 보호가 -의의 흉배- 효과적으로 이루어진다. 그러므로 고결함은 내게 중요한 그 무엇이다. 하나님은 내가 모든 것을 잘못할지라도, 또 그 일이 당연히 하나님을 기쁘시게 못할지라도 여전히 나를 사랑하신다. 그러나 나 자신은 나를 다시 온전히 신뢰할 수 있을 때 자신을 더 잘 받아들이게 된다. 나의 고결함에 관한 한 '작은 죄'란 없기 때문이다. 단지 지켜지거나 깨어진 약속만 있을 뿐이다. 그 내용이 얼마나 중요한지는 전혀 상관없다. 나의 품성에 관한 진술엔 변함이 없다.

> 하나님께서는 내가 죄를 고백할 때 나를 깨끗하게 만들어 주신다. 그러므로 선을 행하고자 하는 이 소원이 다시 새로워지고 유혹과 탈선에 대한 보호가 -의의 흉배- 효과적으로 이루어진다.

고결함과 음모

요셉과 그 형제들에 관한 성경 이야기 속에서 우리는 품성을 만들어가시는 하나님의 교훈을 발견한다. 요셉은 오늘날의 개념으로 보면 명예욕이 강한 출세한 중소기업사장의 아들처럼 보인다. 요셉의 아버지는 일찍 정략결혼을 하고 몇 년 뒤 자신의 마음을 따라 첫사랑과 두 번째 결혼을 했다(오늘날에도 이런 일이 일어나는데 이 경우에는 첫 부인과 이혼을 하지 않았다는 것이 다르다). 요셉은 두 번째

> 자기가 희생당했다고 느끼는 사람들은 한 번 기회가 주어지면 더욱 더 무자비하게 헐뜯는 경우가 많다.

부인이 오래 기다려왔던 아들이었으며 아버지의 큰 자랑이었다. 아버지는 자신의 경력을 쌓느라 바빴기 때문에 큰 아들들을 소홀히 할 때가 많았다. 요셉에 이르러서야 뒤늦게 그는 아버지의 행복을 발견했고 즐기기 시작했다. 불행히도 이 어린 소년은 배다른 손위 형제들의 시기심을 막거나 적어도 그들 앞에서 겸손하게 보이도록 행동하는 법을 일찍 배우지 못했다. 아마도 12명의 소년들 무리에서는 항상 서열을 가리기 위한 경쟁이 있었고 특히 뻐기는 것을 통해 우위에 선 형들과의 격차를 메우려 했었던 어린 소년들 특유의 성질이 그 이유일 수도 있었겠다. 나는 요셉이 실제로 거만했었는지 아니면 형들의 시기심과 그의 감성지수의 결핍 때문에 자신을 미래 가정기업의 계승자로 설명했다가 그냥 순진하게 화를 자초했는지는 잘 모르겠다. 그 뒤에 발생했던 일은 오늘날 같으면 '왕따'에 속할 일이겠지만 고대근동의 유목문화에서는 그 수단이 좀 더 격렬했다. 형들은 잠복하여 요셉을 기다렸고 아버지를 속이기 위해 사고를 가장하고 요셉을 인신매매단에 넘겨 이웃 외국으로 끌려가 그곳에서 더 이상 시민권의 특권을 누리지 못하는 일자리를 갖도록, 즉 부유한 이집트 관리의 노예가 되게 하였다.

다른 많은 사람들 같으면 이 상황에서 내적으로 상심하거나 모든 희망을 잃어버리거나 아니면 (정당하게든 부당하게든) 자기보다 잘나가는 것 같이 보이는 다른 사람들을 한방 먹이기 위해 모든 기회를 이용할 만큼

분노로 가득 차 있었을 것이다. 자기가 희생당했다고 느끼는 사람들은 한 번 기회가 주어지면 더욱 더 무자비하게 헐뜯는 경우가 많다. 유감스럽게도 이 시기 요셉의 생각이 어떠했는지 우리는 알 수 없다. 요셉은 자기연민을 극복하는 대신 연민을 키울 수도 있었을 것이다. 그러나 그는 이러한 유혹에 분명 굴복하지 않았다. 그 반대로 그는 아주 놀라운 고결함을 발전시켰다. 그는 급속히 새 주인의 신뢰를 얻었고 능숙한 관리자로 인정받았기 때문에 광범위한 대리권을 갖게 되었다.

성공만큼 섹시하게 만드는 것도 없다 -적어도 주인의 아내는 이를 느꼈던 것 같다. 주인은 점점 더 많은 책임을 요셉에게 떠맡기고 자신은 고위관리들의 경호책임자로 집을 떠나 있는 시간이 많았다. 아마도 아내에게도 오랫동안 소홀히 했을 수도 있을 것이다. 이유야 어쨌든 주인의 아내는 요셉에게 명백히 부도덕한 제안을 했다. 나는 이것이 요셉에게 성적인 유혹은 아니었으리라 생각한다. 왜냐하면 이야기 속에서 요셉은 두드러지게 매력적으로 묘사되는 반면 부인의 외적 매력에 관해서는 전혀 언급이 없기 때문이다. 그렇지만 이것은 분명 주인의 자리를 차지하라는 초대였으며 그가 어린 시절부터 줄곧 꿈꾸어왔던, 그것을 위해 그가 창조된 것처럼 보일 정도인 그 지위를 소유하라는 초대였다. 만약 요셉이 상처 입은 사람이었다면 이곳에서 주인을 속이는 일을 거역할 수 없었을 것이다. 그가 이미 부당하고 억울한 일을 많이 겪었다면 그가 자신의 정당한 권리를 되찾겠다고 할 때 누가 욕할 수 있겠는가?

> 그러나 요셉은 자신이 부당함을 겪었다고 해서 그의 모든 행동이 정당화된다고는 생각하지 않았다.

그러나 요셉은 자신이 부당함을 겪었다고 해서 그의 모든 행동이 정당화된다고는 생각하지 않았다. 분명 그는 끝려온 이후로 다른 사고방식과 반응의 태도를 습득했던 것 같다. 이제 이 마음의 습관들이 구원의 닻으로 증명되었다. 그는 충성되게 행동했으며 보디발의 아내의 끈덕진 요구를 완강히 거부했다. 동시에 보디발은 요셉에게 기꺼이 일을 맡겼지만 요셉에게 개인적으로 큰 관심을 나타내지는 않았던 듯이 보인다. 아마도 그는 자신의 일에 몰두해 있어서 자기 부인과 이 히브리인 간의 삐걱거림은 전혀 눈치 채지 못했을 것이다. 아니면 그저 갈등을 피하고만 싶어 무슨 일이 일어날 것만 같은 것을 눈치 채고도 말을 꺼내지 않았을지도 모른다. 어쨌든 목적을 이루지 못한 부인은 집 전체를 관리하던 요셉에게 성적인 협박죄를 뒤집어 씌워 두 남자를 서로 반목시키는 일에 성공했다. 마침내 보디발이 도착했을 때 그는 자신의 직업 때문에라도 그가 집에서도 단호한 조치를 취할 수 있다는 것을 보여야만 했다. 아마도 보디발은 요셉에게 행해진 비난이 결코 요셉의 성품에 들어맞는 것이 아님을 충분히 감지했을 것이다. 아니면 성적으로 불만족한 자신의 부인이 다른 남자들을 쫓아다녔다는 것을 시인하는 것이 너무 고통스러웠을지도 모른다. 그래서 그는 약점을 얼버무리고 (아내가 벌인) 게임에 동참해야만 했다. 더 이상의 설명 없이 또(요셉이 권리가 없는 노예이며 외국인이었기 때문에) 소송절차도 없이 요셉은 감옥에 갇히게 되었다. 경력에 금이 가는 두 번째 사건, 시기에 의한 두 번째 음모 그리고 이전보다 더 깊은 추락이었다.

  요셉이 이 충격 또한 극복했다는 것은 이미 기적에 가깝다. 감옥에서의 요셉의 기도에 관해선 여기서도 전혀 알 수 없다. 아마도 그는 오랫동안 절망했을지 모른다. 조그마한 불합리함 때문에도 하나님에 대해 갈팡질팡하는 것이 인간이기 때문이다. 특히 요셉처럼 올바르게 결정했는데도 쓰라린 결과를 감수해야만 했을 때는 더 그렇다. 요셉의 올곧은 태도는 그의 후손인 빅토르 프랑클이 나치 치하에서 기록했던 일들을 생각나게 한다. 이 유대인 의사는 다른 사람들을 위로하고 심지어 그들이 받았던 적은 식량을 나누어 줄 수도 있었던 나치 강제수용소의 수감자들이 있음을 관찰했다. 이로부터 그는 극단적인 상황 속에서도 사람들은 자신의 태도를 스스로 결정하는 자유를 포기하고 비인간적인 시스템이 영혼을 빼앗도록 할 것인지 아닌지를 여전히 선택할 수 있다는 것을 알게 되었다. 한 사람에게서 다른 모든 자유들이 빼앗길 때 이 내면의 자유는 더욱 더 소중해 진다. 그것은 증오와 불의에 동일한 방식으로 응답하지 않는 자유이다. 낙심하게 하는 상황들을 넘어 한 가지 희망을 굳게 붙드는 자유이다. 이 자유는 그 어떤 것보다도 존엄과 자기존중을 나타낸다.

> 그 누구도 나의 고결함을 빼앗을 수 없다. 다만 내가 희생당했다는 생각을 키우고 자기연민에 빠지거나, 내가 하나님이나 스스로에게 또는 사람들에게 한 약속을 이행하지 않거나, 나의 양심을 무시하고 성공에 이르는 빠른 지름길을 찾으면서 고결함을 잃어버릴 수 있을 뿐이다.

요셉은 분명 이 모든 것을 행하고 싶은 기분이었을 것이다. 그러나 그는 참된 성품을 가진 남자가 되었다. 아마도 이것이 하나님의 눈에는 요셉의 생애에 있어 가장 큰 성공이었을 것이다. 그러나 그것만이 그의 유일한 것은 아니었다.

갈등을 이겨내는 법
(확고한 정의)

요셉은 자신이 겪은 모든 일에도 불구하고 하나님의 의를 바랐다. 히브리인의 사고에서 '하나님의 의'는 하나님의 언약(당시에는 아브라함과 맺은, 오늘날에는 예수 그리스도를 통한)에 대한 충성을 의미한다. 이 언약 가운데 하나님께서는 자신의 사랑을 근거로 불의와 악을 타파하고 자신의 백성을 그 정한 길로 인도하신다고 약속하신다. 따라서 하나님의 의와 하나님의 사랑 간에는 모순이 없다. 왜냐하면 하나님이 우리를 사랑하시는 바로 그 이유 때문에 자신의 약속들을 보증하신다. 하지만 하나님은 또 당연히 의롭게 살아가도록 우리를 돕고자 하신다. 그 삶은 언약 중 우리가 지킬 부분을 지키고 하나님께 충성하는 삶, 다른 사람들에 대한 우리들의 약속과 의무를 이행하는 삶이다.

요셉은 하나님의 의를 굳게 붙들었기 때문에 모든 것이 이에 역행하는 것처럼 보였을 때에도 하나님께 정절을 지켰다. 그는 보디발의 아내와 관계를 맺지 않았다. 그는 상처 때문에 염세가나 겁쟁이가 되지 않았다.

잠시 감옥에 갇혔던 궁정의 관리가 도움을 약속하고는 잊어버렸을 때에도 그랬다. 마침내 파라오가 신비한 꿈을 꾸고 그 해몽이 필요하게 되었을 때 요셉은 준비되어 있었다. 그의 이성은 의기소침으로 인해 흐려지지 않았고 그의 모습과 왕과 신하들을 대하는 태도는 분명 깊은 인상을 주었다. 마침내 그는 감옥에서 풀려났을 뿐만 아니라 총리로까지 임명되었다. 늦었지만 수직적으로 요셉은 오랫동안 꿈꾸어 왔던 경력을 이루었다.

우리 대부분의 사람들에게 있어 삶과 직업에서의 진보는 그다지 극적으로 흘러가지 않는다. 그렇지만 그것이 우리에게 고결함과 의가 그리 큰 역할을 하지 않는다는 의미는 아니다. 고결함은 의롭게 살아갈 수 있는 품성의 기본이라고 말할 수 있을 것이다. 그것은 우리가 하나님의 신실하심을 경험하고 하나님께 다시 충절을 지키는 삶이다. 우리가 우리의 약속과 계획을 지키고 신뢰할 수 있는 사람들이 되는 삶이다. 사람들은 압력을 통해서나 아니면 신뢰를 통해서 영향력을 얻는다.

> 고결함은 의롭게 살아갈 수 있는 품성의 기본이라고 말할 수 있을 것이다. 그것은 우리가 하나님의 신실하심을 경험하고 하나님께 다시 충절을 지키는 삶이다.

손해를 입지 않으려 할 때 타락한 세상 속에서는 아마도 강제적인 요소를 배제할 수 없을지 모른다. 그러나 우리는 그리스도인들로서 신뢰를 통해 사람들을 이끌려고 노력해야 할 것이다. 왜냐하면 강제적인 것은 악을 막아줄 지는 모르나 선을 이룬 적은 없기 때문이다.

요셉에게는 몇 가지 검증을 위한 시험을 통과하는 것이 필요했다. 이러한 갈등의 내면적인 측면들은 이미 앞장에서 밝힌 바 있다. 그러나 요셉이 하나님에게서 절망하지 않았다는 사실은 그가 외부를 향해서도 용기 있도록 만들어 주었다. 이는 보디발의 아내와의 갈등에서 아주 분명하게 드러난다.

자신의 한계를 받아들이기

요셉은 보디발의 아내로부터 '비도덕적인 제안'을 받았다. 그러나 그는 자신에게 허락된 것 보다 더 많은 것을 취하려는 유혹을 이겨냈다. 그는 하나님께 대한 순종 가운데 자신의 한계를 존중했지만 또 보디발에 대한 신뢰와 고용관계 역시 존중했다. 아마도 보디발의 아내와의 결합은 하나님께서 그에게 원래 계획해 두셨던 삶에 이르는 매혹적인 지름길처럼 보였을지도 모른다. 요셉은 이미 자신의 꿈을 통해 자신이 더 높은 곳으로 소명을 받았다는 것을 알고 있지 않았던가. 그러나 요셉은 권리의 한계와 하나님의 뜻에 유의하였다.

대개의 경우 죄가 나타나는 모든 형태의 기본적인 모습은 정당한 목적을 잘못된 방법들로 추구하는 것이다. 그러나 하나님께 있어서는 목적이 수단을 거룩하게 만들지 않는다. 쓰라린 일을 경험했는데 또다시 아무런 잘못 없이 감옥에 가게 되었지만 요셉은 자책하거나 분노하지 않았기에 시험에 빠지지 않았다. 우리 삶은 이러한 하나님의 검증을 위한 시험들로 가득하다. 동료들이나 상사들은 때때로 그들이 우리에게 어디까지 요구할 수 있는지를 테스트해본다. 어떤 반응이 없으면 다음번에는 이전보다 좀 더 강도를 높인다. 그렇게 되면 안 된다고 말하기가 더 어려워질 것이다.

> 대개의 경우 죄가 나타나는 모든 형태의 기본적인 모습은 정당한 목적을 잘못된 방법들로 추구하는 것이다.

직면하기: 다른 사람들에게 No라고 말하기

내가 알고 있는 대부분의 그리스도인들은 친절한 사람들이다. 그들 중 다수는 아마도 하나님보다도 더 친절한 것 같다. 더 낫다는 것이 아니라 더 친절하다는 것이다. 그들에겐 다른 사람들의 요청을 거절하는 것이 어렵다. 심지어 뻔뻔한 요구에 의해서도 일단은 수세에 몰리게 된다. 이 때 이들은 개인적으로 큰 대가를 치르고 때로는 이런 친절함이 다른 사람들의 짐이 되기도 한다. 만약 갈등을 회피하는 상사가 게으르거나 타인에게 스트레스를 주는 직원을 그대로 방치한다면 조만간 그 부서의 다른 모든 사람들이 그 상사의 잘못에 대한 비용을 지불하게 된다. 아마 동료들은 차례차례로 더 나은 직장을 구하는 즉시

> 때로는 이런 친절함이 다른 사람들의 짐이 되기도 한다.

사표를 낼지도 모른다. 또는 잘못된 행동을 따라하는 사람들이 생기게 되어 문제가 커질지도 모른다. 미움과 해결되지 않은 관계들은 작업환경뿐만 아니라 일의 질과 생산성 자체를 떨어뜨릴 수도 있다.

요셉은 명백히 자기 뜻을 관철시킬 수 있는 사람이었기 때문에-여주인을 거역하면서도-보디발의 지배인으로 성공을 거두었던 것이다. 그는 정중하게 여주인에게 보디발을 충성스럽게 섬겨야 하는 자신의 의무를 깨닫도록 한다.

> "이 집에는 나보다 큰이가 없으며 주인이 아무 것도 내게 금하지 아니하였어도 금한 것은 당신뿐이니 당신은 자기 아내임이라 그런즉 내가 어찌 이 큰 악을 행하여 하나님께 득죄하리이까?"

요셉의 대답은 에덴동산의 이야기를 생각나게 한다. 요셉에게는 이 한 가지만 빼고 어느 것도 금지되지 않았다. 우리의 상황에 적용해 보면 '사장님은 부재중'이라는 뻔한 거짓말을 거부했던 한 여비서의 이야기가 생각난다. 사장이 나중에 대체 왜 그랬냐고 물었을 때 그녀는 사장에게 이렇게 말했다. "기뻐하세요. 제가 사장님의 이익을 위해 거짓말을 하지 않는다는 것은 제가 사장님의 불이익을 위해서도 거짓말을 하지 않으리라는 것을 의미하니까요."

주도적이 되기

우리 삶의 기본 가치들을 지키고 하나님의 정의에 따른 의를 실천하기 위해서 무언가를 해야 할 때 하나님께서는 그리스도인들이 뒤로 숨거나 수동적인 자세를 취하는 것을 용납하지 않으신다. 회피하는 것만 아니라 적극적으로 문제를 해결하지 않고 방치하는 것 또한 커다란 잘못이다. 예수님은 이것이 그리스도인들의 공동체 안에서도 분명히 나타나야 한다고 말씀하셨다. 그리고 하나님께서도 이러한 교제를 모든 사람들에게 바라시기 때문에 그리스도인들 사이에서 더 온전히 이루어져야 하는 것이다. 누군가 문제를 발견하면 그것이 해결되도록 책임을 갖게 된다. 해결의 첫 단계는 직접적이고 개인적인 대화이다. 가능하다면 전화나 이메일이 아닌 직접 만남으로 이야기해야 한다. 이렇게 하는 것이 이미 해결에 필요한 전부일 때가 많다. 이렇게 해도 문제가 해소되지 않을 때는 제 삼자를 참여시킨

> 해결의 첫 단계는 직접적이고 개인적인 대화이다. 가능하다면 전화나 이메일이 아닌 직접 만남으로 이야기해야 한다.

다. 이것도 도움이 되지 않으면 전체 모임(회사나 큰 단체 안에서는 그 안의 권위적인 대표자들을 통해)에서 결정해야만하고 그렇게 되면 최후의 수단으로 결별이 따를 수도 있다.

이때 정도의 차이가 있겠지만 그 일을 노련하게 처리할 수 있어야 한다. 예수님께서는 고결함('비둘기 같이 순결하고')이 항상 건전한 인간의 이성('뱀처럼 지혜롭게')과 짝을 이루고 있어야 함을 분명히 가르쳐 주셨다. 모든 대립이 항상 좋은 결과를 얻게 되지는 않는다. 우리는 이것을 요셉의 이야기에서 보게 되며 예수님께서도 마찬가지였다. 하지만 그 시작을 해결이 어렵고 싸움을 가속시키는 쪽으로 선택할 수도 있고 혹은 상대방과 조화롭게 문제를 풀 수 있는 쪽으로 선택할 수도 있다. 달리 표현하면 그 문제 가운데 고집스럽게 내 뜻을 관철시키려 해서 관계를 잃어버릴 수도 있다. 그렇게 되면 다른 사람들에게 나는 독재자나 명령자가 된다. 혹은 관계를 위해 나의 확신에 반하는 잘못된 타협을 할 수도 있다. 그렇게 되면 나는 떠밀려가는 사람이 될 것이다. 나는 갈등들을 피해버리거나 모든 것을 희석시켜서 문제를 해결해 보려고 할 수도 있다. 그렇게 되면 결국 모두가 불행해진다. 그럼에도 불구하고 많은 사람들이 상처나 불화 없이 갈등을 조정하는 것이 불가능하다고 생각하기 때문에 다른 대안을 보지 못한다.

사랑으로 비판하기

당신이 마지막으로 동료 또는 상사와 논쟁을 했던 때는 언제인가 그리고 어떻게 그 문제를 해결했는가? 이런 갈등상황에서의 목표는 하나님과 자신에게 충절을 지키면서도 갈등을 빚는 상대방과의 관계를 불필요하게 소모시키지 않는 것이다. 이렇게 힘든 시험과정을 지나면서 오히려 관계가 좋아질 수도 있다. 좋은 부부관계나 좋은 팀은 갈등이 생길 경우 항상 올바르게 작동하기 때문에-갈등이 전혀 없어서가 아니라- 좋다고도 할 수 있다. 이러한 관계들의 비밀은 그들 안에서 문제들이 언급될 수 있고 이 때 그 사람 전체에 대한 비판이 행해지지 않는 다는 것이다. 그러기 위해서는 어떤 사람을 힘들게 하는 문제를 가능한 한 자세하게 말할 수 있어야 한다. 무엇보다 비난의 어조로 말해서는 안 되고 될 수 있는 한 문제가 무엇이고 그것을 어떻게 느끼고 있는지 객관적으로, 불필요한 평가를 삼가며 묘사해야 한다. 이것은 후에 서로 더 잘 지내기 위해 문제를 시정하거나 어려움을 극복하는 방법에 대한 대화를 가능하게 해준다. 특히 상대방을 교정해야 하는 경우에는 이것이 나의 개인적 유익을 위한 것이 아니라 서로에게 함께 도움이 된다는 것을 알 때 수월하게 된다. 나의 경우 이런 교정이 없었다면 나는 개인적으로나 사적인 영역에서 또 직업에 있어서도 발전하지 못했을 것이다. 다행이도 나는 나를 부끄럽게 하거나 상처를 주거나 용기를 꺾지 않으면서도 나의 잘못들을 지적해 주는 사람들을 주위에 갖고 있다. 그들은 내 뒤에서 모든 것을 다른 사람들과 이야기하지 않는다. 이것은 더 나쁘게 느껴질 수 있다. 때로는 이 일이 고통스러울지라도, 그리고 모든 비판적인 반응들을 무한정 인정할 필요 또한 없을지라도 나는 내가 친구들이나 동료들에게 얼마나 중요한 존재인가를 -바로 그들이 내게 이렇게 애쓰는 가운데-또 알게 된다.

> 이런 비판은 단지 자기가 옳다고 주장하는 것이고 그러한 비판으로는 무엇을 변화시키기 보다는 상대를 부끄럽게 만들고 따라서 전혀 긍정적인 효과를 얻을 수 없다.

> 사랑을 결합시킨다면 진리는 상처를 입히는 무기가 되지 않고 관계속의 종양을 제거하는 하나님 손 안에 치유를 위한 수술용 메스가 될 것이다.

파괴적인 비판은 책임을 추궁하는 어조를 띠며 그 사람에게 적대적이고 근거 없는 이상행동을 일반화하며 과거를 반복해서 들추어내는 것이 특징이다. 이런 비판은 단지 자기가 옳다고 주장하는 것이고 그러한 비판으로는 무엇을 변화시키기 보다는 상대를 부끄럽게 만들고 따라서 전혀 긍정적인 효과를 얻을 수 없다. 우리 모두는 이런 상황들을 알고 있다. 사소한 일 가운데서도 이런 상황은 비일비재하기 때문이다. "정신을 좀 더 차릴 수는 없나요? 항상 커피 크림을 냉장고에 넣지 않고 아무데나 두는군요. 당신같이 무질서한 사람은 처음 봐요! 당신이 이 부서로 온 후부터 다툼이 끊이지 않네요." 게다가 은근한 협박까지 따라온다면 피고인은 분명 투구를 내려 쓰고 방어 자세를 취하거나 힘을 다해 맞대응을 할 것이다. 그럼에도 내 의지를 끝까지 관철시킨다면 작은 전투에서 승리를 거두긴 하겠지만 전보다 적군을 한 명 더 만드는 꼴이 될 것이다. 작은 승리를 위해 적을 만들기보다는 적과의 대립이 즐겁게 끝나도록 하는 일에 참여함이 어떠한가. 사랑을 결합시킨다면 진리는 상처를 입히는 무기가 되지 않고 관계속의 종양을 제거하는 하나님 손 안에 치유를 위한 수술용 메스가 될 것이다. 이 수술을 피하려는 사람들이 항상 있을 것이다. 그러나 그것에 대한 책임은 각자에게 있다.

청렴하기

요셉은 보디발의 아내를 거역하긴 하였지만 근본적으로는 그녀의 행복을 생각했었다. 그의 거절은 그녀의 인격에 대한 정죄를 포함한 것이 아니었다. 보디발의 아내는 여느 때처럼 자신의 욕구를 손쉬운 방법으로 충족시키려 하였으나 긴 안목을 볼 때 이 길은 두 사람 모두에게 해가 되는 길이었다. 갈등은 지속적인 양상을 띠게 된다. 요셉은 부인의 매력을 통해서도, 유혹적인 득세의 길을 통해서도, 계속 겪게 되는 소모전을 통해서도 매수당하지 않는다. 그 이유는 그에게 이겨낼 능력을 주었던 하나님에 대한 경외심이었다. 그는 하나님과 하나님의 뜻을 그의 삶의 다른 모든 것들보다 더 진지하게 받아들였다. 그는 무엇보다, 부인의 반응이나, 그녀의 아첨이나 유혹 또 그를 해칠 수 있는 그녀의 권력에 신경 쓰기보다 하나님을 상심시켜드리지 않으려고 또 하나님께 나쁜 평판이 가지 않게 하려고 애썼다.

이와 아주 비슷하게 우리 각자에게는 (세상의 권력에게) 협박당하지 않기 위해 하나님께 대한 존경을 배워야 하는 다양한 문제영역들이 있다.

그 하나는 더러운 돈이다. 아주 충분한 돈이 제공될 때 사람들이 무엇이든 행할 준비가 되어있다는 사실은 놀랍기만 하다. 이 주제는 나중에 다시 한 번 자세하게 다룰 것이다. 이곳에서는 조정당하는 것에 관한 문제만 다루려 한다. 몇 년 전 나는 우리 도시의 한 큰 회사의 부장과 이야기를 나눈 적이 있다. 그는 자신의 동료들 중 다수가 '매수당했다'는 의견이었다. 그들은 (그 이유야 어찌되었든) 단순히 돈이 들어오기 때문에 자신들이 진짜 확신하지 않는 일들을 행했다는 것이다. 물론 돈 때문에도 선하고 바른 일들을 행할 수 있다. 그러나 그 동기와 추진력이 돈이라면 조만간 하나 둘 씩 덜 좋은 프로젝트들이 잠입하게 될 것이다. 그렇게 되면 우리는 '황금 새장(돈에 갇힘-역자 주)'의 문제에 도달한 것이다. 사람들이 무슨 일이 있어도 지키고 싶어 하는 어떠한 위치에 도달한 것이다. 스티븐 코비는 한 지도자급의 직원이 자신의 삶의 수준을 걱정한 나머지 환경을 아주 오염시킬 수 있는 결정을 감히 저지하지 못했다는 이야기를 들려준다. 그는 저항을 하면 경제적 손실이 뒤따를지도 모른다는 생각에 사로잡혀 있었다. 이러한 잘못을 깨닫고 이 남자는 자신의 경제적인 사항들을 새롭게 정리하였고 요구수준을 낮추었다. 그러자 비슷한 상황이 되었을 때 돈의 문제에서 즉시 벼랑 끝에 서지 않고도 자신의 양심을 따를 수 있게 되었다(Covey/Merill/Merill, 길, 235쪽).

   욕심 다음에 오는 두 번째 문제영역은 두려움이다. 각 사람은 자신만의 아주 개인적인 악몽을 갖고 있다. 내가 말하는 것은 다음과 같은 것들이다. "다른 것은 몰라도 그것만은 안 돼!" 만약 어떤 상사나 동료가 내가 가장 두려워하는 일로 나를 위협하면 나는 그 위협에 눌려 그의 말을 따르게 될지도 모른다. 일자리를 잃을지도 모른다는 두려움이나 직업에서 도약할 수 있는 기회를 잃을지도 모른다는 두려움이 이에 작용한다. 내가 아는 어떤 사람은 새로 꾸민 가정을 고려해서 더 큰 부담을 주는 직무를 맡으려고 하지 않았는데 그 때 사장이 이런 말을 했다. "그렇다면 당신의 경력은 여기에서 끝이군요." 몇 년이 지난 지금은 이 말이 공갈이었다는 것을 알게 되었지만 당시에는 확신할 수 가 없었다.

   널리 퍼져있는 또 다른 형태는 그곳에 속하고자 하는 욕구에서 비롯되는, 거절과 제외됨에 대한 두려움이다. 거의 어느 곳에건 그 모임에 속

> 만약 어떤 상사나 동료가 내가 가장 두려워하는 일로 나를 위협하면 나는 그 위협에 눌려 그의 말을 따르게 될지도 모른다.

하는 사람들의 '중심권'이 존재한다. 그것이 항상 실제적인 지휘권과 세력의 위치와 동일한 것은 아니다. 그럼에도 모두는 자신이 '그 안'에 있는지 아닌지를 알고 있다. 상당수의 사람들은 그 안에 들어가기 위해, 또는 그 안에 머물기 위해 큰 희생을 치른다. 그 다음으로 만연되어 있는 두려움은 주로 어린 시절이나 학생시절에서부터 생겨난 실수와 실패에 관한 두려움이다. 이 두려움 또한 나를 마비시킬 수 있고, 또 다른 사람들이 지배권을 쥐고 나를 자신들이 원하는 곳으로 몰고 갈 수 있도록 수세에 몰리게 할 수도 있다. 내가 알고 있는 또 다른 사람은 외국의 큰 변호사사무실에서 일했는데 어느 날 사장이 그에게 말했다. "당신은 두려움을 모르는군요. 그러면 당신은 위험하게 됩니다." 그러나 사장은 그를 존중했다. 왜냐하면 그가 하나님을 더 존중했고 사장보다 하나님을 더 진지하게 받아들였기 때문이다.

세 번째 문제영역은 신용성에 관한 것이다. 오직 이번 선거에서 다음 선거만을 생각하는 우리 정치가들의 맹세와 약속들은 시간이 지남에 따라 점점 더 신용을 잃게 되었다. 정치가들 뿐 아니라 매니저들도 시간과 경쟁의 압박을 받으면 성과나 납품기한에 관해 얼마나

> 항상 진리를 말하는 사람에게는 좋은 기억력이 필요 없다.

쉽게 약속을 남발하는가. 조금만 더 생각해 보면 말할 때부터 이미 비현실적인 약속인데도 말이다. 아마도 점점 더 단기적으로 생각하는(잊어버리는!) 사회에서는 이렇게 해야 더 잘 꾸려갈 수 있을 것이다. 왜냐하면 일이년 후에는 사업상대로 결정적인 순간에 운 좋게도 다른 사람을 만나게 될 것이기 때문이다. 우리가 비록 정치가나 매니저들에게 직접적인 영향력을 행사할 수 없더라도 최소한 이런 게임에 참여하지 않을 수는

갈등을 이겨내는 법 • 35

있다. 이러한 정치가나 매니저들의 행동은 장기적으로 신뢰를 파괴하기 때문이다. 신뢰는 모든 인간관계와 협력의 근본자산이다.

솔직함은 우리가 훈련해야할 또 다른 덕목이며 사람을 강하게 하는 성품이다. 마크 트웨인은 이렇게 말했다. "항상 진리를 말하는 사람에게는 좋은 기억력이 필요 없다." 곤란한 상황을 모면하기 위해 취한 작은 거짓말들과 솔직하지 못한 태도들이 그럴듯하고 엄청난 모순의 덤불로 변하기까지 사람들은 얼마나 빠르게 새로운 동화를 창작해 내야 하는가! 길면 길수록, 많으면 많을수록 진실을 공개하는 데 드는 비용은 올라간다. 그런데 누군가가 개인적인 혹은 보기 싫은 작은 비밀들을 발견하게 되면 계속 미루어서 점점 높아진 이 진실성의 비용은 곧 나의 약점이 되는 것이다.

솔직하지 못한 태도들은 우리에게 유익을 주지 못할 뿐더러 만인을 만족시키고자 하는 문제를 야기 시킨다. 특히 하모니를 추구하는 유형들에게 그런 경향이 있다. 배우이자 코미디언인 빌 코스비(Bill Cosby)는 이렇게 말한 바 있다. '나는 성공에 대한 법칙은 알고 있지 않지만 실패의 법칙은 하나 알고 있다. 모든 사람을 만족시키려 하는 것은 곧 실패로 직행하는 것이다.' 아내와 나는 네 자녀를 두고 있다. 그런데 이 여섯 사람이 이구동성으로 좋아하는 음식이나 휴가지, 소풍장소란 거의 없다. 그러므로 결국 그것을 찾는 것을 포기하고 때로는 다른 사람을 위해 싫은 것도 해야만 한다. 직장 동료들 사이에서도 마찬가지이다. 어떤 사람은 숨 막힐 것 같은 공기에 대해 불평하고 또 어떤 사람은 바람이 들어오는 것을 싫어한다. 결국에 나는 다른 사람들의 모순적인 기대들과 충족되지 않은 요구들을 모두 만족시키려는 것에서 실패한다. 그러므로 이런 기대들은 즉시 억누르고 지나친 요구들이 다시 일어나지 않도록 하는 것이 더 현명하다.

　마지막으로 많은 사람들에게 있는 약점은 잘못된 명예욕이다. 칭찬과 인정에 약한 것이 인간이지만 그리스도인은 그 주목과 찬사를 받고 싶어 하는 욕구에 대해 곰곰이 한 번 따져볼 만하다. 세인들의 주목과 찬사를 의식하다보면 결국 이미지가 품성보다 더 중요하게 된다. 문제는 다른 사람들보다 자신이 나은 존재라는 교만이(여기에서는 바로 이것이 문제다) 그 자신의 눈을 멀게 하고 자신을 완전히 바보로 만든다는 것이다. 결국 정작 중요한 정보들은 무익한 비판의 여과기에 걸려져 더 이상 전혀 인식되지 않는다. 몇 년 전에 프랑스에서 의회선거가 있었다. 대통령이 선거날짜를 정하도록 되어 있었다. 그는 자신의 정치적 입지에 대한 성공전망에 관하여 기밀정보국 같은 곳에 문의했다. 대부분의 대통령들은 교만한 사람들이므로 정보국은 상황을 항상 좋은 쪽으로 보이도록 하는 데 길들여져 있었다. 그래서 대통령에게 기회가 좋다는 신호를 보냈다. 대통령은 선거날짜를 일찍 잡았고 참패를 당했다.

> 약점을 극복하는 첫 단계는 그것을 스스로에게 시인하는 것이다.

　위에 열거한 것들을 볼 때 당신이 현재 갖고 있는 가장 큰 약점은 무엇인가? 약점을 극복하는 첫 단계는 그것을 스스로에게 시인하는 것이다. 고결함을 잃는 것은 아주 은밀한 과정이지만 결과는 종종 갑작스럽고 엄청나며 재앙적인 것으로 나타난다. 그러므로 어떤 상황에서 신속하고 바르게 결정할 수 있기 위해서는 우선 나의 한계가 어디인지를 알아야만 한다. 그래서 순탄한 시기에 습관이 된 영적 훈련이 그렇게 중요한 것이다.

　하나님을 철저히 진지하게 받아들인다는 것은 의식적으로 하나님께 나를 한결같이 맡기는 것을 의미한다. 하나님과 함께 시간을 보내게 되면 한편으로 내 삶에서 잘못되어 있는 일들을 저절로 깨닫게 된다. 또 다른 면에서는 규칙적으로 나의 마음을 시험해 달라고 하나님께 명확하게 간구하는 일도 의미 있다. 단 변명이나 얼버무림 없이 귀를 기울여 들어야 한다. 아마도 당신은 더 나아가 내면의 상태에 관해 서로 답변을 해 줄 수 있고 불편한 질문도 서로 할 수 있는 친구나 기도 짝을 찾을 수 있을 것이다. 그것은 치과의사에게 가는 것과 비슷하다고 할 수도 있겠다. 사람들이 대부분 의심쩍고 불안한 기분으로 치과에 가지만 정기적인 검진을 미뤄 뒤늦게 비용이 많이 드는 불쾌한 큰 치료를 받아야 하는 것은 더 무책임한 일일 것이다.

만약 나의 '의의 흉배'가 정기적인 관리를 통해 잘 장착되어 있고 '진리의 허리띠'로 묶여 있다면 나는 근본적으로 나쁜 일로 놀라는 경험이 적게 될 것이고 바울이 묘사하듯 의연하게 될 것이다. 협박과 아첨, 그 밖의 다른 형태로 나를 조종하려는 시도들이 먹히기 어렵게 될 것이다. 그러나 그뿐 아니라 시간이 지남에 따라 인격의 강함은 신뢰성 속에서 전부 드러나게 될 것이다. 사람들은 나를 신뢰하며 의지하기 시작할 것이다. 어떤 사람들은 나의 예를 '열심히 따르고 싶은 모범'으로 삼을 지도 모른다. 하나님으로부터 영향을 받은 사람들은 조만간 또 다른 사람들에게 영향을 주게 될 것이다.

일이 재미있어지는 방법
(의욕의 불모지대를 통과하며)

일은 재미를 주거나 병을 준다.
R. Sprenger

무슨 일을 하든지 마음을 다하여 주께 하듯 하고 사람에게 하듯 하지 말라.
(골로새서 3장 23절)

창세기 3장에 나오는 인간타락의 기사는 하나님과의 관계가 파괴됨으로 어떻게 일과 인간의 관계(이것은 주로 남성에게 해당됨) 그리고 동료들 혹은 다른 성별과의 관계(이 측면은 여성에게 더 해당되는 것처럼 보임)가 깨어진 것으로 경험될 수밖에 없는지 보여준다. 우리는 이미 이상적인 일자리나 완전한 꿈의 직장이란 없다는 것을 살펴보았다. 그리고 그러한 직장은 앞으로도 영원히 없을 것이다. 오히려 직장생활을 하면 할수록 점점 더 심하게 다른 사람들에 의해 좌지우지 된다는 혼란스런 감정만 증가하게 된다. 이에 더해 일은 항상 실패나 기복의 특징을 갖는다. 일은 투쟁이 되거나 견디기 힘든 부담이 될 수도 있다. 그러나 이것은 성경이 말하고 있는 것의 한 면일 뿐이다. 다른 면에서 보면 일이 영원불변하게 벌로써 고안된 것이 아니다. 일은 하나님의 위대한 활동을 돕는 우리의 작은 기여이며, 우리를 통하여 새로운 것을 창조하시고 선하고 유익한 질서를 세우시길 원하시는 하나님의 뜻이다. 즉 인간의 일은 하나님께서 당신의 창조물들을 섬기고 싶어 하신다는 메시지인 것이다. 그리고 하나님은 하나님이시기 때문에 내가 우선 총지배인이 될 필요가 없이 이미 지금 그리고 어느 위치에서든 그분의 명령으로 활동할 수 있다.

개구리들과 독수리

이러한 생각을 진지하게 하는 사람이라면 자신의 일에 아주 다른 동기를 불러일으킬 수 있을 것이다. 그리고 그 동기는 첫 인상으로 그 자리를 맡은 사람들에게 빈약한 봉급밖에는 제공할 것이 없는 많은 직업에 있어서 절실히 필요한 것이다. 미래학자인 호르스트 오파쇼브스키(Horst Opaschowski)는 "만약 재미있는 무언가를 행하는 것에 관하여서라면 일은 제공할 수 있는 것이 적다(Horst W. Opaschowski, 독일2010, 35쪽)."고 쓰고 있다. 긴축정책과 비용압박이 진행되면서 일에 있어 삶의 질은 더욱 더 퇴보하였다. 어림잡아 독일 내 직장인들의 30-50%가 내면적으로 사표를 낸 상태일 것이라 한다. 그래서 그들은 아주 최소한의 의무적인 일만 하려 한다. 그런데 놀랍게도 그들 중 많은 사람들

> 어림잡아 독일 내 직장인들의 30-50%가 내면적으로 사표를 낸 상태일 것이라 한다.

은 가장 열심히 일해야 할 창의적인 직업을 가진 사람들이라는 것이다. 2003년 여름의 한 갤럽조사에 의하면 직업에 흥미를 느낀다는 독일인의 비율은 2002년 15%에 이어 12%로 더 내려갔다. 이렇게 열심히 없어서 생겨나는 경제손실은 거의 2004년의 전체 독일연방예산인 2570억 유로와 맞먹는 약 2500억 유로로 추정된다. 그러나 당분간은 직업 자체에서 만족을 얻을 수 없는 많은 직업들은 계속 존재할 것이다. 이러한 상황에서도, 이런 참담한 직업환경에서도 희망이 있을까?

우리는 환경의 지배를 받으며 사는 경향이 있다. 물론 우리가 환경의 영향에서 완전히 벗어날 수는 없다. 그러나 많은 사람들이 자신의 가능성을 전혀 보지 못할 정도로 자신을 환경의 희생물로 보고 있다. 그들은 모든 것을 아래에서부터 바라보며, 자신을 둘러싸고 있는 것들에 압도당하는 느낌을 갖고 자신을 작고 힘없는 약한 존재로 경험하는 개구리들에 빗댄다. 그들에게 남는 것이라곤 한탄뿐이다. 그리고 그들은 자기 연민에 가득 차서 때로는 슬프게 때로는 성이 나서 혼자 '개굴개굴'거린다. 아주 최근에 우리 알파 코스(Alpha-Kurs: 20여 년 전 영국 런던에서 시작되어 전 세계적으로 호응을 받고 있는 10주간의 강좌로 매 모임은 식사와 함께 시작하고 한 번의 주말을 함께 보내는 프로그램이 포함되어 있다. 모든 사람에게 열려 있으며 주로 신앙과 인생의 의미에 관한 내용들이 자유롭게 이야기된다. - 역자 주)의 한 여성 참석자가 이 모임에 오는 것이 기쁘다고 이야기해 주었다. 그녀의 직장에서는 온종일 불평과 비판만 이루어지고 거의 모든 대화가 부정적이라고 했다. 그래서 그녀에게는 이 모임의 긍정적이고 힘을 북돋아 주는 분위기가 아주 분명하게 대조적으로 보였던 것이다. 나는 이러한 반향이 매우 반가웠다. 유감스럽지만 '개굴개굴 거리는' 그리스도인들도 많기 때문이다. 그들은 그들이 반대하는 것이 무엇인지는 항상 말할 수 있지만 그들이 위해서 노력하고 있는 것에 관해선 거의 설명하지 않는다. 그들은 쉽게 정죄하며 종종 진리 때문에 핍박받는다고 느낀다. 그 결과로 얻는 것은 단지 아무도 그들과 관계를 맺으려 하지 않는다는 것이다. 왜냐하면 그들은 케케묵은 비관주의자이며 골칫거리이기 때문이다! 이 모든 것은 악이 세상에 점점 증가하게 되리라는 것을 우리가 알고 있지 않느냐는 식으로 신학적인 치장을 걸쳤다. 모든 것을 지극히 어둡게 칠하는 대신 세상의 선한 부분을 조금이라도 인정하는 사람은 복음을 배반하는 사람으로 간주된다. 기독교적 '개구리들'은 기독교인 사장들과 기독교인 동료들, 그리고 기독교인 고객(그러나 현재의 기독교적 사역과 단체의 평균임금 보다는 더 나은 수익)을 갖고 있는 회사에 들어가고 싶어 한다. 아니면 아주 세상을 떠나 되도록 일을 하지 않아도 작동하는 하늘로 바로 가고 싶어 한다. 비기독교적 '개구리들'은 자신들의 사상누각을 다르게 그리지만 그 색채는 결국 다음과 같은 것이다. "내가 이곳 혹은 저곳에만 있었더라면, 사장만 달랐더라면, 동료들만 달랐더라면, 경제적 상황이 달랐더라면, 만약...만약...만약..., 그러면 내가 행복해질 수 있을 것이다."

그러나 그 사람들이 개구리 대신 독수리가 될 수도 있을 것이다. 하나님의 도움으로 관점을 바꾸어 자신들의 문제를 위에서 볼 수 있을 것이다. 여전히 문제는 같겠지만 한탄하는 대신 자신의 반응에 대한 책임을 질 수 있고 건설적으로 문제를 찾을 수 있을 것이다. 모든 것이 시작되는 점은 항상 자신의 태도이며 자신의 동기이다. 우선 상황이 바로 되어야지만 올바른 동기가 형성될 수 있다고 생각하는 것

우선 상황이 바로 되어야지만 올바른 동기가 형성될 수 있다고 생각하는 것은 위험한 환상이다.

은 위험한 환상이다. 오히려 그 반대가 맞다. 우리는 거의 모든 활동에 품위와 의미를 부여할 수 있다. 그러므로 우리는 하나님을 우리의 불완전한 현실 속에서 만나게 되거나 전혀 만나지 못할 것이다. 희망사항만으로는 하나님을 만날 수 없다. 하나님을 모든 곳에서 찾게 되거나 그 어느 곳에서도 찾지 못하거나 두 가지이다. 만약 누군가가 현대 직업세계의 폐단을 제거하는 것에 일에 대한 우리의 동기와 만족감이 (따라서 우리 삶의 대부분이) 달려 있다고 한다면 충만한 삶에 대한 희망은 너무 작을 수밖에 없을 것이다. 실망은 이미 예견된 것이다.

우편배달부의 품위

영국인인 롭 파슨스(Rob Parsons)는 그의 책 '성공의 핵심(The Heart of Success)'에서 우편배달부였던 아버지의 이야기를 하고 있다. 젊은 롭은 머리가 좋은 아버지가 큰 야망을 갖지 않고 영향력이나 명망이 없는 직업에 만족하는 것을 항상 이해할 수 없었다. 어느 날 저녁 롭은 아버지에게 우편물을 우체통에 집어넣는 일만 하는 것이 지루하지 않느냐고 물어보았다. 아버지의 반응은 그를 당황하게 하였다.

"아버지는 마음이 상하셨을 터인데도 전혀 내색하지 않으셨다. 아버지는 말씀하셨다. '아들아, 너의 아버지는 고귀한 우편물을 배달하고 있단다.' 아버지의 말씀은 마치 여왕 자신이 친히 그 일을 부탁한 것처럼 들리게 했다. '사람들 -상점과 군대와 경찰, 외국에 있는 친구들과 친척들-은 나를 신뢰한단다. 나는 이 모든 사람들의 편지를 배달하지. 너도 한 번 같이 가서 어떻게 사람들이 문에서 기다리며 내가 편지를 갖고 오기를 기대하는지 보도록 하렴. 아마 그들이 바라는 일자리 때문일 수도 있고 어쩌면 오랫동안 소식이 없는 딸 때문에 혹은 생일카드를 기다리는 것일지도 모르지. 아니란다, 아들아, 나는 전혀 지루하지 않단다(Rob Parsons, The Heart Of Success. Making It In Business Without Losing In Life, 53쪽)."

파슨스는 자신의 아버지가 돈으로도 살 수 없고 교육이나 사회적 지위로도 얻을 수 없는 그 무엇 안에 품위를 지니고 있음을 확인한다. 그의 아버지는 자신의 직업에 자부심을 갖고 있었으며 따라서 그는 그가 할 수 있는 한 전심으로 그 일을 잘 할 의무가 스스로에게(!) 있었다.

바울 또한 모든 사람이 어느 때든지 절대적인 꿈의 직업을 가질 수는 없다는 것을 알고 있었다. 그의 교인들 중 몇 사람은 좋지 않은 직업을 갖고 있는 오늘날의 사람들 보다 더 자유가 없었다. 그러나 바울은 그들이 존엄성을 잃지 않고 그들의 삶의 상황을 결정짓는 사람들에게 그들의 행복에 대한 책임을 넘기려 하지 않는 다면 그들도 역시 '내면적인 사표'를 낼 수 없다는 것을 알고 있었다.

"종들아 모든 일에 육신의 상전들에게 순종하되 사람을 기쁘게 하는 자와 같이 눈가림만 하지 말고 오직 주를 두려워하여 성실한 마음으로 하라(골3:22)."

그는 전체 교회를 위해서도 비슷한 말을 하였다.

> 만족은 결국 내면적 태도의 문제이지 상황이나 '성공'의 문제가 아니다.

"또 무엇을 하든지 말에나 일에나 다 주 예수의 이름으로 하고 그를 힘입어 하나님 아버지께 감사하라(골3:17)."

만족은 결국 내면적 태도의 문제이지 상황이나 '성공'의 문제가 아니다. 의도적인 고독과 고요함 속에서 하나님의 임재를 발견할 수 있는 것과 같이 만족은 일상적인 일들의 한 가운데에서도 하나님의 임재를 발견하는 것을 배우는 영성의 기초 위에서 주어진다.

동기의 더 깊은 비밀

이러한 태도에 대한 예로 게하르트 티어스테겐(Gerhard Teerstegen)의 펜 끝에서 나온 다음과 같은 묘사보다 더 아름다운 것은 없을 것이다.

"로렌츠 형제의 대화 속에서 우리는 중요한 표현을 발견한다. 그는 그곳에서 하나님의 임재는 이성과 숙고를 통해서라기보다 마음을 통해 느끼게 된다고, 하나님의 길에서 생각이 차지하는 위치는 매우 적다고, 사랑이 모든 것을 행한다고 말했다. 그리고 그는 계속하여 위대한 일을 하는 것이 꼭 필요한 것은 아니라고 말한다. 나는 여러분에게 평신도 형제가 부엌에서 일하는 모습을 설명하려 합니다. 그러므로 그 형제의 언어를 사용하는 것을 허락해 주십시오. '저는 하나님께 대한 사랑으로 프라이팬에서 작은 팬케이크를 뒤집습니다. 그 일이 끝나고 더 이상 할 일이 없으면 저는 땅에 엎드려 제게 이 팬케이크를 만들도록 은혜를 주신 나의 하나님을 경배합니다. 그 후 저는 어느 왕 보다 더 만족하여 다시 몸을 일으킵니다. 내가 아무것도 할 수 없을 때 하나님께 대한 사랑으로 땅에서 지푸라기 하나를 주웠더라도 제

> '저는 하나님께 대한 사랑으로 프라이팬에서 작은 팬케이크를 뒤집습니다.

게 충분합니다.' (로렌츠 형제의 부활에 관하여, 항상 주님의 임재 안에, 편지-대화-기록. 게하르트 티어스테겐의 소개와 함께, 34-35쪽)."

하나님은 유머가 있으시다 - 수도원 지도자들의 '위대한' 업적들은 오늘날 누구의 관심도 끌지 못하는 반면 수도원 지도자들이 부엌으로 쫓아냈던 그 불쌍한 형제에 관한 글을 우리는 오늘날에도 읽고 있다. 어쨌든 로렌츠 형제와 바울 두 사람은 우리 동기의 가장 깊은 비밀을 이야기하기 위해 그리스도에 대한 사랑에 이르렀다. 평신도 형제의 부엌에서의 업무는 천하고 하찮은 것처럼 보이나 그가 품위를 잃지 않고 '왕보다 더 만족'하도록 이끌었다. 첫째로 그에겐 자신이 하는 일에 기쁨이 있고, 둘째로 이 활동은 그에게 긍정적인 자존감을 준다. 바로 이것이 동기연구가들과 경영전문가들의 모든 지혜로도 전해줄 수 없는 그 무엇이다. 나는 동기나 경영에 관한 책들을 즐겨 읽는데, 이 책들은 삶의 원리들을 웅변적으로 전달해 주고 지혜로운 조언들과 가치 있는 내용들을 주기 때문이다. 이 책들은 자신들의 경험을 인상적인 이야기로 만들며 뜻밖의 새로운 시각들을 제공해 준다. 그러나 일정 부분은 모든 것이 생각의 차원에, 아이디어에 머문다. 이러한 자극으로도 충분할 때가 있으나 대부분의 경우 삶을 변화시키기에는 너무 부족할 때가 많다. 이와 반대로 로렌츠 형제는 마음의 차원에서 자기 자신, 그리고 그저 어떤 좋은 생각뿐 아니라 아주 실제의 인격인, 한 목수를 만났다. 그는 하나님의 아들이었지만 30년 동안 아주 평범한 직업에 종사했고 그 때문에 불만족해 하는 일은 단 한 번도 없었다. 그리고 그가 세상을 최종적으로 변화시키려고 집을 떠나 공생애를 시작하셨을 때에도 작고 사소한 일들에 충성하는 것의 가치를 여전히 명시하셨다. 아마도 여러분은 로렌츠 형제가 부엌에서

했던 것처럼 하나님께 감사하기 위해 사무실에서의 다음 회의가 끝난 후 바닥에 엎드려야 할지를 자문할지도 모르겠다. 아니면 수업 중간 쉬는 시간에 교무실에서? 혹은 점원으로 계산대 뒤에서? 이 경험이 실제로 우리의 일상에 적용될 수 있는가? 그렇다면 어떻게 해야 하는가?

건성으로 일하지 않기

마더 테레사는 언젠가 이런 말을 했다. "사소한 일에 충성하는 것은 사소한 일이 아니다." 그 충성심은 우리가 자동조종장치를 꺼버리고 일상의 일들에도 전심을 다하는 사치를 허락하는 곳에서 생겨난다. 아이들은 종종 옆에서 폭탄이 터져도 모를 정도로 놀이에 집중하곤 한다. 기저귀를 막 뗀 시기의 아이는 때로 바지에 오줌을 싼 것도 인식하지 못하고 놀이에 빠져있기도 한다. 어른이 된 우리들은 무엇인가에 깊이 빠지는 이러한 능력을 아마도 얼마간 상실해 버린 듯하다. 우리는 시간을 절약하려고 무엇을 쓰면서 동시에 전화를 한다. 우리는 회의에 앉아서 머릿속으로는 이미 다음 일을 계획하거나 비싼 음식을 먹으면서도 그 맛을 진짜 음미하지 못한다. 우리는 항상 더 좋은 것을 찾으리란 희망으로 텔레비전 채널을 이리저리 돌리며 그 후에 찾아오는 맥 빠진 느낌을 이상하게 여긴다. 그것은 텔레비전 프로그램의 문제가 아니라 무엇보다 스스로의 마음이 나뉘어 있기 때문일 것이다. 그 일에 열중하지 않고 환상으로 도피하는 것은 내 일의 질(質)뿐 아니라 이곳에서 하나님을 만나는 나의 만족과 능력도 손상시킨다.

> 어른이 된 우리들은 무엇인가에 깊이 빠지는 이러한 능력을 아마도 얼마간 상실해 버린 듯하다.

> 그리스도의 영에 사로잡혀, 충만하여, 격려를 받는 것은 다른 것에 의해 지배받는 것과는 다른 것이다.

동시에 바로 이 하나님과의 만남이 우리들의 일상에서 큰 차이를 만들어낼 수 있다. 일터와 가정의 분리, 직업과 친밀한 사람들이 있는 곳과의 분리는 사람들이 일하는 동안 느끼는 공허함의 큰 부분을 차지한다. 이것이 의미를 상실하게도 하고 동기를 앗아가기도 한다. 그러나 이제 이곳에 우리가 하는 모든 일에 동행하시는 친밀한 분이 계신다 - 그렇지 않다면 우리가 마음속으로(잘못된 신학 등을 통하여) 그분을 우리의 일터로부터 내쫓는 것이다. 하나님은 매우 열정적인 존재이시다. 비록 하나님께서는 많은 일을 동시에 행하실 수 있으나 그 어떤 것도 건성으로 하지는 않으신다. 하나님께서 인간을 매우 격정적으로 사랑하시기 때문에 성경은 하나님을 소멸하는 불로 묘사하며 자신의 피조물에 대한 하나님의 열정에 대해 성적인 비유도 서슴없이 사용한다. 이 열정 가운데서 하나님은 종종 우리 삶을 어렵게 만드는 모든 분열과 이중성으로부터 자유하시다. 그러므로 요한은 하나님은 빛이시며 하나님 안에는 어둠이 전혀 없다고 쓰고 있다. 철학자인 키에르케고르(Sören Kierkegaard)는 깨끗한 마음을 갖는 다는 것은 오직 한 가지만을 원하는 것을 의미한다고 말했다. 그리고 그렇게 하나님도 우리가 게을러지지 않고 영 안에서 불타오르기를 -하나님을 나뉘지 않은 마음으로 사랑하기를- 원하신다.

그리스도의 영에 사로잡혀, 충만하여, 격려를 받는 것은 다른 것에 의해 지배받는 것과는 다른 것이다. 오히려 결정적인 자극은 나의 내면으로부터 나온다 -나 자신에게서 나오는 것이지만 내게 속한 것은 아니다. '율법 아래'의 삶이 외부의 다른 어떤 것에 의해 생긴 의무감 -이 의무감이 올바른 것이긴 하지만-에 기초해 있는 반면, 여기에서는 인간의 의지와 동기 자체가 하나님의 영에 의해 충만해 진다. 그러나 신비주의의 불명료한 힘의 유입과는 달리 하나님은 항상 참된 인격적 대상이시기도 하다.

나는 혼자가 아니다

당신이 사랑에 빠져 있다면, 혹은 마지막으로 사랑에 빠졌던 때를 기억한다면 틀림없이 당신은 사랑하는 사람이 가까이에 있기만 하면 자신이 무엇을 하든 그렇게 큰 문제가 되지 않는다고 생각하는 당신의 모습을 발견하게 될 것이다. 사랑하는 사람이 그러할진대 하나님의 경우는 어떠한가? 당신은 일상 속에서 의식적으로 그 분의 임재를 느끼고 있는가?

초기 중세시대 로마제국의 멸망 후 유례없는 선교운동으로 전 서유럽에 복음을 전파했던 켈트족 그리스도인들은 하나님을 일상 속에서 그리고 그분의 창조세계 안에서 의식적으로 경험하는 능력을 갖고 있었다. 오늘날 그들의 축복의 기도문들은 다시 큰 호응을 받고 있지만 그들의 능력 있고 토착적인 영성의 다른 요소들도 그에 견줄 만큼 흥미롭다. 아일랜드와 스코트 랜드의 어떤 지역에서는 그들의 기도문이 오늘날까지도 구전으로 보존되고 있다. 이 중 많은 기도문들이 일상의 작은 의식들을 위한 것이며 하나님의 임재를 확인하고자 하는 동기로 드려진다. 진부한 것처럼 보이는 활동들이 단번에 보이지 않는 실제를 볼 수 있도록 투명하게 되며 그 활동들 안에서 각 그리스도인은 하나님의 사랑과 돌보심, 모든 것을 품으시는 위대함과 대면한다. 예를 들어 아침에 화덕에 불을 붙일 때 드려졌던 기도들이 전해지고 있는데 그 중 한 가지를 소개하면 다음과 같다.

> 나는 오늘 아침 나의 불을 붙이려 한다
> 하늘의 거룩한 천사의 임재 안에서
> 사랑스런 형상의 아리엘(공기의 요정, 히브리어-역자 주)의 임재 안에서
> 셀 수없이 많은 기적을 지닌 우리엘(천사장의 이름, '하나님은 빛'이라는 히브리어-역자 주)의 임재 안에서
> (Ian Bradley, 켈트족의 방법, 69쪽)

우리들의 난방 기구는 온도와 시간을 조절하는 장치로 조정된다. 하지만 우리가 매일 그 일을 행한다는 것은 다른 문제다. 일하러 갈 때나 컴퓨터를 켤 때 작은 기도와 함께 시작한다면 어떨까? 아이들을 깨우기 전의 짧고 규칙적인 축복기도는? 조금만 생각해 보면 여러분들에게도 비슷한 예들이 떠오를 것이다. 작가인 이안 브래들리(Ian Bradley)는 켈트족 그리스도인들의 영성을 다음과 같이 특징짓고 있다.

> "켈트족은 그리스도의 임재를 그들의 삶과 엮어 거의 육체적으로 느꼈다. 그들은 그리스도에 의해 둘러싸여 있고 그리스도에 의해 유지되며 그리스도에게 안겨 있음을 의식하고 있었다. 이렇듯 당신 옆에 있는 배우자로, 당신 집의 손님으로, 당신 몸 안의 신체적이 현존으로서 손에 잡힐 듯 명료한 예수의 경험은 아마도 켈트족이 하나님의 임재에 대한 자신들의 엄청난 의미를 표현했던 가장 적합한 방법이었을 것이다. (Bradley, 켈트족의 방법, 57-58쪽)."

아마도 방언 기도 은사 -하나님으로부터 영감을 받은 기도의 하나로 일반적으로 그 음은(어린 아이의 옹알이와 비슷하게) 기도하는 자나 듣는 자가 이해할 수 없다-의 참된 유익도 여기에 있을 것이다. 아기의 옹알이가 그것을 이해할 필요 없이 부모의 마음을 움직

때로 사람들은 이유나 목적을 정확하게 말할 수 없더라도 기도하고픈 욕구를 느낀다. 나도 마음을 쏟아내고 싶지만 스스로도 그곳에서 무슨 일이 벌어지는지 모를 때가 있다.

이듯이 방언기도도 명백히 하나님의 마음을 감동시키며 우리에게 다시 영향을 미친다. 이러한 초대기독교의 은사의 공적인 사용에 관하여서, 특히 예배시간에 이를 사용하는 것에 관하여서는 열성적으로 논쟁되었으나 아쉽게도 지혜는 부족했던 때가 많았다. 그러나 대부분의 실제적인 경험들은 공개석상이 아닌 은밀한 곳에서만 이루어진다. 때로 사람들은 이유나 목적을 정확하게 말할 수 없더라도 기도하고픈 욕구를 느낀다. 나도 마음을 쏟아내고 싶지만 스스로도 그곳에서 무슨 일이 벌어지는지 모를 때가 있다. 방언으로 기도할 때 나의 자기인식과 표현능력의 한계가 넓혀진다. 그러므로 심리학자들도 '전체적인 언어사건'이란 용어로 이를 언급하였다. 바울은 고린도전서 14장 2절에서 의사소통의 차원은 언어를 받아들이고 해석하는 이성이 아니라 영 -다양한 비유와 상징으로 '생각하는' 나의 직관적인 면-이며 비밀스런 방식으로 하나님과 직접 연결된다고 말한다. 바울은 그 효과에 관하여서도 이 경험이 믿음과 하나님과의 관계를 강화시키므로 그리스도인 개인에게 긍정적이라 말하고 있다. 때로 나의 이성은 무언가에 온전히 집중하도록 요구된다. 그럴 때에도 나는 성령을 의지할 수 있으며 방언으로 기도할 수 있다. 그런 후 정신이 맑아지는 것을 느끼며 새로운 용기와 힘을 얻고 보다 느긋하게

긍정적인 기대를 갖고 어려운 상황에 임하게 될 때가 많다. 가끔은 이런 시간에, 혹은 바로 이어지는 시간에 진짜 영감을 주는 아이디어들을 얻었던 때도 있다. 다른 사람들에게도 비슷한 경험이 있을 것이다.

충만함 발견하기

그러므로 하나님께 온전히 전념하는 것과 일에 온전히 전념하는 것은 모순이 아니라 그 반대이다. 하나님은 우리의 일이 충만한 활동이 되도록 우리를 돕고 싶어 하신다. 물론 이것은 모든 형태의 일-생계활동, 가정일과 봉사의 일을 포함한-에 해당된다. 봉사하는 일에서는 대부분의 사람들에게 자신이 의식적으로 이 임무를 선택했으며 '팔리지' 않는다는 것이 명확하기 때문에라도 더욱 더 강하게 작용한다.

심리학자인 미할리 칙첸트미할리(Mihalyi Csikszentmihalyi)는 자신의 연구과정에서 시카고의 자동차공장에서 일하는 조(Joe)를 만났다(Csikszentmihalyi, 몰입, 196쪽). 조는 단순 노동자였고 30년이 넘는 근무기간 동안 모든 승진을 거부하였지만 약 200명의 동료들과 상사들에게 그는 작업에서 가장 중요한 사람이었다. 그는 생산품의 모든 부품을 알고 있었고 모든 일꾼을 대신할 수 있었으며 모든 기계들을 수리할 수 있었다. 그는 심지어 일이 많은 것을 오히려 기뻐하였다. 퇴직을 앞두고도 조는 여전히 매일 일을 재미있어 했으며 일중독에 빠지지 않았다. 저녁이면 자신이 분수와 조명으로 꾸며놓은 작은 정원이 있는 집으로 돌아갔다. 어릴 때부터 그는 기계와 장비에, 특히 그것들이 고장 났을 때 흥미를 느꼈다. 세밀한 일을 파고드는 것이 회사에서의 그의 특기였다. 그의 발견에 대한 열정은 멈추지 않았다.

칙첸트미할리는 이러한 상태를 '몰입-경험'이라 부른다. 최근에는 이로부터 많은 연구가 가지를 쳐 나갔고 이는 동기가 결핍된 우리 시대의 큰 필요를 드러낸다. 몰입-경험은 운동 중에, 좋은 관계에서, 정신적인 도전들과 다양한 일

이것은 물질적인 사치와 지위 혹은 유행되는 많은 오락이 주지 못하는 인간적인 행복을 느끼게 하는 특징이 있다.

들 가운데 주어진다. 이것은 물질적인 사치와 지위 혹은 유행되는 많은 오락이 주지 못하는 인간적인 행복을 느끼게 하는 특징이 있다. 기쁨과는 달리 오락은 의식적인 노력과 집중된 관심을 요구하지 않는다. 내가 나 자신보다 더 의미 있는 일을 위해 주저함 없이 진력한다는 것은 다른 것이다. 생각과 행동이 녹아들고 기쁘게 자신을 잊어버리게 된다. 미래와 과거가 희미해지며 영원히 계속할 수 있을 것 같은 느낌을 갖게 된다. 이런 과정에서 사람들은 전인적으로 가장 성숙하고 온전한 인격으로 성장한다. 빅터 프랭클은 "인간은 자기 자신을 간과하고 잊을 수 있을 때 자기 자신일 수 있다(Frankl, 인간, 75쪽)."고 -어떤 대상과의 관계를 통해 그리고 나 자신 밖의 무엇인가에 집중하는 것을 통해 자기 자신이 될 수 있다고-쓰고 있다. 이렇게 볼 때 일은 실제로 그 자체 안에 보상을-어쨌든 사람이 돈으로 살 수 없는 유익을- 지니고 있다. 이렇게 일하는 사람은 회사에 오락세를 낼 필요가 없게 될 것이며 오히려 반대로 그의 일은 또 다른 열매들을 맺게 될 것이다.

성공에 대한 정의
(가치-창조)

> 종말로 형제들아 무엇에든지 참되며 무엇에든지 경건하며 무엇에든지 옳으며 무엇에든지 정결하며 무엇에든지 사랑할만하며 무엇에든지 칭찬할만하며 무슨 덕이 있든지 무슨 기림이 있든지 이것들을 생각하라!
> 빌립보서 4:8

> 사람들은 우리의 가치를 인정해야 한다(그리고 이것은 경영에 있어 결코 쉬운 모험이 아니다). 왜냐하면 우리는 동료들을 잘 대우하기 때문이며 우리는 사회에 유익하기 때문이다. 이것이 수익성에 대한 다른 개념이다.
> 아니타 로딕(Anita Roddick, The Body Shop)

한 주 전에 사장이 말했던 새 동료는 모르는 사람이 아니었다. 클라우스가 월요일 사무실에 출근했을 때 게오르그는 그의 비스듬한 건너편에 앉아서 그에게 반갑게 손짓을 했다. 둘은 짧게 인사를 나누고 점심시간에 휴게실에서 보기로 약속을 했다. 클라우스는 대학 때 둘이 함께 수료한 실습을 통해 게오르그를 알고 있었다. 졸업 후 두 사람은 만날 기회가 없다가 2년 전에야 한 산업박람회에서 다시 만나게 되었다. 게오르그는 다른 회사에서 일하고 있었다. 그런데 놀랍게도 클라우스는 그가 그곳에서 신경이 쇠약해질 대로 쇠약해져 사표를 던졌다는 사실을 듣게 되었다. 디저트를 먹으며 게오르그는 그 이유를 설명했다. "우리는 아주 큰 계약을 따 냈는데 이 계약은 성공적인 시험기간을 거쳐 큰 프로젝트가 계속 이어지는 것이었지. 전 사원은 열심히 일했고 다른 곳에서는 감원이 일어난다는데 우리는 오히려 사람들을 새로 채용할 정도였어. 2년 동안은 모든 것이 정말 순조로웠는데 일련의 사고들이 발생했지. 흔들리는 프로젝트를 지탱하기 위해 모두는 더 많이 노력을 기울여야 했어. 하지만 몇 달을 힘들게 버틴 후 마침내 계약을 했던 상대가 포기를 하고 말았어. 우리는 수백만이나 되는 투자를 계속하고 있었지. 그리고 올게 온 거야. 두 세 명의 부장들은 서로 화합할 수가 없었지. 각자 다른 사람의 성공을 시기했어. 그래서 정보를 주지 않거나 늦게 건네고, 작은 음모를 꾸미거나 타협이 필요할 때 고집을 피우곤 했지. 우리는 정말 해낼 수 있었는데. 이렇게 욕심을 부리는 사람들만 없었더라도 성공은 손에 잡힐 듯 했어. 지금은 불신적인 분위기가 지배적이야. 엔지니어들은 상인들을 비난하고 상인들은 엔지니어들을 욕하지. 그룹 내에서도 콘셉트나 운영방식에 관한 작은 종교전쟁들이 있고. 새로운 사장들은 인원을 감축하는데 골몰해 있어. 1/3 이상의 사람들이 사표를 냈지. 회사에는 새로운 상품을 개발하기 위한 수단이 거의 없고 분위기는 그야말로 처참해."

성공은 경력이라는 좁은 길에 있든, 캐스팅이 되기 위해 쇼에 참여하든, 정치에 입문하거나 회사를 설립하든 많은 사람들의 목적이다. 7단계 혹은 10단계로 성공을 제시하는 지침서들도 제공된다. 때로 사람들은 저자들이 미국 출신이면 3단계만 필요할 수도 있으리라 믿고 싶어 한다. 성공한 남자들의 자서전은 엄청나게 팔려 나간다. 빌 게이츠(Bill Gates)

나 리차드 브랜슨(Richard Branson)은 성공지향사회의 우상들로 정형화되었다. 이곳 독일에서는 디터 볼렌(Dieter Bohlen)과 같은 사람이 자신의 '문학성' 발산이란 명목으로 무례한 짓을 해도 허용된다. 그가 성공했기 때문이다. 그를 선전모델로 기용했던 한 회사의 고객담당자는 최근에 내게 그가 더러운 것으로도 돈을 만들 수 있는 것에 깊은 인상을 받았다고 이야기했다. 흠, 부라보!

분노나 반발로 인해 실패를 거룩한 것처럼 말하게 되는 유혹에 넘어가지 않기 위해 잠시 이 장면을 떠나보자. 실패를 거룩하다고 한다면 그것은 자기태만으로 나아가는 재앙의 첫 단계가 될 것이다. 생산적이고자 하는 것, 즉 목적을 이루려는 것, 무엇인가를 이루어 내거나 변화시키려는 것은 우리 일에 있어 아주 적법한 기대이다. 하나님께서도 우리가 단지 생물학적 의미에서만 열매를 맺기 원하시지 않고 우리

> 생산적이고자 하는 것, 즉 목적을 이루려는 것, 무엇인가를 이루어 내거나 변화시키려는 것은 우리 일에 있어 아주 적법한 기대이다.

를 살아갈 수 있도록 해주는 우리 일에서도 좋은 열매를 맺는 걸 원하신다. 이것은 성경의 태초 이야기에서 하나님과의 단절을 통해 수고와 제한을 갖게 되었을 때에도 마찬가지였다. 따라서 우리가 그것에 관해 성공하는 것은 아주 정당한 기대이다. 하나님은 대홍수의 이야기 끝에서 '심음과 거둠이 쉬지 않으리라'고 이를 다시 한 번 분명하게 보증하신다.

예수님께서도 비유하실 때 반복하여 선택하신 심음과 거둠의 원리는 아마도 성공에 관한 우리의 생각들을 '접지'시키기 위한 좋은 수단이 될 수 있을 것이다. 일반적으로 성공은 우리가 우리에게 맡겨진 능력과 자원을 관리하는 형태로 이루어지게 된다. 때로는 다른 사람들의 자원이

우리에게 맡겨지기도 할 것이다. 이러한 것들을 투입하는 것이 곧 우리의 일이다. 이에 더해 우리는 우리의 에너지와 시간이 감에 따라 증가하(기를 바라)는 우리의 전문지식을 투자한다. 마치 농부가 자신의 씨앗을 적당한 시기에 적절한 장소에 뿌리는 것과 같다. 모든 열매가 모든 땅에 똑같이 잘 자라는 것은 아니니까 말이다. 이 시기부터 사람들은 화단이나 밭에 거름을 주거나 잡초나 해충과 싸우거나 물을 줄 수 있다. 하지만 모든 기술적 진보를 이룬 오늘날에도 완전히 조절할 수 없는 상황들에 처하게 되기도 한다. 태풍으로 수확을 못 하거나 손해를 입기도 하며 수확이 좋을 때에라도 가격변동으로 시장에서의 가치를 잃기도 한다. 결국 수확이 어떻게 되느냐는 우리 일의 질에만 달린 것이 아니다. 물론 일을 잘못했을 때 이상적인 상황에서는 그럭저럭한 결과를 얻을 수도 있겠지만 일반적으로 나쁜 결과를 얻게 되는 것이 분명하다. 이와 반대로 큰 노력을 기울인다면 나쁜 조건 하에서도 성공을 할 수 있다.

> 결국 수확이 어떻게 되느냐는 우리 일의 질에만 달린 것이 아니다.

성공은 단순히 만들어낼 수 있는 것이 아니다

그러므로 우리가 하는 일의 성공은 결코 내 마음대로 할 수 있는 것이 아니며 대부분 다른 사람들에게 그리고 항상 하나님께 의존되어 있다. 바울도 교회를 세우고 복음을 전파하는 자신의 사명에 대해 똑같이 말할 수 있었다.

"나는 심었고 아볼로는 물을 주었으되 오직 하나님은 자라게 하셨나니 (고전3:6)."

이 부분에서 나는 사람들이 모든 공로를 자기 자신에게 돌리려 할 때마다 인간이 얼마나 잘 잊어버리는 존재인가를 경험하게 된다. 누군가 회사에서 아니면 어떤 프로젝트나 교회에서 성공을 거두었다고 하자. 그건 좋은 일이다. 성공은 인정을 받지만 또 성공에 대한 설명도 부탁받게 된다. 그럴 때 성공한 사람은 자리에 앉아 자신의 성공스토리를 쓰기도 한다. 그러면 오히려 난처해질 수 있는데 성공한 사람이 항상 이를 설명할 수 있는 것은 아니기 때문이다. 이러한 이야기들 중 어떤 것들은 결국 아주 비옥하고 기후가 좋은 곳의 농부가 험한 기후와 거친 토양을 지닌 곳의 농부에게 조언을 주면서 자신의 성공이 모든 조건에서 재현될 수 있다는 것을 암묵적으로 전제하고 있는 것과 비슷하다. 얼마 동안 중앙 아프리카에서 살았던 한 친구가 그곳에서는 무심코 던진 과일의 씨앗마다 엄청난 속도로 큰 나무로 자라나더라는 이야기를 해 주었지만 우리가 말하려는 것은 이와는 다른 것이다. 경제적으로 급성장하고 경기가 좋은 시기에는 침체기 보다 근본적으로 훨씬 쉽게 성공적인 기업을 설립하거나 부자가 될 수 있다. 어린 시절부터 학교공부를 지원받았던 사람은 아이의 숙제에 속수무책이었던 부모를 두었던 사람보다 쉽게 수능시험을 잘 치를 수 있다.

> 경제적으로 급성장하고 경기가 좋은 시기에는 침체기 보다 근본적으로 훨씬 쉽게 성공적인 기업을 설립하거나 부자가 될 수 있다.

그럼에도 항상 사람들은 만들어낼 수 있다는 잘못된 생각에 빠져 다른 사람들에게 위로부터 아래로 조언을 나누어 준다. 만약 당신이 나와 똑같이 하게 된다면 성공할 것이라고. 낙심한 가운데 이런 멋진 방법이 쓰인 책을 사서 읽는 수많은 실망한 사람들에게 이것은 순전히 독약이다. 왜냐하면 형편없는 결과에 실패감이 더해지기 때문이다.

그러므로 성경의 저자들이 눈에 띄는 성공에 대해 정말 무덤덤한 경우가 많은 것이 결코 이상한 일이 아니다. 물론 하나님은 우리의 일이 생산적이며 우리 자신과 다른 사람들에게 기쁜 결과가 되기를 원하신다. 그러나 하나님은 우리가 씨앗이 30배, 60배가 될까 아니면 100배가 될까하고, 즉 줄기가 하나나 둘이 나올까 아니면 셋이 나올까를 너무 많이 생각하는 대신 성공을 위한 우리의 기여-심는 일-에 집중하는가를 더 관심 있게 보신다. 따라서 하나님은 성공을 충성이라고 정의하신다. 이 특성이 하나님께는 눈에 보이는 큰 결과보다 더 중요하다. 이때 모든 형태의 변화를 거부하는 경직됨과 충성을 혼동하여서는 안 된다. 충성은 내가 나의 임무에 적합한가를 매번 점검하는 책임을 포함한다.

만약 1940-1950년대 미국 철도연합의 중요 관심사가 사람들을 이송하는 것이었다면 그들은 항공 쪽으로 사업을 전개했을 것이라고 누군가 말한 적이 있다. 그러나 그들은 그렇게 하는 대신 그들의 존재 이유를 기차를 달리도록 하는 데 있다고 보았다. 그래서 시간이 감에 따라 그들은 더욱 더 적자에 빠지고 말았다. 만약 기독교 공동체들이 어떻게 하면 사람들을 그리스도의 제자들로 가장 잘 만들 수 있을 것인가 묻는 대신 어떤 역사적 전통을 지키거나 프로그램들을 완고하게 유지하는 것을 자신의 과제로 삼는다면 이와 비슷한 전철을 밟을 것이다. 이런 경우 사람들이 등을 돌릴 때 '작은 무리'에 대한 약속들로 위안을 삼는 것은 당연히 자기기만일 뿐이다.

임무가 우선이다

하나님께서 우리에게 기대하시는 충성은 하나님을 공경하고 다른 모든 것보다 하나님을 사랑하며 우리 이웃을 우리 자신과 같이 사랑하라는(아주 일반적으로 말해서) 우리 임무에 대한 충성이다. 혹은 좀 더 구체적으로 우리의 일과 관련하여 말하자면 이 일의 도전들을 극복하고 창조적인 가능성들을 발견하며 이용하고 그것으로 다른 사람들을 섬기는 것이다. 이런 종류의 충성은 자연히 직책에 대한 묘사를 점검하고 적응하거나 방법을 바꾸게 만든다. 아마 당신은 예수님이 누가복음 19장에서 이야기 하신 달란트 비유의 결과에 관해 이상히 여긴 적이 있을 것이다. 세 명 중 두 명의 하인들은 맡겨진 자본을 성공적으로 관리하여 칭찬을 받았으나 세 번째 하인은 자신이 맡은 것을 땅에 묻어두어 이윤 없이 돌려주었기 때문에 심하게 벌을 받았다. 이 이야기의 핵심은 세 번째 하인이 자신의 임무에 불 충성하였다는 것이다. 그 임무는 그 액수를 의미 있게 투자하라는 것이었기 때문이다. 만약 그가 자신의 임무를 따랐고 -어떤 이유에서든-이윤을 남기지 못했다면 책망은 분명 훨씬 덜 했을 것이다. 아니, 오히려 칭찬을 받았을지 모른다. 이것이 성공에 대한 하나님의 정의이다. 세 번째 하인은 이를 이해하지 못했고 하나님을 단지 최단기간에 최고의 결과만을 바라시는 분으로 생각했다.

"이는 당신이 엄한 사람인 것을 내가 무서워함이라 당신은 두지 않은 것을 취하고 심지 않은 것을 거두나이다(눅19:21)."

그는 빈정대는 것을 넘어서 하나님을 양심 없는 날강도 자본주의자로 묘

> 주로 자신을 방어하는 나르시스적인 개인들은 외부의 조건들이 흔들리게 되면 무너진다.

사했다. 그러나 사실은 결코 그렇지 않다.

빅터 프랭클은 성공은 단순히 만들어 낼 수 있는 것이 아니라는 것을 지적한 바 있다. 성공은 단지 과정 뒤에 뒤따라 오는 현상일 뿐 그 자체가 내가 하는 일의 목적이 될 수 없다. 내가 나의 임무에 온 힘을 다해 헌신하면서 그것을 통해 내가 부자가 되거나 유명해 지거나 인정을 받거나 중요하게 될 수 있는지를 더 이상 따지지 않는다면 성공은 따라온다. 이러한 사욕들이 내 생각을 사로잡고 있는 순간은 나는 이미 일에 전념하고 있지 않으며 더 이상 온전한 나 자신도 아니다. 바울은 이것을 '육체를 위하여 심는 것'으로 묘사했다. 이는 자기 자신의 욕구를 충족시키는 일에만 관심이 있고 다른 사람들은 경쟁자로, 자신의 실존은 어떠한 순간적인 즐김도 놓칠 수 없는(이것이 마지막일지도 몰라!) 생존경쟁으로 간주하는 생활방식을 의미한다. 다른 사람에게 해를 입히므로 이득을 달성하는 그런 생활방식이다. 그런 뒤에는 조만간 불가피하게 이러한 태도의 결과들이 나타난다. 그 결과들은 관계의 파괴를 가져온다. 나를 똑같이 원수로 취급하는 사람들과의 관계와 내게 조금도 선한 것을 허락하지 않는 듯 보이는 하나님과의 관계, 그리고 많은 욕구들과 충동들이 억제되지 않고 항상 '섬김을 받았기' 때문에 한없이 커져버린 나 자신과의 관계이다. 이는 곧바로 나의 삶을 모든 종류의 종속으로 이끈다. 또한 심리학자들은 이보다 '더 나쁜 위험'에 대해 경고한다.

"주로 자신을 방어하는 나르시스적인 개인들은 외부의 조건들이 흔들리게 되면 무너진다. 이에 따라오는 공포는 그들이 행해야만 하는 일을 하지 못하도록 막는다. 그들에게는 의식 안에 질서를 세우려고 내면으로 주의를 기울이며 바깥의 현실을 제어하는 충분한 여력이 남지 않게 된다 (Mihalyi Cszikszentmihalyi, 몰입, 129쪽).

우리 사회의 수많은 부자들과 미인들과 권력자들이 만인의 부러움을 받고 있음에도 불구하고 삶에 불만족하고 공허감을 느끼며 종국에는 부서진 삶의 파편더미들에 묻혀버리는 일은 이제 놀랄 일도 아니다. 하지만 여전히 기업의 대중적인 지도이념 안에서는 이러한 지위를 선망하며 경쟁심에 사로잡힌 생각의 흔적들을 발견하게 된다. 예를 들면 사람들은 '시장의 선도자'-연못의 가장 큰 물고기-가 되고 싶어 한다. 고객들에게 이것은 전혀 중요한 일이 아니다. 생산된 결과가 올바르면 고객은 만족하든지 아니든지 둘 중 하나이다. 시장을 선도하는 자가 전혀 최상의 제품을 생산하지 않고 그저 능숙하게 자신의 독점을 이용하거나 파괴적인 가격으로 경쟁을 단축시키는 일 등은 비일비재하다. 자신들의 동료들에게도 이것은 전혀 의미가 없다. 만약 그런 대기업들이 일을 그런 편법으로 하지 않는다면 평범한 중소기업도 시장에서 순조롭게 버텨 나갈 수 있을 것이다. 그리고 대기업 스스로에게도 자신들이 최상위 5위에 속한다는 것이 진정한 자랑이 될 수 있을 것이다.

넓은 시각으로 심기

오늘날 우리의 경험도 바울의 말을 증명한다.

"스스로 속이지 말라 하나님은 만홀히 여김을 받지 아니하시나니 사람

> 이 무엇으로 심든지 그대로 거두리라 자기의 육체를 위하여 심는 자는 육체로부터 썩어진 것을 거두고 성령을 위하여 심는 자는 성령으로부터 영생을 거두리라 우리가 선을 행하되 낙심하지 말찌니 피곤하지 아니하면 때가 이르매 거두리라. (갈6:7-9)."

즉, 성령을 위하여 심는다는 것은 당장 우리에게 유리하거나 이득이 되지 않더라도 선을 행하는 것이다. 그러나 그 이유는 훨씬 깊은 것이다. 우리는 '성공'이라는 형벌을 받은 것이 아니다. 우리는 실패할 수도 있다. 예수님께서 십자가에 홀로 버려지셨을 때에도 그리고 적어도 당시 사람들의 눈에는 너무도 분명하게 실패했었던 때에도 하나님께 충성을 다했던 것처럼 말이다. 그러나 성공에 대한 하나님의 정의는 다른 것이기 때문에 이것이 실패로 끝나지 않았다. 예수님은 죽음으로부터 부활하셨고 이 소망은 우리가 성공과 충만한 삶에 이르기 위해 파괴와 멸망의 씨앗을 품고 있는 의심스러운 지름길을 선택하지 않도록 지켜주는 확신이 될 수 있다. '지옥'이라는 단어는 아람어로 'Gehenna'인데 예루살렘의 쓰레기장을 칭했던 단어였다. 여기서 하나님께 중요한 것은 중세에 지배적인 생각이었던 지옥의 불 속에서의 영원한 고통이 아니다. 오히려 우리의 삶 속에서 영원한 삶을 위해 투자되었던 것이 전혀 없으므로 우리의 삶, 아니 우리의 전 인격조차도 역사의 쓰레기더미에 처박히게 되는 것을 염려하신다. 그리고 하나님은 그 쓰레기더미로부터 우리를 보호하시길 원하신다. 이것은 승진을 위해 모든 것을 희생했던 어떤 이가 사다리의 끝에 이르러서는 그가 목표했던 지점이

'더 이상의 위'가 아니라 그저 '사다리 끝'이었음을 확인하는 경우와 비슷하다고 할 수 있다.

무한한 가능성을 갖고 계시며 나를 멸망으로부터 구해주시고 나의 사랑을 얻기 위해 자신의 가장 큰 보물을 서슴없이 희생하심으로 자신의 성실하심을 보증하시는 하나님, 그분을 신뢰하는 것은 우리에게 전혀 다른 행동가능성을 열어준다. 즉, 평화를 심고 악의를 호의로 대하며, 적절한 시기를 인내하며 기다릴 줄 알고, 억지로 결과를 만들어 내려 하지 않고, 욕심이나 두려움, 억압에 휘둘리는 대신 이 모든 일 가운데서 즐거워할 수 있도록 만든다.

더 나아가 계속해서 다른 사람들이 내 일의 열매들을 거두도록(내가 그곳에서 계속해서 내 앞의 다른 사람이 심었던 것을 거두듯이) 살 수 있다. 나는 속았다는 느낌 없이 몇 세대가 지나서야 실제적인 잠재력을 발휘하게 될지도 모르는 사람들과 프로젝트에 내 삶을 투자할 수 있다. 이것은 우리가 당면한 문제들이 점점 더 복잡해지고 장기화 됨에도 불구하고 우리의 경제시스템과 사회는 점점 더 단기적이고 피상적으로 기능하는 이 때 더욱 더 중요하다.

> 나는 속았다는 느낌 없이 몇 세대가 지나서야 실제적인 잠재력을 발휘하게 될지도 모르는 사람들과 프로젝트에 내 삶을 투자할 수 있다.

지속가능성이 요구되지만 많은 정치인들은 언제나 다음 선거만을 바라본다. -특히 독일에서는- 항상 어디에선가 선거가 치러진다. 많은 기업의 지도자층에서는 책임을 진 사람들이 자신들의 자만함으로 시행착오가 일어났다는 것이 드러날 때 악명 높은 황금 낙하산으로 뛰어내린다. 그들의 잘못된 결정의 결과들이 수습되는 것이 아니라 책임자만 바뀌는 것이다. 또한 가사일의 경우에도 장기적인 사고가 요구된다. 단기적으로 보면 낙심할 수밖에 없는 일이 많다. 기저귀는 다시 잔뜩 쌓이고 그릇과 옷들은 또 더러워지고 힘들게 정리해 놓은 것들은 다시 허물어진다. 성공의 느낌은 나의 도움으로 가정 안에서 새로운 인격들이 양육되고 성장된다는 것을 인식할 때 생겨나는 것이다. 이 일의 실제적인 열매는 빨라야 아이들이 성인이 되고 -바라기는- 독립적이 된 20년 후에야 볼 수 있다. 다행스럽게도 하나님께서는 이 긴 여정을 수많은 아름다운 경험들로 즐겁게 만드신다. 그리고 물론, 아이들의 발전이 항상 똑바르고 지속적이지는 않기 때문에 많은 의심과 때론 충격의 시간도 있을 것이다.

나는 주위환경과 다르게 성공을 정의하는 법을 배우기 위해서 우리 모두에게 지속적인 다른 사람들의 지원이 필요하다고 생각한다. 바로 여기에서 부부는 서로 귀 기울이고 하나님의 눈에 중요한 것들을 기억하면서 서로에게 많은 것을 해 줄 수 있다. 자신의 삶의 목적들을 우리에게 끊임없이 떠맡겨지는 것들과 대조하여 의식적으로 카드에 적어서 갖고 다니거나 규칙적으로 그것을 읽을 수 있는 곳에 두는 것도 도움이 된다. 많은 직업에서는 개인적으로 장기적 시각을 발전시키는 일이 몹시 어렵다. 그것이 요구되지도, 준비되어 있지도 않다. 이 경우 진짜 지속되는 유일한 것은 자기 자신의 인격이다. 성령을 위해 심는다는 것은 내가 하나님에 대한 사랑으로 하나님께서 나를 위해 준비하신 선을 행하도록 아주 적은 가능성이라도 매일 찾는 것을 의미한다. 그렇게 될 때 내 안에서 성령의 열매가 자라나고 다른 사람들이 본능적으로 가까이

> 자신의 삶의 목적들을 우리에게 끊임없이 떠맡겨지는 것들과 대조하여 의식적으로 카드에 적어서 갖고 다니거나 규칙적으로 그것을 읽을 수 있는 곳에 두는 것도 도움이 된다.

하고 싶은 인격으로 성장한다. 그렇게 시간이 지남에 따라 나의 특성 중 어떤 것은 다른 사람을 물들이게 된다. 그리고 이것은 내 삶의 진짜 중요한 업적이 된다. 오늘 당장 기업연보나 텔레비전 뉴스-20년 후에는 아무도 기억하지 못할-에 나오는 실적들보다 이러한 나의 업적은 훨씬 더 오래 나의 버팀목이 될 것이다. 바울은 이러한 열매들을 거둘 수 있는 시기가 언제인지는 하나님이 정하신다고 말한다. 이 열매들은 내 삶의 전체성공을 위해 물질적 이익이나 권세나 지위보다 근본적으로 더 중요하게 될 것이다.

생산적인 믿음

그러나 자신을 위해 선을 구하고 원하는 것은 개인적인 행복 이상의 것을 우리에게 선사한다. 전문가들은 오늘날 우리의 가장 큰 생산성의 잠재력이 파괴적인 행동방식을 극복함으로 나타날 수 있음을 입증하고 있다. 이것은 바로 바울이 묘사했던 '육체'를 따른 삶의 결과, 즉 '멸망'과 붕괴와 무질서로 치닫는 삶의 극복을 일컫는 것이다. 멸망으로 이끄는 삶은 개인 각각의 사업에도 영향을 끼치지만 우리의 전체 사회 차원에서는 더 심각한 문제들을 낳는다. 전문가들의 계산에 따르면(Leo Nefiodow, Der sechste Kondratieff, In: Knoblauch/Marquardt<발행인>, 가치들을 갖고 지도하기. 기독교 지도자들의 개념들, 44쪽) 부정부패와 범죄, 자원의 낭비와 환경의 파괴, 악의적이거나 태만함으로 신체와 영혼에 입힌 손상, 가정의 붕괴와 이로 인해 발생하는 사회적 후속비용이 전 세계 국민총생산의 1/3이나 잡아먹는다고 한다. 알코올중독 하나만 보더라도 매년 유럽에서 성장의 2-4%에 대당되는 비용이 들며 모든 사고와 폭행의 40-60%에 원인이 되고 있다. 부패도 약간 적게 4%로 추정되어 예산에 반영되고 있다(Erik Händler, 미래의 역사, 276쪽). 동시에 많은 심리학적 연구들과 의학적 연구들은 확신을 갖고 사는 그리스도인들은 무신론자들보다 훨씬 더 만족한 삶을 살 뿐 아니라 통계적으로도 더 건강하고 더 오래 산다는 것을 입증하고 있다(Nefiodow, Kondratieff, 56쪽). 정말 바울의 말이 얼마나 정확한가!

그뿐만이 아니다. 모든 생산력은 전문적이고 방법적인 능력(그리고 설비) 외에 무엇보다 협동력과 출동준비태세라는 두 가지 사회심리학적 요인들에 좌우된다. 지식과 기술력의 성장이라는 오늘날과 같은 멀티 커뮤니케이션 시대의 특성은 조건적으로 생산력의 증대라는 측면에서 유리한 입지를 갖고 있다. 이 시대의 특성을 올바르게 이해하면 인간의 희생을 야기하는 수많은 파괴적인 행동 방식들을 방비하고 단계적으로 극복함으로써 나라 전체를 정체상태에서 해방시킴과 동시에 물질적으로도 긍정적인 발전을 일으킬 수 있을 것이다. 그리스도인들은 여기에서 적어도 가치와 관습의 변화로 나아가는 길을 개척할 수 있고 고무적인 모범을 보일 수 있다. 미래를 위한 엄청난 가능성들도 열 수 있을 것이다.

"이렇게 볼 때 21세기 전반은 특별히 흥분되는 시기가 될 것이다. 역사상 처음으로 경제적, 사회적 변화의 중심에 자원이나 기계가 아닌 생물학적, 정신적, 사회적 욕구와 잠재력을 지닌 인간이 자리하게 될 것이다 (Nefiow, Kondratieff, 58쪽)."

이를 얼마나 낙관적으로 보아야 할지 알 수는 없지만 호황기가 되면 '돈으로 무엇을 할 것인가?'란 질문도 생겨난다.

5 경제적인 자유에 이르는 법
(돈이냐 생명이냐)

> 나로 가난하게도 마옵시고 부하게도 마옵시고 오직 필요한 양식으로 내게
> 먹이시옵소서 혹 내가 배불러서 하나님을 모른다 여호와가 누구냐 할까 하오며
> 혹 내가 가난하여 도적질하고 내 하나님의 이름을 욕되게 할까 두려워함이니이다.
> 잠언 30:8,9

> 현대적 형태의 일과 현대적 형태의 소유 안에서 발전 자체가 마주하는 삶,
> 의미 있는 관계의 거의 모든 흔적이 말살되지 않았는가?
> 마틴 부버(나와 너, ⓒ Gütersloher Verlaghaus GmbH, Gütersloh)

매일 우리는 우리 돈에 관한 소식들로 폭발할 지경이 된다. 주식시세와 환율시세는 모든 뉴스의 기본 레퍼토리에 속한다. 그리고 모든 투자자가 일 년 안에 두 자리 숫자의 수익률을 올렸던 시기 이후부터는 싼 물건을 찾아다니는 것이 국민스포츠가 되었다. 돈은 많은 직업선택의 결정에서도 동기 1위를 차지한다. 이미 적지 않은 사람들이 복고적인 경향

경제적인 자유에 이르는 법 • 69

을 나타내고 있음에도 물질주의는 여전히 우리 서구 문명의 가장 강한 원동력이다. 롭 파슨즈는 로스앤젤레스에서 운전할 때 공격적인 스포츠카 운전자에게 추월을 당했는데 그를 추월했던 포르쉐 뒤에는 "가장 많은 장난감을 갖고 죽는 사람이 이긴 사람이다"란 스티커가 붙어 있었다고 말하고 있다.(Parsons, 성공의 핵심, 20쪽).

마크 그린(Mark Greene)은 "정체성과 소속감의 열쇠를 물질적인 것들의 구매와 전시에서 찾고자 하는 욕망이 우리 시대의 종교이다(Mark Greene, Imagine, How we can reach the UK, 3장)."라고 쓰고 있다. 이것은 그리스도인들의 눈에만 뜨이는 현상이 아니다. 수잔네 프랑크스(Suzanne Franks)는 이러한 현상에 다음과 같은 입장을 표명한다.

쇼핑은 자본주의의 최종적인 여가활동이다.

"쇼핑은 자본주의의 최종적인 여가활동이다. 개인적인 행복이 욕구와 소원들을 충족하는 것에 있다면 자본주의의 역할은 더욱 더 많은 소비 '욕구들'을 일깨우는 것이 될 것이다. 그러므로 일은 결코 중단되지 않는다(Franks, 동화, 91쪽)."

그리고 이 종교의 제단 위에서 제물로 바쳐지지 않는 것이 무엇인가! 쾌락 사회에서 스스로는 아무것도 할 수 없는 아이들이 괜히 늘어나는 게 아니다. 유복함 자체가 의미상실의 원인이 된다.

"좌절과 무료함은 부모와 학교가 방향을 잡도록 돕는 것이 점점 힘들어지는, 현재의 청소년 폭력행위의 주요동기라 할 수 있다" (Opaschowski, 독일2010, 30쪽).

많은 남성들, 특히 높은 지위에 있는 남성들은 그것이 동시에 더 많은 명성도 의미하기 때문에 상대적으로 아무 생각 없이 돈을 위해 시간을 희생한다. 그 돈으로 그들은 다시 시간을 산다. 미용사가 집으로 오거나 자녀의 생일을 전문가가 차려주는 형태로 말이다. 그러나 결국 일이 계획대로 진행되지는 않는다. 엄밀히 물질주의는 너무 아름답게 묘사되고 있다. 탐욕과 인색함은 인간을 충동질하는 치명적인 2인조이다. 몇 달 전 우리 지역에서 세간의 주목을 끄는 살인사건이 발생했다. 한 유명한 성형외가 의사가 강도들에 의해 살해된 것이다. 오랜 수사 끝에 최근 진실이 밝혀졌다. 백만장자였던 그 피해자는 강도를 당한 것처럼 속여 보험을 타내려고 강도들을 고용했던 것이었다. 돈은 많은 경우 인격을 파괴시킬 뿐 아니라 어떤 사람들에게선 이성을 빼앗고 마침내 목숨까지도 앗아간다.

믿음이 돈과 무슨 상관이 있는가?

'일반 소비자'들도 어떤 힘들이 자신의 생각에 영향을 주고 이끌 것인지를 결정해야만 하는 상황에 항상 처하게 된다. 아내와 나는 3년 전 3월 초에 스코트 랜드에 접해 있는 북부 영국의 한 시골에서 집을 얻어 짧은 휴가를 보냈는데 너무 뜻밖에도 눈이 내렸다. 아침에 일어났을 때는 폭풍이 멈추었다. 현관문을 열자 눈이 복도까지 밀려왔고 칼날 같은 바람이 불었다. 수만 가구가 세상으로부터 단절되었고 통신이 두절되었다. 전기도 전화도 없었다. 다행이도 거실에는 난로가 있었다. 우리가 머물던 집의 주인인 농부는 초와 먹을 것과 불을 땔 석탄을 갖다 주었다. 내가 후에 이 이야기를 친구에게 했을 때 그 친구는 즉각 "정말 로맨틱한데!"라고 말했다. 그러나 로맨틱하기에는 너무 추웠다. 바람은 헐거운 창틈과 문틈으로 사정없이 들어왔다. 그리고 나는 모레 예약되어 있던 항공편도 걱정이 되었다. 만약 이 비행기를 놓치면 계획보다 너무 늦게 아이들이 기다리는 집에 가게 될 것이었다. 무엇보다 더 비싼 노선의 비행기 표를 예약해야만 하고 그러면 우리 재정에 큰 구멍이 나게 될 판이었다. 게다가 우리는 이미 계획에 없던 세척기와 자동차의 비싼 수리비를 지불했던 터였다. 우리는 남아있던 마지막 휴대폰배터리 전원으로 집에 전화를 걸어 부모님과 친구들에게 기도를 부탁했다. 그러는 사이 그 지역의 모든 도로가 1미터나 쌓인 눈 더미로 막혔으며 농부는 농장으로 이어지는 긴 도로에서 지게차로 눈을 치우려다가 차바퀴를 펑크 냈다는 소식을 들었다. 나는 말수가 적어지고 잠을 설쳤다. 내 통장에 난 적자와 관련하여 내가 생각해낸 해결방안들이 모두 좋은 방향의 것들은 아니었음을 고백해야겠다. 나는 아이들과 함께 가기로 한 여름휴가와 구입하려고 했던 물건들을 없던 일로 해야겠다고 생각했다. 그리고 "올해는 기부금을 좀 줄이는 것이 어떨까?"하는 궁리를 했다. 또 내가 할머니 은행에 계좌 대리권을 갖고 있는 것이 생각났다. 할머니가 은행에 가실 수 없을 경우 할머니의 일들을 처리하기 위한 것이었다. 내가 얼마를 떼어둔다 해도 누가 알 것인가? 그러나 천만다행히도 나는 생각을 바꿔 하나님께 간구할 뿐 아니라 모든 일을 하나님께 맡길 수도 있게 되었다. 평온한 마음이 들었고 비록 다음날 상황은 변하지 않았지만 길이 뚫리는 고무적인 꿈도 꾸었다. 우리 비행기가 떠나는 날 차례차례 일이 해결되었다. 제설기가 농장진입로에 도착했고 자동차수

성경은 대부분 사람들이 좋아하는 돈이라는 주제에 대해서 우리의 생각보다 훨씬 더 많이 말하고 있다.

리반이 와서 지게차의 바퀴를 고쳤다. 농부는 진입로의 눈을 치웠다. 우리는 기도하면서 여름용 바퀴를 단 작은 우리차로 젖은 눈 위에 깊게 패인 바퀴자국을 따라 30Km 이상을 썰매를 몰 듯 차를 몰아 그 지역 도시에 도착했고 그곳에서부터는 고속도로를 타고 감사하게도 순조롭게 또 진짜 정오 비행기 시간을 맞출 수 있었다.

성경은 대부분 사람들이 좋아하는 돈이라는 주제에 대해서 우리의 생각보다 훨씬 더 많이 말하고 있다. 예수님의 38가지 비유 중 12가지가 돈과 관련된 것이며 처음 세 복음서의 10 문장마다, 심지어 누가복음에서는 7 문장마다 돈에 관하여 말하고 있다. 지도자에 대한 거의 모든 성경적 표준목록은 돈을 책임 있게 다룰 것을 요구하고 있다. 그러므로 하나님께서 이를 얼마나 진지하게 여기시는지는 과소평가하기 어렵다. 아나니아와 삽비라가 베드로와 사도들 앞에서 문자 그대로 죽어 넘어졌던, 전체 신약성서 중 가장 충격적인 이야기도 돈과 관련된 것이다(행5). 예수님에게 물질주의는 최대의 영적 문제였다. 예수님은 이 문제를 그리스도인들이 어떻게 타락한 세상에서 하나님을 따르는 삶을 살 수 있을 것인가에 대해 말하고 있는 산상수훈의 중심에 놓으셨

> 예수님에게 물질주의는 최대의 영적 문제였다.

다. 예수님은 세상과 동떨어진 몽상가나 이상주의자가 아니셨다. 오히려 수 년 동안 수공업자로 자신의 돈을 버신 분이셨다. 예수님은 커다란 경제변혁을 경험했던 사회 안에 사셨다. 로마제국에서는 교통과 이동이 개선됨으로 세계화의 초기형태와 같은 것이 일어났다. 빈곤층이 사회전체로 확대되었다. 착취와 억압이 급속도로 증가하였다. 이런 모든 변화에 직면하여 예수님은 이 문제에서 어떠한 타협도 있을 수 없다는 것을 오

해의 여지없이 분명하게 하신다.

> "한 사람이 두 주인을 섬기지 못할 것이니 혹 이를 미워하며 저를 사랑하거나 혹 이를 중히 여기며 저를 경히 여김이라 너희가 하나님과 재물을 겸하여 섬기지 못하느니라(마6:24)."

만약 당신이 이 구절을 문맥을 따라 읽는다면 또 다음의 사실도 분명해진다. 예수님은 우리가 우리의 생계를 위해(모든 날은 괴로움을 갖고 있다!) 일해서는 안 된다고 말씀하시는 것이 아니다. 일시적인 궁핍함이 없을 것이라고 말씀하시는 것도 아니다. 또 저축과 준비를 해서는 안 된다고 말씀하신 적도 없다. 예수님은 돈의 주제가 하나님과 지대한 연관이 있으며 우리와 하나님과의 관계의 질은 돈에 대한 우리의 관점과 실제적인 사용에서 드러난다고 말씀하시고 있는 것이다.

오직 하나만 있을 수 있다!

예수님은 이곳에서 선택과 타협이 없는 오직 두 가지의 극단적인 가능성만을 보신다. 우리가 하나님께 종속되어 맘몬을 다스리고 이용하든지 아니면 그 반대의 경우이다. 오늘날과 같은 민주주의나 인권이 없었고 노예의 노역으로 유지되던 시대에는 여러 형태의 종속관계가 종속상태를 더 잘 은폐하고 부인할 수 있는 지금 시대보다 훨씬 당연한 것이었다. 당시에는 사람들이 한 주인을 섬긴다는 의미를 쉽게 이해 할 수 있었다. 문제는 단

인간의 종속과 연관지어볼 때 하나님과 맘몬은 서로 배타적이다.

지 그것이 누구냐 하는 것이다.

특이한 점은 신약성서에서는 -또 다른 대중적인 유혹인-섹스나 권력이 맘몬과 같은 정도의 우상으로 의인화되어 등장하지 않는다는 것이다. 맘몬은 모든 사회 계층과 모든 연령의 사람들을 공격한다. 따라서 바울도 탐욕을 우상숭배로 묘사한다. 인간의 종속과 연관지어볼 때 하나님과 맘몬은 서로 배타적이다. 우선 지배의 방식과 형태의 차이에서 그렇다. 맘몬은 우리에게 걱정이 가득하게 되도록 우리를 지배한다. 부자들은 그들이 집착하는 재산을 잃을까봐 두려워한다. 다른 모든 사람들은 충분히 가질 수 없을까봐 두려워한다. 이와 반대로 하나님은 사랑과 돌봄이 가득하시며 우리의 필요를 아시고 우리의 기도에 응답하신다. 특히 우리의 생각이 끊임없이 우리의 물질적 필요에만 맴돌지 않고 어떻게 하나님께 기쁨을 드릴 수 있으며 어떻게 하나님의 올바른 질서가 우리 세상 안에 확립될 수 있을지 골몰할 때 응답하신다. 또 이것은 조만간 결과에서 차이가 나지 않을 수 없다는 것을 의미한다. 하나님은 창조자이시며 만물의 근원이시다. 하나님은 영원히 존재하시며 무언가를 약속하시고 자신의 말씀을 신실하게 지키신다. 그럼에도 하나님은 자비로우셔서 우리에게 성과를 요구하시지 않는다. 대신 우리를 가치 있는 존재로 만들어 주신다. 그러므로 우리는 어린이가 부모의 보살핌을 의지하여 -부모의 계획이 다를 경우에도- 비상식량을 자기 방에 저장해 두지 않듯 안심하고 스스로를 잊어버릴 수 있다. 하나님은 우리가 꿈꾸는 것 이상으로 관대하시다. 하나님은 우리가 하나님의 보살핌에 우리를 맡기기를 원하신다. 이와 반대로 맘몬은 단지 파생된 권세만 갖고 있을 뿐이므로 그 권세로는 충만한 삶을 줄 수도 없다. 나는 충만한 삶도 장수하는 삶도 살 수 없다. 맘몬은 많은 것을 약속하지만 지키는 것은 거의 없다. 그리고

경제적인 자유에 이르는 법 • 75

맘몬은 삶에서 정말로 중요한 것들을 볼 수 없게 한다. 그의 통치는 무자비하며 잔인하다. 오직 성과의 원리만 통용된다. '네가 무엇을 갖는다면 무엇이 된 것이다', 그렇지 않으면 안 된 것이다. 이것이 자존감에 미치는 영향은 치명적이다. 삶은 전투가 된다. 나의 가치와 내가 사랑받고 있는가에 대한 물음은 내 인격보다 나의 소유에 더 고착된다 -나는 모든 것을 '사야'만 한다. 걱정에 사로잡혀 삶에 대한 우리의 기쁨은 질식당한다. 맘몬의 통치에 따르는 사회적 후속비용도 엄청나다. 무기매매, 마약매매, 인신매매, 환경파괴, 부패, 착취와 불의의 다른 형태들이 빨리 돈을 얻을 수 있다고 약속한다. 이에 더해 -덜 극단적이나 역시 심각한 문제인-자녀를 갖지 않으려는 경향이 있다. 이것도 맘몬이 한 원인이 된 문제이다. 어린이는 많은 사람들에게 너무 비싸고 너무 힘이 드는 존재이다. (일시적인) 경력의 포기가 아닌 외국에서 보내는 휴가의 (지속적인) 포기가 출산율을 감소시키는 원인이라고 호르스트 오파쇼브스키(Horst Opaschowski)는 말한다.

"가정을 꾸리고 아이를 갖는 일이 소비, 여가와 경쟁하고 있다 (Opaschowski, 독일 2010, 176쪽)."

아마도 다른 어떤 것들보다 내 계좌의 입출금 명세서들이 하나님과 나의 관계의 질에 관해 더 많은 것을 말해 줄 것이다.

바로 여기에서 우리는 그것 때문에 닥칠 근심덩어리들, 앞으로 수십 년간 야기 될 노인빈곤과 인간소외, 고독 등의 문제들을 생각해 봐야 한다.

맘몬 테스트

우리에게 주는 도전은 하나님을 모든 생명과 부의 근원으로서 구체적으로 이해하는 것이다. 아마도 다른 어떤 것들보다 내 계좌의 입출금 명세서들이 하나님과 나의 관계의 질에 관해 더 많은 것을 말해 줄 것이다. 말을 아름답게 하고 올바른 일을 말하는 것은 쉽다. 이것을 내 돈으로 뒷받침하는 것은 훨씬 더 어렵다. 하나님의 사랑과 돌보심을 실제로 경험하고 영적으로 성장하기 위해서는 우리 삶에서의 권력관계가 분명해져야 한다. 다음의 테스트 질문들이 스스로를 올바로 평가하는 일에 도움이 될 것이다.

- 당신은 사람들을 그 사람의 재정 상태에 따라 더 존경하거나 상냥하게 대하는가?

- 당신은 '가난의 영'에 시달리고 있는가 – 결코 충분히 가질 수 없고 항상 인색하게 굴어야만 될 것이라는 걱정에 괴로운가?

- 당신은 매수당할 수 있으며, 돈을 받고 의심스럽거나 하나님과 그의 나라를 위해서는 결코 하지 않을 일들을 행하는가 – 아니면 당신이 가정에서나 친구 사이에 혹은 교회에서는 결코 참을 수 없을 일들을 불평 없이 받아들이는가?

- 당신의 실제적인 일상생활에서 돈의 사용과 재정에 대한 계획과 결정에 하나님이 계시는가?

- 당신의 수입과 지출내역을 잘 파악하고 있는가?

- 당신은 소비로 인해 빚을 지고 있는가, 혹은 만성적으로 돈이 부족하게 되는가?

🔸 당신은 (올바른) 기부금 요청에 방어적으로 짜증스럽게 대응하는가? 당신이 세계의 가장 부유한 나라 중 하나에 살면서 최소한 당신 돈의 10%도 넘겨주지 못하는가?

내 생각에 만약 당신이 두 번 이상 그렇다고 대답했다면 행동의 필요가 시급하다. 특히 다섯 번째 질문에서 나는 그리스도인들이 스스로를 속이지 말아야 됨을 거듭 경험한다. 그들은 '어떻게든' 항상 돈을 갖고 꾸려나가지만 그 방법을 정확히 설명하지 못한다. 그러나 맘몬을 다스린다는 것은 내가 시류를 따르는 것이 아니라 내 계좌에서 돈의 흐름을 의식적으로 개관하며 조정하는 것을 의미한다. 이것이 선한 청지기로 내가 하나님께 의무를 지고 있는 부분이다. "오른손이 하는 일을 왼손이 모른다(마6;3)"는 것은 은밀함과 겸손함과 관대함을 가지고 다른 사람에게 선을 행한다는 말이다.-돈 문제에 전혀 무지하다는 것이 아니다! 흐름을 따르는 사람은 조만간 돈에 쫓기게 되고 지배를 받게 된다. 이에 반해 종이 위에 기록된 현명한 예산은 활동의 여지를 표시해주고 의무를 이행할 수 있도록 도와준다. 일점의 오차도 없

> 흐름을 따르는 사람은 조만간 돈에 쫓기게 되고 지배를 받게 된다.

을 정도일 필요는 없지만 근본적인 항목들과 활동영역들이 분명하게 될 정도로는 정확해야 한다. "나는 그렇게 쪼잔한 타입이 아니야"라고 말하면서 이러한 과제를 피하는 사람은 불성실한 청지기이거나 명백히 자신을 그 어느 누구에게도 해명할 의무가 없는 원래의 소유자라고 생각하고 있음을 드러낸다.

정당한 보수

 의심의 여지없이 하나님은 우리의 직업을 통해 생계를 유지할 수 있기를 원하신다. 보수의 문제는 신약성서에서 다양하게 다루고 있는 실제 삶에 관한 부분에서 분명히 밝혀진다. 한편으로 예수님은 누가복음 10장 7절에서 일하는 자는 자신의 보수를 받을 권리가 있다는 것을 말씀하신다. 다른 한편으론 요한복음 10장에서 단지 이익에만 관심이 있고 전심으로 그 일에 몰두하지 않는 태도를 비판하신다. 야고보는 결정적으로 경건한 모범들이 착취에 오용되어서는 안 된다고 다시 한 번 분명히 못을 박는다. 그럼에도 자신의 일을 하나님을 위해 전심으로 행하는 사람은 일반적으로 사람들로부터 최저임금 이상의 것을 기대할 수 있다. 이를 회피하고 자신의 주머니에 돈을 챙기는 고용주는 하나님과의 관계에서 문제가 있는 것이

> 그럼에도 자신의 일을 하나님을 위해 전심으로 행하는 사람은 일반적으로 사람들로부터 최저임금 이상의 것을 기대할 수 있다.

다(약5:4) -하나님은 덤핑임금의 옹호자가 아니다. 오늘날 어떤 일의 경제적 가치는 협력자의 자질과 수요와 공급, 개인의 성취능력과 그 능력의 가용성 등의 여러 가지 요소들로 결정된다. 그리고 잦은 출장이나 외국에 거주하는 것 혹은 시간외근무에 대한 수당도 있다. 그러므로 그리스도인들은 적절한 보수를 줄 것을 요청할 수 있다. 이는 특히 대개의 경우 남성들보다 수입이 적고 '더 나쁜' 직업만 갖게 되는 경우가 많은 여성들에게 해당된다.

 몇 주 전에 한 세미나에서 우리는 이에 관하여 토론했다. 한 여성 참가자는 자신의 여성동료가 비슷한 일을 하면서도 더 보수가 높은 것을

우연히 발견하게 된 이야기를 했다. 당연히 그녀는 이 일을 부당하게 받아들였고 자신의 동료와 상사에게 무시당하고 속았다고 느꼈다. 그녀는 비참한 기분이 되었고 관계는 어색해졌다. 그러자 다른 여성 참가자가 단지 용돈 수준의 돈을 받고 실습 일을 한 적이 있다고 이야기했다. 그녀는 이미 다른 직업교육과정을 졸업했고 다른 실습원들보다 한 살 더 많았기 때문에 상냥하게, 그러나 직접적이고 객관적으로 더 많은 돈을 받을 수는 없냐고 질문했고 성공을 거두었다. 계속 이야기해 본 결과, 첫 번째 경우의 직원은 봉급인상은 오직 사장이 결정해야만 한다고 생각했었다. 이 경우 참된 겸손과 잘못된 겸손을 구분하는 일은 때로 어렵다. 그러나 잘못된 겸손은 질책을 받기 싫어 책임을 사장에게 전가하는 것이다. 기대하는 바는 있지만 분명하게 표현되지 않았다. 그럼에도 당사자는 자신의 소원과 필요를 다른 사람들이 알아주지 않을 때 실망한다.

그리스도인인 우리가 해서는 안 되는 잘못은 맘몬의 지시에 따라 직장을 선택하는 것이다. 분명 내가 다른 직장에 있다면 지금 하고 있는 일보다 더 많은 돈을 벌 수 있을 것이다. 몇 년 전 한 투자 상담가가 나를 방문해서는 당신도 언젠가는 분명 더 많이 벌고 싶어질 것이라 말한 적이 있다. 내가 그에게 내게 가장 중요한 것은 많은 돈을 갖는 것이 아니라 이 세상 안에서 무엇인가를 변화시키는 것이라 설명하자 그는 몹시 놀랐다. 나의 은사들과 소명으로 나는 -돈은 어차피 똑같다-이곳 올바른 자리에 있다. 투자 상담가의 눈에는 이렇게 생각하는 것이 정상적인 것이 아니다. 그러나 하나님께는 정상적이다. 수입은 직업선택과 경력결정에서 부차적인 기준이다. 우리의 첫 질문은 "하나님, 제가 어디로 가기를 원하십니

수입은 직업선택과 경력결정에서 부차적인 기준이다.

까?"가 되어야 한다. 이것은 대개 봉급의 액수보다는 답하기 더 어려운 질문이다. 하지만 수고할 가치가 있는 일이다.

의미 있게 돈을 투자하기

존 웨슬리는 다음과 같은 좌우명을 만들었다. "할 수 있는 만큼 벌어라 - 할 수 있는 만큼 절약하라 - 할 수 있는 만큼 나눠주라." 그는 다른 모든 것들은 하나님을 자신의 물질적 소원을 이루어주는 보증인으로 만드는 '부유함의 복음'이라고 생각했고 이를 삶으로 증명했다. 그는 젊은 시절 자신이 1년 동안 필요한 돈을 28파운드로 고정시켰다 -그 때 그의 수입은 30파운드였다. 그때부터 그는 1400파운드를 벌었던 해에도 1년에 28파운드로 살았다(Brian Hathaway, Beyond Renewal. The Kingdom of God. 149쪽). 한 친구가 내게 이와 비슷한 이야기를 해 주었다. 한 기업의 부부는 자신들의 1년 수입을 적절한 양으로 고정시켜 놓고 회사가 이 액수보다 많이 벌어들이는 것은 전부 하나님 나라에 투자하였다는 것이다. 우리가 자신을 청지기로 이해하고 보수가 좋은 일을 당연한 것이 아닌 선물로 간주하는 한, 많이 버는 것은 하나님 앞에서 문제가 없다. 그리고 이 예들은 우리가 우리 돈에서 얼마만큼을 내 주느냐가 아닌 우리에게 맡겨진 돈에서 본래 얼마만큼을 우리가 가져야 하느냐가 문제임을 보여준다.

그러므로 예수님께서 마태복음 6장 20절에서 보물을 하늘에 쌓아두라고 조언

> 그리고 이 예들은 우리가 우리 돈에서 얼마만큼을 내 주느냐가 아닌 우리에게 맡겨진 돈에서 본래 얼마만큼을 우리가 가져야 하느냐가 문제임을 보여준다.

하실 때 저세상을 말씀하신 것이 아니다. 예수님은 고대의 제후들이 무덤에 함께 묻었던 것과 같은 부장품이나 죽음 이후에 찾을 수 있도록 혹은 하나님과 함께 할 때 영원한 은퇴생활을 위해 자신의 집을 사기 위해 저세상의 예금계좌로 돈을 이동하는 것을 생각하신 것이 아니다. 예수님이 생각하시는 것은 우리의 돈이 하나님의 복음을 알리기 위해 그리고 하나님의 의가 발현되도록 애쓰는 곳으로, 즉 하나님의 뜻이 이 땅 위에서 이루어지는 곳으로 흘러가는 것이다. 우리가 이를 행하는 곳에서는 우리 삶의 느낌도 이 시대의 정신인 '인색해야 부자가 된다(Geiz ist geil)'에서 벗어나 변화를 유지할 수 있을 것이다.

> "많이 갖고 있는 사람이 부자가 아니라 많이 주는 사람이 부자이다. 쌓아 놓는 사람, 무언가를 잃어버릴까봐 끊임없이 두려워하는 사람은 심리학적으로 볼 때 그가 얼마나 많이 소유하고 있는가와 상관없이 불쌍한 빈털터리이다(Erich Fromm, 사랑의 기술, 34쪽)."

여기에서 지역교회에 중요한 역할이 주어진다. 우리는 구체적으로 체험되는 그리스도인들의 공동체가 세상과 삶을 변화시키는 하나님의 명령이 우선적으로 적용되는 그 장소이기 때문에 이 점에서 강력하게 투자를 하여야 한다. 그리고 그 공동체들이 건강하고 제 기능을 수행하고 있다면 자신의 필요를 채우는 것이 그들에게 중요한 것이 아니기 때문에 다시금 자신들이 갖고 있는 것의 상당부분을 사회적인 프로젝트와 선교적인 프로젝트에

맘몬이 지배하는 사회에서 우리가 소비에 도취되지 않고 후하게 나누고 준다면 이것은 그 맘몬의 지배를 무시하는 우리의 단호한 표현이다.

투자하게 된다.

전망을 갖고 포기하기

이것 또한 시급한 것이다. 우리에겐 한편으로 그리스도의 제자로 살아가는 데 필요한 지지를 얻기 위해 이 공동체들이 필요하다. 다른 한편 이 공동체들은 어떤 사회국가나 복지단체도 줄 수 없는 희망을 보증한다. 국가나 단체들이 많은 곳에서 선한 일들을 하고 있지만 그들은 마음을 변화시킬 수도 없고 영원한 가치를 지닌 일들을 만들어낼 수도 없기 때문이다. 우리가 이웃과 하나님나라를 위해 아낌없이 돈을 내어주어서 우리가 하나님의 돌보심을 온전히 의존할 수밖에 없는 상황이 되고, 하나님이 우리가 기대하지 않은 것을 주실 때 정말 기뻐할 수 있게 되는 것은 결국 우리에게는 건강한 영적 훈련이다. 맘몬이 지배하는 사회에서 우리가 소비에 도취되지 않고 후하게 나누고 준다면 이것은 그 맘몬의 지배를 무시하는 우리의 단호한 표현이다. 당신이 돈에 매이기 시작한다는 생각이 들 때마다 상당한 정도의 금액을 나눠줘 버려라! 이것은 탐욕에 대한 효과적인 방법일 뿐 아니라 그것으로부터 벗어날 수 있는 유일한 길이다.

많은 그리스도인들이 최근에 금식으로 좋은 경험들을 하고 있다. 몸무게가 줄 뿐 아니라 배고픔과 식욕을 극복하는 자유를 경험한다. 경쾌함이 생기고 어떤 일들을 더욱 강렬하게 경험하고 느낀다. 다른 사람들에 대해 더 민감해지며 하나님의 영을 더 잘 받아들인다. 금식하는 사람은 일반적으로 왜 포기가 자신에게 이로운지 알고 있다. 그러므로 우리가 돈을 직업선택의 결정적인 요소로 만드는 것을 포기한다면, 시대정신에 대항하여 우리의 소비를 억제하고 더 우리를 제한한다면, 기쁜 마음으로 우리 교회와 기독교적 사업들에 후하게 투자하고 가난한 사람들과 나눈다면, 이것은 매년 치르는 40일 고난주간의 행사가 아니라, 우리 생활방식에 대한 도전이다. 하나님의 사랑을 실제적으로 경험하는 것은 다른 곳에서는 전혀 경험할 수 없는 놀라운 것이다. 나는 하나님이 매일 돌보시는 들의 백합화들 보다 하늘의 새들보다 하나님께 더 중요하다. 나는 한없이 부자인 하늘의 아버지의 자녀이다. 그 아버지의 사랑을 체험하고 나눌 때, 내가 가진 삶의 능력을 위협하고 모든 아름다운 것에 대한 기쁨을 서서히 그러나 분명하게 앗아가려는 모든 걱정들로부터 우리는 해방될 수 있다.

마지막으로 또 하나 해결해야 될 과제가 있다. 그것은 당신의 은사와 능력을 필요로 하는 곳에서 함께 봉사의 일을 하는 것이다. 아마 교회가 이를 위해 좋은 틀을 제공할 수 있을 것이다. 아마 당신은 새로 시작한 지부의 일을 시작하기에 딱 맞는 인물일 수도 있을 것이다. 그리스도인들이 함께 사회적인 프로젝트와 문화적인 프로젝트에 참여하고 있는 도시들이 많이 있다. 당신이 자영업을 하거나 기업을 갖고 있다면 공공의 유익을 위한 프로젝트들을 무상으로 지원하라. 만약 당신이 교회나 기독교 기관에서 일하고 있거나 어쨌든 그리스도인들 사이에서만 많은 시간을 보낸다면, 밖으로 나아가 시민운동이나 학교의 학부모회의에 참여하는 것은 어떻겠는가? 당신이 불규칙한 근무시간을 갖고 있다 할지라도 인내한다면 의미 있는 과제를 찾을 수 있을 것이다. 예수님은 사도들에게 말씀하셨다. "너희가 거저 받았으니 거저 주어라(마10:8)." 그리스도인들은 모든 활동에 대해 돈을 요구할 수 없다. 경제적인 활동과 봉사의 일은 서로를 대신할 수 없다. 두 가지 모두가 우리에게 부과되었다. 우리 사회는 봉사활동을 주일의 대화에서만 존중하고, 시대정신은 지위와 수입을 거의 동일시한다. 늦은 감이 있지만 당신은 이런 사회와 시대정신에 대항하는 저항운동에 참여할 수 있다. 자발적인 무보수의 활동이 당신에게 높은 가치가 있음을 의식적으로 드러내라. 우리 중 되도록 많은 사람들이 이같이 행한다면 무언가를 또 변화시키게 될 것이다.

6 건강한 자존감을 형성하는 방법
(명예의 문제)

클라우스가 또 다시 평소보다 늦게 집에 왔을 때 다니엘라는 굳은 표정으로 소파에 앉아 있었다. 클라우스는 아이들에 대해 묻고 또 하루가 어땠는지를 물었다. 다니엘라는 무뚝뚝하게 대답했다. "별일 없어요. 다비드는 코감기가 나아 다시 잘 자게 되었어요. 저도 가사 일을 다시 잘할 수 있었고요. 참, 안냐가 전화했었어요. 다시 일하게 되었대요, 소아과에서 시간제로요." 클라우스는 저녁뉴스 보는 걸 희생하고 더 물어보아야 할지를 생각하다 지금은 이야기할 적절한 때가 아닐지도 모른다고 생각했다. 그러나 마침내 마음을 고쳐먹고 "당신 기분이 안 좋아 보여. 무슨 일인지 말해 봐요."라고 말했다. 이어지는 45분 동안 그는 그저 듣고만 있었다. 적당한 위로의 말이 떠오르지 않아 당황스러웠다. 다니엘라는 구역모임에서 비르기트와 다투었다. 비르기트는 언제나처럼 늦게 와서는 가정주부들은 얼마나 좋으냐면서 쓸데없이 경솔한 말들을 했다. 반대로 직장에서 책임 있는 위치에 있는 자신은 전혀 다른 스트레스를 참아야 한다면서 말이다. 다니엘라에게는 상처-인정받는 것과 외적으로 드러나는 일의 결여-에 소금을 뿌리는 것과 같았다. 그녀에게는 아이들 때문에 일을 그만 둔 뒤로 부담이 줄어들기는커녕 더 커졌기 때문이었다. 다른 사람들과 나누고 축하할 수 있는 성공의 경험들이 거의 없었다. 때때로 그녀는 유모차를 밀고 슈퍼마켓을 지날 때 자신이 측은하게 보인다는 느낌을 받았다. 특히 아이들 중 한 명이 칭얼거리거나 소리 지르기 시작하고 짧은 시간에 사태를 수습하지 못할 때면 더 그랬다. 다니엘라는 낙심해서 분노를 갖게 되었다. 그런데 집에서의 사적인 공허함을 피해 직업으로 도피했던 브리기트가 그런 말을 하다니. 그녀는 세상의 모든 사람들에게 그녀만이 혼자 일하고 있는 것 같은 느낌을 주었고 반 년 전에는 승진을 놓치고 거의 우울증에 걸릴 뻔 했었다. 그 때 다니엘라와 모임에 속한 다른 부인들의 기도가 그녀에게 얼마나 큰 도움이 되었던가. 그녀는 이 모든 일을 이미 잊어버린 것일까? 클라우스는 이야기를 듣는 동안 양심이 찔렸다. 작년에 그가 일주일 동안 아이들을 돌보아야만 했었는데 다시 사무실에 갈 수 있게 되었을 때 얼마나 기뻐했는지 모른다. 다니엘라가 그런 기분을 느꼈던 것은 전혀 이상한 일이 아니다. 그러나 해결책은 무엇이란 말인가? 다니엘라가 다시 직업을 갖는 것? 브리기트를 피하는 것? 클라우스가 시간제 일을 하고 더 나아가 육아휴가를 얻는 것? 그렇게 되면 그의 경력을 끌어 내리게 될지도……

매년 가장 인기 있는 직업의 명단이 공개된다. 당신은 의사, 교사 혹은 은행원 중 어떤 사람이 쓰던 중고차를 구입하겠는가? 당신은 어떤 직업을 선호하고 높이 평가하는가? 만약 당신이 영국인이나 미국인을 만나게 되면 그들은 아마도 무엇을 해서 돈을 버느냐고 물을 것이다. 이곳 독일에서는 "당신은 직업상 무엇인가?"라고 묻는다. 봉건시대와 달리 어떤 특정한 고용주와

> 봉건시대와 달리 어떤 특정한 고용주와 자신을 동일시하는 일이 점점 더 어려워진 현대에도 사람들은 여전히 자신의 인격과 가치를 직업 상태와 동일시한다.

자신을 동일시하는 일이 점점 더 어려워진 현대에도 사람들은 여전히 자신의 인격과 가치를 직업 상태와 동일시한다. 어떤 직업의 이미지가 하행선을 그리고 있다면 그 직업에 속한 각 개인은 이웃이나 지인들 사이에서 중요성을 잃게 될 것이다. 이것은 한 예로 다른 사람들이 얼마나 내가 말하는 것들을 진지하게 받아들이는가와 같이 직접적인 결과로 나타난다. 친한 친구 사이에서는 이것이 그리 크게 작용하지 않고 인격이 훨씬 더 큰 역할을 한다. 그러나 그다지 긴밀한 관계가 아닐 때는 재산(대부분 성공과 동일시된다)과 사회적 중요성으로부터 지위가 산출된다. 중요성은 내 일의 명성과 내가 관리하고 있는 개인적 접촉들과 관계가 있다. 연방수상을 개인적으로 알고 있는 사람은 그 명망이 상승된다. 그러므로 단골손님들이 모이는 자리의 토론에서는 (이론적으로는) 기능공도 주임의사와 보조를 맞출 수 있다. 그러나 일반적으로 주임의사는 대부분의 대화참여자들에게 무의식적으로 더 진지한 대접을 받는다. 그리고 이는 당연히 그 사람 자신에게 다시 영향을 준다.

우리 모두는 인정받고자 하는 욕구를 갖고 이 세상에 태어났다. 인정받는 것에 대한 개념이 각자 다를지라도 우리는 중요한 사람이 되고 싶어 한다. 그리고 우리가 인정하던 인정하지 않던 우리의 일은 이때 중요한 역할을 한다. 만약 일이 내게 어렵게 느껴지고 힘에 부친다면 자신감이 해를 입는다. 만약 비판을 받고 나의 실수들이 질책을 받으면 더욱 더 그렇게 된다. 내가 만약 간과되고 칭찬과 인정을 받지 못한다면 아주 위급하지는 않겠지만 장기적으로는 나에게 영향이 없을 수는 없다. 이미 많은 시간과 에너지를, 나 자신으로부터 아주 많은 것을 투자했다고 해서-물론 그렇게 하는 것은 너무 당연하지만-모두가 반드시 인정을 받게 되는 것이 아니기 때문이다. 때론 우리의 계획대로 결과가 맞아 떨어지지 않을 때도 있는 것이다.

인정의 진공상태에서

가사 일을 하는 사람은 대부분 그 업적이 드러나지 않는다. 어린이들은 부모의 보살핌에 상응된 가치를 인정할 능력이 없다. 그들은 대부분 어른이 되어 자녀를 갖고 나서야 그 진가를 이해하게 된다. 따라서 이 빈 공간을 채우는 일이 남편에게 요구된다. 그러나 결국 남편은 집밖으로 나가 자신의 일에 정당한 보수를 받고 또 그와 함께 인정과 확증도 받는다. 그리고 그는 피곤하여 집으로 돌아올 때조차 걱정 꾸러미와 미해결의 문제들도 함께 갖고 오기십상이다. 하루 종일 얼마나 많이 어질러지고 더럽혀졌으며 다시 치웠어야 했는지 그는 보지 못했다. 그럴 때 확증과 감사는 부족해지기 마련이다. 외부세계와의 연결로서의 가치평가를 그는 항상 너무 적게 집으로 가져온다. 남자들이 그렇지 않아도 이미 인색한데 그보다 더 칭찬과 인정을 아낀다면 부인에게 격려가 되지는 않을 것이다. 그러나 가장 세심한 배우자라도 사회시스템이 우리에게 해주지 못하는 모든 것들을 대신 해줄 수는 없는 것이다.

> 그러나 가장 세심한 배우자라도 사회시스템이 우리에게 해주지 못하는 모든 것들을 대신 해줄 수는 없는 것이다.

내 생각에는 왜 많은 어머니들이 가능한 한 빨리 다시 일을 하려고 하는지에 대한 중요한 이유가 여기에 있는 것 같다. 돈은 이때 자신의 입증할 수 있는 인정의 표현으로서 중요하다. 나의 아내는 최근에 이와 아주 비슷한 경우를 경험했다. 아내는 초등학교에서 몇 시간의 수업을 가르치기 시작했고 갑자기 친구들과 친척들과 이웃들로부터 많은 인정과 격려를 받고 깜짝 놀랐다. 그녀가 수 년 동안 집에서 네 명의 자녀를 돌보고 후원하고 관리했던 사실은 이와 반대로 인정과 감탄 보다는 일반적으로 의아함을 불러 일으켰었다. 절친하지 않은 사람들은 "나는 절대 그렇게 못할 거예요"라고 말하곤 했다 – 그 사람이 감탄하는 것처럼 보이지만 실제로는 자기는 어떤 일이 있어도 그렇게 하지 않겠다고 생각한다는 것을 알아챌 수 있다. 간혹 아이 넷을 키우고도 외모를 잘 가꾸었다는 의심스러운 겉치레의 말을 듣기도 한다. 그녀는 실제 그렇다 – 하지만 그 인사말에서 의심스러운 것은 네 자녀의 어머니는 자신의 독립성과 좋은 외모와 삶의 기쁨을 잃어버렸을 것이라고 기대하는 정신적 태도이다.

마땅히 존경받을 사람을 존경하라

명예는 성경의 핵심적인 개념이다. 우리는 명예를 구식인 것처럼 느끼고 중세 기사들의 이야기나 이방 문화와 연결시키곤 한다. 사람들은 대부분 근속기념일이나 큰 성공을 거두었을 때, 생일 혹은 어머니날(!) 등 특별한 계기를 맞아서만 명예를 수여받는다. 그러나 성경적인 원리는 예를 들어 자신들의 위치에 근거해 인정을 받지 못할 때가 있는 바로 그 사람들에게 교회가 하나님의 모범을 따라 경의를 표하는 것이다. 고린도전서 12장에서 바울은 이를 사람의 몸에 비교하면서 특히 덜 눈에 띄는 지체들이 더

> 교회로서 우리는 명예직으로 하는 일과 함께 사람들이 수행하는 다른 선한 일들도 가치를 인정하도록 요청 받는다.

욱 세심하게 치장되어야 함을 확증하고 있다. 여기에서 기독교 공동체들은 드러나지 않는 봉사(걸레질과 같은)도 조명 아래 주목을 받는 동료들의 사역과 마찬가지로 그 가치를 인정받게 하면서 훌륭한 훈련의 장을 제공할 수 있다. 하지만 우리가 청소 팀에 꽃다발을 전달하거나 음향기사에게 박수갈채를 보냄으로 바울이 말했던 것을 다 행했다고 생각해서는 안 된다. 중요한 것은 인격이지 교회사역자들의 기능만을 따지는 것이 아니다. 교회로서 우리는 명예직으로 하는 일과 함께 사람들이 수행하는 다른 선한 일들도 가치를 인정하도록 요청 받는다. 어떻게 우리는 가사일이나 많은 경우 큰 충성과 헌신, 엄청난 시간투자가 필요한, 그러나 덜 주목받는 직업에 그에 합당한 명예를 줄 수 있을 것인가?

연구 결과들은 어린 아이를 돌보고 교육하는 데 매일 7시간이 소요되며 이 일에는 다른 일반 직업들처럼 주말에 쉬는 경우도 없다고 말해준다. 엄밀히 말하면 우리가 서 있는 기반이라 할 수 있는 이웃사랑이나 자발성과 같은 가치들은 차치하고라도 교회인 우리가 이러한 사람들에게 주의를 기울이지 않는 것은 용납할 수 없는 일이다. 이를 위해서는 병들거나 노쇠한 친척들을 집에서 돌보거나 자녀들 때문에 경력을 포기하거나 하나님께 순종함으로 수입이 적고 명성을 얻지 못하는 직업을 선택한 사람들이 하나님 나라의 위대한 인물들에 속한다는 것을 표현하는 —어머니날 보다는 덜 상업화되고 덜 통속적인—상징적인 행동들이 필요하다. 그러나 우리는 이러한 존경을 매일 작은 부분에서 실천하는 것을 배워야만 한다. 이러한 사람들의 자기인식은 뚜렷하지 않을 때가 많기 때문에 우선 인정과 칭찬을 받아들이는 법을 배워야만 한다. 물론 어머니들과 가정주부들(또 드물기는 하지만 양육휴가 중인 아버지들도)이 서로서로 용기를 줄 수도 있을 것이다.

침묵을 극복하기

우리가 이 주제를 말하기 시작하는 것, 공개적으로 모든 방향에서 말하기 시작하는 것이 결정적인 첫 걸음을 내딛는 것이다. 우리는 얼마만큼 우리 자신을 사회의 가치들에 종속시키고 있는가, 그리고 어떻게 우리가 하나님의 가치들을 자부심을 갖고 실천할 수 있는가? 우리는 산업사회의 역할분담(생계를 위한 일과 경력은 남자에게, 가사 일은 여자에게)을 그냥 기독교적으로 미화해도 되는가? 구체적인 상황에서 이를 만들어갈 수 있는 어떤 활동의 영역들이 있는가? 누가 어떤 은사와 능력들을 갖고 있으며

> 우리는 산업사회의 역할분담(생계를 위한 일과 경력은 남자에게, 가사 일은 여자에게)을 그냥 기독교적으로 미화해도 되는가?

어떻게 이것들이 가장 잘 발휘될 수 있는가? 부부들은 여기에서 함께 결정해야 하지만 남편은 직업 때문에 압박을 받고 아내는 좌절하며 집에 있는 경우 그 둘만으로는 이를 감당할 수 없을 때가 많다. 한편 현재의 급변하는 노동시장은 끝없는 이동성과 유연성을 요구하며 수많은 부부와 핵가족을 엄청난 분열시험에 빠뜨리고 있다. 이 거대한 긴장의 소용돌이 속에 남편과 아내의 '사적인' 갈등들이 일어나고 있는 것이다. 그 해결을 찾고자 할 때 두 가지 생각이 중요한 역할을 할 수 있다고 본다. 첫째로 성경에서는 남녀의 모든 차이에도 불구하고 성의 동등한 가치에 대한 생각이 우선적이며 따라서 파트너관계로 생각하고 결정해야 하는 과제가 주어진다. 둘째로 예수님께서는 이미 예수님 당시에 지나치게 강화된 혈연중심의 가정형태에 이의를 제기하셨다. 가정이 더 나아가 핵으로 축소된 오늘날 이것은 더욱더 실제적으로 다가온다. 인격의 건강한 발전을

위해서는 근본적으로 더 큰 견고한 관계들의 연결이 필요하다. 예수님은 하나님의 명령을 따르고 그에 동참하는 사람들을 모으시면서 이러한 관계들을 발견하셨다. 예수님은 마가복음 3장 35절에서 예수님이 사람들에게 드러나는 것을 민망히 여겼던 친척들에게 이 관계들이 자신의 진짜 형제자매요 부모라고 말씀하신다.

이것은 오늘날의 우리에게 그리스도인들이 건전한 정체성을 발전시킬 수 있기 위해, 그리고 세속적인 주위의 기대에 눌려 자신을 세상과 구별할 수 없을 정도로 동화시키지 않기 위해 서로를 더 강력하게 지원해야만 됨을 의미한다고 할 수 있다. 그것은 돈을 다루는 문제나 목적한 경력을 쌓기 위한 일 혹은 가정과 부부 사이의 역할 분담과 과제 분담에 관한 일에서일 수

인격의 건강한 발전을 위해서는 근본적으로 더 큰 견고한 관계들의 연결이 필요하다.

도 있다. 우리가 더 많은 사람들에게 우리 삶을 들여다보도록 허락하고 서로 과감하게 곤란한 문제들을 제기한다면 훨씬 더 쉽게 의미 있는 길을 찾을 수 있을 것이다. 만약 기독교 공동체가 현대의 핵가족에 직면하여 이전의 부족이나 마을 공동체가 수행했던 역할 -조언과 교정, 실제적인 도움, 자원의 분배 등- 을 맡을 수 있다면 많은 문제들이 좋아질 수 있을 것이다. 즉 개인주의를 점점 더 조장하고, 점점 더 쉽게 대체될 수 있는 실존들을 만들어 내는 사회적 흐름을 누그러뜨릴 수 있을 것이다.

이 실존들은 수요에 의해 결정되는 시장가치에 있어서만 구분된다. 그러므로 부유하고 아름다운 것만으론 더 이상 충분하지 않게 되었고 무엇보다 그를 필요로 해야만 하며, 그가 팔리지 않는 물건이 될 것이란 의심을 주어서는 안 된다. 그렇지 않으면 다른 사람들은 그와의 친분 때문

에 자신의 시장가치도 해를 입을 수도 있다고 생각한다. 그리고 그가 고립되고 고독해져서 자신들에게 달라붙어 괴롭힐지도 모른다는 두려움으로 그에게서 물러선다. 개인적인 고독과 그것으로 인해 없어진 매력은 최소한 내가 직업적으로 계속 필요한 존재가 되고 요구된다면 세련되게 감출 수 있다고 생각하게 된다. 그렇게 되면 또한 손상된 자존감도 다시 세울 수 있게 된다고 믿는다.

중독으로서의 일?

그러므로 결여된 인정과 증명의 문제를 가사 일과 '봉사직'에 제한하는 것은 너무 편협한 일일 것이다. 이것은 좋게 말하자면 거의 모든 '직업 활동을 하는 사람'에게도 해당된다. 아마 당신은 '어바웃 슈미트(About Schmidt)'라는 영화에서 잭 니콜슨(Jack Nicholson)을 보았을 것이다. 그는 그곳에서 퇴직의 압박을 받고 있는 보험사 직원 워렌 슈미트(Warren Schmidt)역을 맡아 자신의 삶에서 크게 벌어진 구멍 앞에 서 있다. 그의 해고는 잘못 연출된 연극으로 표현되며, 그는 중간 중간 술을 통해서 그 연극의 고통에서 빠져 나오려 한다. 그의 사무실과 함께 그는 자신의 삶에서의 의미와 목적에 관한 모든 생각 또한 남겨 놓는다. 그는 자신이 회사에 어떠한 공백도 남기지 못하며 자신의 후임자는 그의 조언에 아무 관심도 없음을 확인해야만 한다. 자신이 대부 역할을 하고 있는 탄자니아의 고아 소년 느두구(Ndugu)에게 쓴 그의 편지에는 처절할 정도로 이상하게 채우려고 시도하는 공허함이 드러난다. 그는 자신의 부인이 얼마나 그에게 낯설게 되었는지 알게 되었다고 쓴다. 그리고 얼마 안 되어 부인이 죽고 함께 캠핑카에서 인생의 황혼을 보내려던 꿈은 물거품이 되어버렸다. 이 안티-영웅이 독일 이름을 갖고 있는 것은 우연일까?

보수를 받는 직업은 지위와 아주 밀접하게 연결되어 있기 때문에 특히 많은 남성들은 자기 자신과 자신의 가치를 오로지 직업을 통해서만 정의하려는 유혹에 넘어간다. 실업과 질병 혹은 불가피한 은퇴는 인생의 위기가 된다. 최근에 나 스스로도 이러한 불안스런 발견을 해야만 했다. 즉 나는 높은 성취요구들과 성취능력 안에서 자신을 과대평가하려는 경향과 같은 일중독 현상의 모든 기본 전제들을 충족시키고 있었던 것이다. 한동안 이것은 아주 잘 작동해서 좋은 성과와 존경, 인정 같은 바라던 결과들을 얻게 한다. 그러나 그 다음에는 문제의 사슬이 시작된다. 이때 쫓기는 상태의 원인은 일차적으로 외부적인 상황에 있지 않다. 실패를 피하고 자신의 요구를 충족시키기 위해 조용한 휴식시간이 감소된다. 밤에도 끊임없이 아드레날린이 분비되기 때문에 수면장애가 올 수도 있다. 내 경우 이것은 과로의 명백한 신호이다. 나는 2년 전쯤에 어떤 특별한 외적인 이유 없이 매일 새벽 4시 30분경에 잠에서 깨어 몇 시간 동안 잠이 들지 못하고 누워 있었던 적이 있었다. 12시 전에 취침하는 경우가 거의 없었음에도 어떤 때는 깨어나 전혀 다시 잠들 수 없었다. 유일한 해결책은 속도를 줄이고 자유로운 날들을 철저하게 지키는 것이었다.

그러나 일중독의 생활양식은 시간이 감에 따라 점점 더 일에만 쏠리게 된다. 실패에 대한 두려움이 커진다. 뛰어 넘어야 할 막대를 할 수 있는 대로 높여놨으니 당연한 일이다. 어떤 일들은 배우자에게 일반적으로 배우자는 이 문제를 훨씬 일찍 알아챈다 -여가활동인 것처럼 둘러대기도 한다. 직업 외의 다른 생활도 잘 돌보는 다른 동료들은 게으른 자들로 평가절하 된다. 이와 반대로 자기 자신은 없어서는 안 되는 존재로 만든다. 다음 단계에서는 많은 일들이 정당화 되며 끊임없이 새로운 시간 계획과 배분에 대한 모델들을 시험해 본다. 그리고 그는 다른 사람들에게 "나는 지금 회사와 혹은 가정을 위해 이렇게 노력하는데 이에 대한 비난까지 들어야 하다니. 도대체 내 상태가 얼마나 힘든지 아무도 모르는가?"라고 다른 사람의 동정심에 호소하면서 책임을 전가한다. 그리고 가정과 친구 사이에서의 위기들은 더욱 더 일로 도피하는 계기가 된다. 그러나 성취능력은 줄어든다. 나선형의 하강곡선은 점점 더 빨리 돌아간다. 장기적으로는 건강의 손상(그 유명한 심근경색)이나 심리적인 장애의 위협이 있다. 중독이 만성화 되면 계속적으로 지속되는 일 속에서 만족을 찾을 수 있기 위해, 성과를 올려주는 물질들, 약물과 마약 등을 사용하는 결과를 초래한다. 다른 중독 증세에서와 마찬가지로 일중독자도 자신의 본래 문제점을 부인한다. 일중독자들이 좋은 팀원이 되는 경우는 드물고 대개 협정을 무시한다. 그들은 다른 사람들과의 교제를 피하고 아랫사람들에게 과도한 요구를 한다. 그러므로 만약 여러분의 상사가 일중독이라면 당신에겐 두꺼운 얼굴이 필요하거나 아니면 다른 일자리를 구하는 것을 숙고해 보는 편이 나을 것이다. 만약 당신 자신이 일중독에 속한다면 친구와 가족들과 이야기하거나 일중독자들의 자조(自助)모임을 찾으라.

> 다른 중독 증세에서와 마찬가지로 일중독자도 자신의 본래 문제점을 부인한다.

구멍 메우기

그 어떤 회사도 이렇게 지나친 헌신에 경의를 표하지는 않는다. 그리고 그것은 또 올바른 것이기도 하다. 일중독자는 진짜로 다른 사람들을 위해 일하는 것이 아니며 그가 일을 우상으로 만들었기 때문에 자신이 하고 있는 일을 스스로 즐길 수도 없기 때문이다. 우리가 계속 맘몬에 관하여 이야기했기 때문에 맘몬을 한 번 '몰록'이라 불러보자(고대 동양에서는 몰록에게 어린이들을 제물로 바쳤다고 한다). 몰록은 맘몬과 같이 동일한 무자비함으로 자신의 추종자들을 소진시킨다(그렇지 않은 경우는 더 강한 자가 그들에게 자유를 선사했을 때이다). 하나님은 인정과 증명에 대한 우리의 욕구를 아신다. 하나님은 우리에게 그중 어떤 것도 억류해 놓으실 생각이 없으시다. 그러나 하나님은 우리가 이러한 인정과 증명을 잘못된 곳에서 구할 때 어떠한 재앙이 닥치게 될지도 알고 계신다. 우리는 인격체들로 성장하지 못하고, 사소한 일들로 삶의 귀중한 시간들을 낭비하고, 병의 원인이 되는 모든 종류의 강박관념들을 갖기 쉽다. 그렇게 되면 실직이나 건강상 이유들로 직업을 가질 수 없는 것과 같은, 오늘날 누구에게나 닥칠 수 있는 상황들은 특별히 나쁜 결과를 초래하게 된다. 그러므로 어떤 사람들은 이 상황들을 피하기 위해 모든 것을 행하게 되는 것이다. 그들의 전체 가치가 그 위에 세워졌기 때문이다. 이렇게 함으로 그들은 어떤 충격을 받기만 하면 붕괴할 수 있는 아주 추락할 위험이 높은 건물들의 초석을 놓는 것이다. 건전하지 않은 종속들이 그 결과이다.

> 우리는 인격체들로 성장하지 못하고, 사소한 일들로 삶의 귀중한 시간들을 낭비하고, 병의 원인이 되는 모든 종류의 강박관념들을 갖기 쉽다.

우리 사회는 언제나 성과위주의 사회로 특징 지워진다. 이것은 좋은 측면도 있는데 그렇게 되면 출생을 바탕으로 하는 계급이나 신분제도에서 벗어날 수 있기 때문이다. 최소한 이론적으로 개개인은 무언가를 이룰 수 있다. 어두운 면은 우리가 우리 존재의 근거를 성과를 통해 증명하려는 유혹에 넘어가는 것이다. 중세에는 사람들이 종교적인 성취압박과 지옥불이나 최후의 심판에 대한 두려움 아래 살았다. 이러한 삶의 은유들은 모든 종류의 두려움과 위선의 형태를 야기했다. 그때 이후로 몇 가지가 변화되었다. 계몽주의는 종교적인 압박을 도덕적인 것으로 대체했고 20세기에는 도덕적인 압박이 정치적인 압박(그 대가로 거의 모든 것이 도덕적으로 허용되었다)이 되었다. 그리고 이제는 경제적인 압박만이 첫 자리를 차지하고 있다. 국가와 경제의 개혁자들은 모든 것을 검사대에 세운다. 시장은 하나님의 심판의 기능을 넘겨받았다. 그러나 시장은 수백 년 전의 왜곡된 하나님의 이미지들보다도 더 변덕스럽고 간파할 수 없는 존재이다. 시장은 비인격적이다. 그러므로 사면신청서들은 처음부터 성공할 가망이 없다. 그 누구도 사면요청들에 귀 기울이지 않으며 그에 답변할 권한을 위임받을 사람도 없을 것이다. 성과를 통해 자신이 존재해도 됨을 증명해야만 하는 사람은 문제들을 갖게 된다. 가장 심각한 문제는 지속적인 불안감이다. 내가 낸 성과가 충분한가? 그것이 미래에도 필요하게 될 것인가? 나는 단지 나의 성과 때문에 사랑받고 인정받는가? 나의 수행능력이 감소되면 어떻게 될 것인가? 내가 큰 잘못을 저지르게 되면 어떻게 되는가?

하나님은 우리가 어떠한 막다른 길에 처해 있는지 깨닫기를 큰 관심을 갖고 기다리신다. 우리의 성과가 우리에게 사랑이나 인정, 존재할 권리를 결코 얻게 할 수 없다는 것을 깨닫기를 기다리신다. 그리고 우리는 전혀 선하게 되고자 원하지도 않는다는 것을, 그리고 우리 가능성들이 끝장났다는 것을 우리가 깨닫기까지 기다리신다. 철학자인 요한 게오르그 하만(Johann Georg Hamann)은 이를 '자기인식의 지옥순례'라 표현하기도 했다. 하나님은 우리가 말쑥한 외양 뒤로 우리의 추악한 면을 더 이상 감출 수 없을 때까지 기다리신다. 그것을 위해 하나님은 그리스도의 고난 가운데 전 인류를 위해 이를 행하셨다. 친구들에게 버림받고 부인 당했으며 자신의 백성들에게 거부당하고 죄를 선고받았으며 이방인들에게 잔인하게 학대 받고 비웃음을 받았다. 그리고 끝에는 모두를 향한 놀라운 말이 존재했었다. "저희를 사하여 주옵소서. 자기의 하는 것을 알지 못함이니이다." 자신의 원수들에 대한 조건 없는 사랑과 수용, 즉 의롭게 된 자들을 증명의 짐으로부터 해방시키고, 성취능력의 증명에 억눌려 있는 자들에게 새로운 기회를 열어주는, 믿음으로부터의 칭의이다. 마틴 루터는 이를 이렇게 표현한 적이 있다. "오, 믿음이란 살아 있고 부지런하며 실천적이고 강력하여 끊임없이 선을 행하지 않는 것이 불가능하다." 왜냐하면 이제 나는 어떤 잘못을 배상하거나 호감을 얻는 수단으로서가 아닌, 선 자체를 위해 선을 마침내 행할 수 있기 때문이다. 이제 더 이상 자본주의 시장이 내 삶의 이미지를 만들어내지 않는다. 나는 집으로, 하나님께로 돌아왔다. 그것도 완전히.

> 이제 나는 어떤 잘못을 배상하거나 호감을 얻는 수단으로서가 아닌, 선 자체를 위해 선을 마침내 행할 수 있기 때문이다.

위기에 강해지기 위해서는 나의 자기인식이 지속적으로 변할 수 있는 성과나 상황에 좌우되어서는 안 되며 더 나은 기초를 가져야만 한다. 예레미야 선지자에게서 우리는 결정적인 암시를 얻는다.

"지혜로운 자는 그 지혜를 자랑치 말라 용사는 그 용맹을 자랑치 말라 부자는 그 부함을 자랑치 말라 자랑하는 자는 이것으로 자랑할지니 곧 명철하여 나를 아는 것과 나 여호와는 인애와 공평과 정직을 땅에 행하는 자인 줄 깨닫는 것이라 (렘9:23-24)."

지혜롭고 강한 것은 잘못된 일이 아니다. 두 가지 다 하나님께서 우리에게 선사하신 것이며 우리가 그것으로 의미 있는 일을 시작한다면 기뻐하신다. 그러나 진짜 우리가 기뻐해야 할 것은 은사 보다는 그 은사를 주신 분이다. 내 아내는 결혼생활 동안 내게 많은 좋은 선물을 했다. 그러나 아내 자신 보다 더 나를 감격시킨 것은 없었다. 비교도 되지 않는다! 예수님은 -공생애를 시작하시기 전에- 이러한 확증을 아버지 하나님으로부터 받으셨다. "이는 내 사랑하는 아들이요 내 기뻐하는 자라." 그리고 예수님은 이미 성공의 시절에 제자들에게 자신의 성과를 중심에 놓지 말고 하나님과의 연합을 중요시 하라고 독려하셨다. 우리 모두는 기꺼이 자랑할 수 있는 무엇인가를 이루고 싶어 한다. 성과와 관계없이 숨이 멎을 듯 좋으신 하나님을 자랑하는 법을 우리가 배운다면 이는 장기적으로 우리의 성취능력에 해가 되기보다는 유익이 될 것이다 -그리고 하나님은 다른 누구도 그렇게 하지 않을 지라도 우리를 자랑하실 것이다. 어떤 사람들은 연방수상을 알고 있다는 사실에 자부심을 갖기도 한다. 우리는 모든 정부 수반들의 수반 되시는 분을 알고 있다 -그것도 아주 사적으로. 사도 요한은 소

> 성과와 관계없이 숨이 멎을 듯 좋으신 하나님을 자랑하는 법을 우리가 배운다면 이는 장기적으로 우리의 성취능력에 해가 되기보다는 유익이 될 것이다

아시아에서 시험을 당하고 있는 그리스도인들에게 이에 대해 말하고 있다.

"또 충성된 증인으로 죽은 자들 가운데서 먼저 나시고 땅의 임금들의 머리가 되신 예수 그리스도로 말미암아 은혜와 평강이 너희에게 있기를 원하노라 우리를 사랑하사 그의 피로 우리 죄에서 우리를 해방하시고 그 아버지 하나님을 위하여 우리를 나라와 제사장으로 삼으신 그에게 영광과 능력이 세세토록 있기를 원하느라 아멘(계1:5-6)."

나의 삶의 질을 높이는 방법
(확실하게 차단하기)

너희는 여호와의 선하심을 맛보아 알찌어다 그에게 피하는 자는 복이 있도다!
시34:8

　돈을 벌고 인정과 지위를 얻는다는 의미에서 오직 '일'을 위해서만 살아가는 함정에 빠지지 않는 그리스도인들에게는 실업의 문제가 그렇게 혹독하게 다가오지 않는다. 물론 이것은 경제적인 제한을 의미한다. 그리고 때론 녹초가 되게 만들고 또 관청이나 고용주가 될지도 모르는 사람들에게서 그다지 존경을 받지 못하는 일을 구하는 과정을 의미하기도 한다. 그럼에도 전일제 그리스도인들은 자신의 삶의 다른 영역들을 건강하게 발전시켰을 경우 이곳에서도 많은 가능성들을 갖게 된다. 그렇지만 내게는 삶의 다른 영역들이 건강하게 발전되어 있다는 것이 필수적인 전제로 보인다. 자신의 은사와 능력을 발휘할 수 있는 어느 한 교회에 자리를 잡지 못한 사람이나 우정을 소홀히 했던 사람, 혹은 다른 관심들은

> 그렇다면 우리가 더 많은 돈을 위해 (그러나 시간과 정신적 깊이는 더 적어지는) 더 많이 일해야 하는 악순환을 어떻게 벗어날 수 있겠는가?

전혀 발전시키지 못한 사람은 점점 더 삶의 영역들이 축소되고 실업이나 퇴직 이후에 따라오는 공허함과 의미상실의 감정을 극복하기 위해 긴 시간을 필요로 한다. 그렇다면 우리가 더 많은 돈을 위해(그러나 시간과 정신적 깊이는 더 적어지는) 더 많이 일해야 하는 악순환을 어떻게 벗어날 수 있겠는가?

즐기는 것은 배움을 필요로 한다

몇 년 전 아내는 아이들과 함께 여름휴가 중 며칠 간 친정에 간 적이 있다. 그 때 나는 자전거를 타고 그곳을 이틀간 방문하기로 결정했다. 날씨도 좋았고 70Km나 되는 아름다운 전원풍경이 나를 기다리고 있었다. 자전거여행을 기대하며 나는 주행시간과 속도를 알려주는 자전거용 소형 컴퓨터를 구입했다. 그런데 이것이 큰 실수였음이 곧 드러났다. 풍경을 보기보다는 그 기계를 더 쳐다보았던 것이다. 가파른 곳에서는 나의 진행을 망치는 느린 속도에 실망하면서 헐떡거리며 산을 간신히 넘었다. 나는 그야말로 녹초가 되어 마침내 무사히 도착했다. 시간적으로 신기록을 세우긴 했지만 태양도 바람도 언덕이나 갓 베어낸 풀밭의 향기도 제대로 즐기지 못했다. 나는 한 번의 휴식만 취하였고 너무 적게 먹고 마셨으며(더 늦게 도착할까봐), 다음날에는 다리에 근육이 뭉쳐 고통스러웠다.

시계를 따르는 삶은 끊임없이 이러한 실책을 만들어 낸다. 우리는 쫓기게 되며 가능한 한 짧은 시간에 최대한 많은 것을 처리하려고 하게 된다. 지속되는 긴장은 건강에 해로운 것이다. 많은 사람들이 건강을 해치는 생활리듬으로 괴로움을 겪고 있으면서 육체와 영혼의 필요들을 너무 자주 무시하고 있다. 그러나 기독교적인 자기부인은 육체적으로나 정신적으로 자신을 망가뜨리는 것이 아니다. 기독교적 자기부인은 우리에게 약속된 기쁨과 충만함에 이르기 위해 해로운 지름길을 선택하지 않는 것이다. 하나님은 우리가 선하고 아름다운 일들 속에서 하나님의 선하심을 경험하기 원하시는 것이다. 하나님은 우리에게 아름다움에 대한 참되고 선한 욕구를 주셨다. 의무적인 절약과 검소함 가운데 즐기는 일에 무능한 기독교는 하나님을 영화롭게 하지 못한다. 다른 사람들에게 관대한 사람은 자신에게도 약간의 재미를 허용해도 되며 손가락을 쳐들면서 모든 아름다운 것들을 헐뜯을 필요가 없다. 모든 것에 도덕적 잣대를 들이대는 '폭죽 대신 빵(연말에 터뜨리는 폭죽 대신 가난한 자들을 돕자는 캠페인-역자 주)을 외치는 그리스도인들'은 항상 나를 화나게 만든다. 왜 새해에 교회의 오르간 대신 폭죽로켓을 갖고 하나님을 경배하면 안 된단 말인가? 두 가지 모두 성경적인 것이다. 당신이 오르간이 나오는 성경구절을 알려주면 나도 로켓이 나오는 구절을 알려주겠다.

잘못된 고난의 신학은 여전히 몇 몇 그리스도인들로 하여금 별다른 목적 없이 무언가 아름다운 것을 할 때 고개를 숙이게 만든다. 그들이 갖고 있는 하나님에 대한 상은 그들 뒤에서 스톱워치를 들고 "그럴 시간이 있거든 우리는 요구사항들을 더 높이 잡아야 합니다."라고 말하는 사장의 모습이다. 당신이 아름다운 책이나 산책, 문화생활을 자신에게 허용

> 시계를 따르는 삶은 끊임없이 이러한 실책을 만들어 낸다. 우리는 쫓기게 되며 가능한 한 짧은 시간에 최대한 많은 것을 처리하려고 하게 된다.

할지라도 이러한 하나님의 상을 가지고 있다면 삶을 즐기는 일은 어렵게 된다. 참으로 악마 같은 상황이다 -하나님은 우리가 삶의 아름다운 것들 속에서 하나님을 발견하고 그것을 통해 하나님을 피하는 대신 더욱 사랑하는 법을 배우기를 원하시기 때문이다. 하나님의 보이지 않는 형상은 하나님이 심히 아름답게 창조하신 모든 것들 속에서 우리에게 계시된다. 그러므로 감각적인 즐김 또한 하나님의 선하심이 우리에게 드러나는 매체인 것이다. 예수님도 이미 '음식을 탐하고 포도주를 즐기는 자'라고 비방을 받으셨다.

그러므로 왜 하나님과 함께 기쁨을 주는 일들을 행하면 안 된다는 것인가 -좋은(꼭 '기독교적'인 음악만이 아닌) 음악을 듣는 일, 좋은 음식이나 한 잔의 와인을 즐기는 일, 자연을 경험하는 일, 음악을 연주하는 일, 시를 읽거나 써 보는 일. 우리가 하나님과 함께 즐기는 것을 스스로에게 베풀지 않는 다면 조만간 그것을 하나님 없이 찾을 것이기 때문이다. 우리는 하나님께서 우리에게 제공하시는 기쁨과 충만의 잘못된 복사물인 시험들에 빠지기 쉽게 된다. 진짜 성인들은 대부분 유쾌하고 (모든 포기 가운데에서도) 즐길 줄 아는 사람들이(었)다. 즉 금식과 축제는 서로 긴밀한 관계에 있다. 만약 당신이 여러 날을 금식했다면 당신은 갑자기 자신의 육체를 아주 강렬하게 인식하고 냄새들과 향기들을 감지하는 것을 알게 될 것이다. 그뿐 아니라 생각들도 더 가벼워진다. 그런 다음 금식을 아주 조심스럽게 그만 둘 때는 가장 단순한 음식의 맛에도 거의 압도될 것이다. 바울이 빌립보서 4장 13절에서 모든 것을 할

> 우리가 하나님과 함께 즐기는 것을 스스로에게 베풀지 않는 다면 조만간 그것을 하나님 없이 찾을 것이기 때문이다.

수 있다고 -내가 비천에 처할 줄도 알고 풍부에 처할 줄도 안다고- 쓴 것은 이와 동일한 논리인 것이다.

기쁜 예배들에 투입하기

그러나 의식적으로 포기한다는 것은 재미와 소비로 가득한 우리 사회에서는 생각할 수도 없는 것이다. 피상적인(그리고 사치스러운) 즐거움들은 금방 없어질 것이 틀림없다. 분망함은 즐김을 파괴한다. 집중과 평정이 아닌 분산이 찾아온다. 참된 즐김에는 결코 비용이 많이 들지 않는다. 하나님은 이러한 즐거운 즐김을 영적인 덕과 경배의 행위로 보신다는 것을 아래의 신명기 14장 25-26절의 말씀이 우리에게 알려준다. 이 구절에서는 즐거운 예배들에 투입되어야할 십일조의 활용을 다루고 있다. 즉 일 년 동안 물건들을 아끼고 그것을 성전으로 가져온다. 그 길이 멀면 그것을 돈으로 바꾼다. 그럼 그 돈으로 어떤 일이 일어나는가? 그것은 여러분이 직접 읽어보라.

> "그것을 돈으로 바꾸어 그 돈을 싸서 가지고 네 하나님 여호와의 택하신 곳으로 가서 무릇 네 마음에 좋아하는 것을 그 돈으로 사되 우양이나 포도주나 독주 등 무릇 네 마음에 원하는 것을 구하고 거기 네 하나님 여호와의 앞에서 너와 네 권속이 함께 먹고 즐거워할 것이며."

우선 술이 제외되지 않은 것과 둘 째 각자가 자기 마음에 원하는 것을 살 수 있다는 내용이 눈에 띄었는가? 물론 레위인도 축제 음식으로부터 -혹은 돈으로부터- 상당한 양을 받는다. 그러나 우리가 신나는 축제를 위해 절약한다는 생각이 놀랍지 않은가! 이것은 우리의 냉정하고 이성적인 프로테스탄티즘으론 소화하기 어려운 내용이다. 나는 십의 일조를 교회에 헌금하는 것은 좋은 습관이라 생각한다. 그러나 이것을 기쁜 예배에 투자하는 것으로 한 번 바라보고 교회의 일원으로 어떻게 이 예배들이 더 기쁘게 될 수 있을 것인가를 깊이 생각해 보라. 왜냐하면 이것은 이 단락의 내용과는 별개의 내용이지만 이러한 일들은 계획이 되어야만 하기 때문이다. 즉흥적으로 해서는 -즉 우연에 맡긴다면- 이러한 일들은 우리 삶의 많은 '급한' 사항들에 희생되는 경우가 많다. 올바르게 즐길 줄 아는 사람들은 또 관대하다. 하나님의 부요함은 하나님의 관대하심과 후히 주심에 있다. 주시는 것만큼 하나님이 기뻐하시는 일이 없을 정도이다. 하나님께 부자라는 의미는 아무 계산 없이 선물할 수 있는 것이다. 왜냐하면 그것을 통해 부를 잃어버리지 않고 그 부를 더 즐길 수 있게 되기 때문이다.

> 하나님께 부자라는 의미는 아무 계산 없이 선물할 수 있는 것이다. 왜냐하면 그것을 통해 부를 잃어버리지 않고 그 부를 더 즐길 수 있게 되기 때문이다.

인색한 사람은 마치 스크루지처럼 사기를 당하거나 도둑을 맞지 않을까 끊임없는 걱정 속에 살아가며 마음을 풀고 제대로 즐길 수 없다. 그는 다른 모든 사람들을 불신하며 따라서 고독하다. 결국 그는 돈으로 교제권을 형성해야만 하지만 동시에 이용당하거나 실망하지 않기 위해 안전한 거리를 유지하게 된다. '돌아온 탕자'의 형이 자신에게 즐김을 허용하지 않고 따라서 다른 사람들이 축하할 때 시기심으로만 바라볼 수밖에 없었던 이러한 의무형 인간이었다. 바울은 디모데에게 부자들이 자신의 부를 즐길 수 있어야 하지만 또 나누기도 해야 함을 디모데에게 간절히 부탁한다(루터는 이렇게 딤전6:17

을 번역했다). 왜냐하면 이렇게 될 때 즐김이 완성되기 때문이다.

운동선수의 자유 발견하기

이 부분에서 잠깐 숙고할 사항이 있다. 많은 그리스도인들은 영적인 삶에서 지나치게 율법적인 편협함과 해이하고 자기중심적인 불구속 사이를 왔다 갔다 한다. 이 중 어떤 것도 그 안에서 건전한 발전을 이루어 갈 수 있는 진정한 자유가 아니며 지속되는 동요는 발전을 더욱 어렵게 만든다. 바울은 고린도전서에서 우리가 이렇듯 시계추처럼 왔다 갔다 하는 것을 제한할 수 있는 두 가지 원칙을 제시한다. 우선 바울을 6장 12절에서 이렇게 말하고 있다.

> "모든 것이 내게 가하다"-그러나 모든 것이 다 유익한 것이 아니요 모든 것이 내게 가하나 그 어떤 것도 나를 주장하지 못한다.

그러므로 바울이 말하고 있는 것은 우리 그리스도인들이 의무적인 기독인의 삶을 살아서도(마치 돌아온 탕자의 형처럼) 안 되며 순진하게 우리를 노예로 만들어 버릴 수 있는 힘들에게 삶의 자리를 내주어서도(동생 탕자처럼) 안 된다는 것이다. 자유와 성숙은 자기절제를 전제로 하며 이것은 이미 언급했듯이 목적을 필요로 한다. 두 번째로 이것이 구체적으로 어떻게 일어나는지를 바울은 9장 24-27절에서 경기를 하고 있는 달리기 선수의 비유로 묘사하고 있다. 목적은 경기

> 자유와 성숙은 자기절제를 전제로 하며 이것은 이미 언급했듯이 목적을 필요로 한다.

나의 삶의 질을 높이는 방법 • 109

에서 이기는 것이다. 이 승리 이전에 수많은 자기 자신에 대한 승리들이 필요하다. 운동선수는 자신의 능력을 향상시키는 모든 것을 행하고 그 능력을 약화시키는 모든 것을 피하기 위해 자신의 생활방식을 점검한다. 운동선수는 충분히 훈련해야만 하며 강도를 서서히 증가시켜야 하지만 지나쳐서는 안 된다. 그는 자신의 습관들을 점검해야만 한다. 올바른 식사, 충분한 수면과 휴식, 알코올과 커피를 삼가는 것, 금연 -내가 무엇을 말하려는지 알겠는가? 만약 이를 행하지 않는다면 -그 자신이 이를 정확히 알 것이다- 그는 경기에서 가망 없이 뒤처지게 될 것이며 결국 경주를 끝내야겠다는 의욕조차 잃을지 모른다. 훈련을 개선하기 위해서 그에게는 다른 사람들의 도움이 필요하며 함께 훈련한다면 훨씬 쉬워진다. 또한 자신의 몸의 감각을 발전시키고 머릿속으로 연계성들을 이해하는 것도 많이 좌우한다. 왜 이런 종류의 훈련이 의미 있는지 이해한다면 훨씬 쉽게 느껴진다.

나는 도시 마라톤에 2년 전부터 참가하기 시작한 후부터 이 모든 것들을 더 잘 이해하게 되었다. 나는 준비 작업으로 책을 한 권 사서 철저하게 연구하였고 훈련계획을 아주 성실하게 이행했다. 또 더 긴 훈련거리를 달리기도 하고 때로는 작은 그룹으로 달렸다. 그럴 때 혹시 내가 미친 짓을 하고 있는 것은 아닌가에 대한 답을 더 쉽게 찾을 수 있었다. 그러나 싸움은 근본적으로 나 자신에 대한 것이었다. 나는 훈련시간을 일정 속에 계획해 넣어야 했으며 식사 때에는 기름진 돼지불고기를 42Km 동안 끌고 다닐 것인지 숙고해야 했고 매번 내가 어느 정도이며 마라톤에 어떤 속도가 적당한지를 알기 위해 시계와 맥박계를 갖고 테스트 달리기를 해야만 했다. 그리고 마침내 나는 해냈고 목적을 달성했다. 그것도 초보자로서는 그리 부끄럽지 않은 시간대에 말이다. 달리기 후에 비로소 나는 맥주를 즐길 수 있었지만 그전에 포기했었던 일을 단 일초도 후회하지는 않았다.

규율 형성하기

만약 운동경기에 비유하는 것이 당신의 관심을 끌지 못한다면 - 외국어를 배울 때도 당신은 동일한 문제, 즉 큰 목표를 계획된 작은 단계를 거쳐 도달하는 문제에 직면한다. 우리 모든 삶의 마라톤에서 중요한 것은 어떻게든 난관을 극복하고 하늘나라에 가는 것이 아니라 예수님을 더욱 더 닮아가고(빌3:10) 이 세상에서 우리의 존재와 행동을 통해 예수님이 더욱 드러나도록 하는 것이다. 바로 이것이 영적인 성장의 중심이다. 우리가 경기에 뒤처져 헐떡거리는 훈련을 게을리 한 운동선수

> 우리 모든 삶의 마라톤에서 중요한 것은 어떻게든 난관을 극복하고 하늘나라에 가는 것이 아니라 예수님을 더욱 더 닮아가고(빌3:10) 이 세상에서 우리의 존재와 행동을 통해 예수님이 더욱 드러나도록 하는 것이다.

가 되지 않으려면, 수년이 지나도록 별다른 진척이 없으면서도 힘들다고 생각하는 태만한 그리스도인들이 되지 않으려면, 삶의 다른 모든 것들은 이 목적에 종속되어야 한다. 그러나 분명한 목적을 가지고 있는 사람들은 그 누구의 재촉을 받지 않고도 열심과 기쁨으로 달려갈 수 있다. 그들은 훈련을 위해 포기하는 것들을 실제 손실로 보지 않는다. 왜냐하면 그 포기가 그들이 다른 어떤 것보다 더 원하는 것을 얻도록 해주기 때문이다. 이것이 건전한 영적 규율의 기초이다. 이것이 우리에게 '하늘나라의 좌석'을 직접적으로 보장하는 것은 아니지만 거기까지 가는 길은 전

혀 다른 모습일 것이다. 즉, 더 많은 의욕을 갖게 되고 불필요한 짐은 덜게 될 것이다.

이런 의미에서 우리 삶에 건전한 틀을 잡는 것은 곧 우리의 임무이기도 하다. 일반적으로 좋은 습관들을 형성하고 나쁜 습관은 좋을 습관으로 대체함으로 이 일을 이룰 수 있다. 우리는 단순히 포기하는 것이 아니라 투자하는 것이다. 마치 농부가 다시 씨를 뿌리기 위해 파종용 씨앗의 일부를 간직하는 것과 같다. 우리가 우리의 다양한 형태의 욕구들 - 음식, 권력, 섹스, 돈에 대한- 을 제어하여 의미 있고 건설적인 길로 방향을 돌린다면 바로 이를 행하는 것이 된다. 우리가 하나님을 즐기고 다른 사람들과 함께 축하하는 시간을 내는 것도 이를 행하는 것이다. 하나님과 함께 우리 삶에 관해 숙고하고 우선순위들이 하나님께서 우리에게 주신 목적에 합당한지 살피기 위해 규칙적으로 휴식시간을 취한다면 이것도 이를 행하는 것이다. 우리는 하나님의 자녀로서, 하나님의 언약의 상속자로서 위대한 미래에 투자한다. 이에 대한 책임은 그러나 우리에게 있다. 만약 우리가 하나님께서 더 나쁜 것을 막으시기 위해 질병이나 심각한 위기를 통해 우리에게 제동을 거시기까지 기다린다면 큰 대가를 치르게 된다. 미할리(Mihalyi Csikszentmihalyi)는 이를 정확하게 묘사한다.

> 만약 우리가 하나님께서 더 나쁜 것을 막으시기 위해 질병이나 심각한 위기를 통해 우리에게 제동을 거시기까지 기다린다면 큰 대가를 치르게 된다.

"일과 여가에 대한 통제력을 갖지 않으면 이 두 가지는 실망만 주게 된다. 대부분의 직업과 많은 여가활등들 -특히 대중매체에 수동적으로 이끌려가는 형태의- 은 우리를 행복하고 강하게 만들려고 설계되어 있지 않다. 그들의 목적은 다른 이들을 위해 돈을 긁어모으는 것이다. 우리가 이를 허용하면 그들은 우리의 골수를 빨아먹고 단지 허약한 껍데기만 우리에게 남겨 놓을 수 있다 (Csikszentmihalyi, 몰입, 215쪽)."

유머: 스스로를 불쌍히 여기기

실수가 전혀 없이 이루어진 중요한 진보란 거의 없다. 시도와 오류는 옛 부터 인정된 좋은 방법이다. 이것은 우리의 임무를 실천할 때나 -일을 포함하여- 우리의 삶을 형성해갈 때에도 마찬가지이다. 많은 직장의 분위기는 실수를 환영하기보다는 실수를 피하기 위해 온 힘을 다하는 분위기이다. 따라서 새로운 것을 위한 여지는 별로 남지 않는다. 일반적으로 독일 사람들은 정확해야 한다는 강박증에 시달리고 있다는 인상을 주고 있는데 이것은 편협한 기독교에 의해 더 강화될 수도 있다.

나는 가장 귀중하고 오래 남는 삶의 교훈들 중 많은 것들을 철저하게 실패했던 상황들 가운데서 배웠다. 패배는 아픔을 주고 우리가 마조히스트가 아닌 담에야 그 아픔을 좋아할 리는 만무하다. 우리는 그것들을 미화할 수 있고(마치 모든 오물이 벌써 거름이 된 듯이), 침묵하고 숨기거나 크게 한탄하면서 잘못을 다른 사람들에게 전가할 수도 있을 것이다. 그렇게 되면 우리에게는 전혀 도움이 되지 않는다. 이와 다르게 우리는 우리 자신에 대해 웃는 법을 배울 수 있다. 유머는 사람들이 울거나 화를 낼 수밖에 없는 일들로부터 건강한 간격을 유지하게

> 앉아 있는 사람은 뚱뚱해 지기는 하겠지만 넘어지지는 않는다. 넘어질 수 있는 것은 오직 움직이고 있는 사람뿐이다. 그러므로 이는 긍정적인 신호인 것이다.

한다. 그럼에도 유머는(빈정대는 것과는 달리) 희망을 포기하지 않는다. 솔로몬의 잠언에서는 이렇게 말하고 있다. "의인은 일곱 번 넘어지나 다시 일어난다." 우리의 넘어짐은 하나님께 전혀 문제가 되지 않는다. 아이들이 걷는 것을 배울 때 넘어지는 일이 없을 수는 없다. 그리스도를 따르는 일에도 마찬가지이다. 앉아 있는 사람은 뚱뚱해 지기는 하겠지만 넘어지지는 않는다. 넘어질 수 있는 것은 오직 움직이고 있는 사람뿐이다. 그러므로 이는 긍정적인 신호인 것이다. 이와 반대로 정지해 있거나 체념하는 것은 위기신호이다. 실수에 대한 격렬한 두려움만큼 체념을 부추기는 것은 없다. 주눅이 들어 시험에 임하는 학생은 두려움이 없는 시험분위기에서 시험을 치르는 학생에 비해 현저하게 저하된 성적을 나타냈다. 그러므로 솔로몬이 말하는 의인은 실수를 하지 않는 사람과는 전혀 다른 사람이다. 그러나 그는 우리 모두의 삶의 근원인 하나님의 은혜, 즉 하나님의 이유 없는 호의와 조건 없는 수용을 신뢰한다. 믿음은 항상 위험과 실패의 가능성을 가지고 있다. 모든 것이 계획에 따라 진행되리란 보장이 없다. 때로 하나님께는 솔직한 실패가 오만한 성공보다 더 중요하다. 그리고 회개 또한 기쁜 일이다. 내게는 의인과 불의한 자의 차이가 자신의 넘어짐을 자백하느냐 숨기느냐에 따라 나뉘는 것처럼 보인다. 의인은 자신의 실패를 숨기려고 더 이상 에너지를 낭비할 필요가 없다. 의인은 고전적인 성경의 인물 다윗 왕처럼 살인을 통해 간음을 위장하려고 시도할 필요가 없다.

우리 교회가 5주년을 맞았을 때 우리는 한 축하예배에서 우리의 패배를 제대로 기념한 적이 있다. 우리는 우리가 저질렀던 가장 큰 실수들에 관하여 이야기하고 그 이야기들로 웃고 킥킥대면서 하나님의 은혜를 상기했고 하나님의 일은 언제나 수고하고 상처 입을 가치가 있었다는 것을 모두 함께 느꼈다. 축제에 온 손님들은 그렇게 적은 성취를 경험하리라고는 미처 생각지 못했었지만 곧 모두 긴장을 풀게 되었다. 물론 직업의 일상에서는 어떻게 실수를 인정하고 약점을 드러낼지 많은 지혜가 요구된다. 따라서 이것은 우선 나 자신에 대해서나 친구들 사이에서의 좋은 연습이 된다. 희생양을 찾거나 경쟁의식에 시달리는 환경 안에서는 만약 내가 열린 마음으로 실수를 말한다면 곧 다른 사람이 내게 덫을 놓을 수도 있다. 그러나 의도적으로 자신을 웃음거리로 만들지 않고도 자신에 관하여 웃을 수 있는 능력을 가질 수 있는데 바로 유머이다. 그리고 이 유머는 시간이 지나면 다른 사람들에게도 전염될지 누가 알겠는가. 조지 버나드 쇼(George Bernard Shaw)는 이렇게 말했다. "Everything worth doing is worth doing it wrong"-행할 가치가 있는 모든 것은 또 잘못 행할 가치도 있다. 아마 당신은 3M회사의 포스트잇을 알고 있을 것이다. 포스트잇은 실패한 실험에서 나온 '쓰레기제품'이지만 오늘날 이것이 없는 사무실과 가정을 생각하기 힘들 정도이다. 성공과 실패는 얼마나 가까이 존재하는가. 그리스도인인 우리는 세상에서 가장 실수를 환영하는 환경을 만들 수 있다. 그곳에 머무는 일은 얼마나 매력적일 것인가! 그리고 우리는 얼마나 많은 새로운 것들을 발견할 수 있을 것인가!

> "Everything worth doing is worth doing it wrong"

모든 것을 통합하는 방법
(세상의 모든 시간)

사람은 시간을 절약할 수 없다, 단지 사용할 수 있을 뿐이다.
Rob Parsons

*중요한 것에 대해서 의식적인 책임을 지지 않는 것은, 곧 중요하지 않은 것에
대해 무의식적으로 책임을 지고 있는 것이다.*
Steven Covey

    나는 우리가 시간을 경험하는 방식이 얼마나 다른지 매번 놀라게 된다. 내 아들이 영어를 배울 때는 반시간이 내 시계에서보다 아들에게서 훨씬 더 빠르게 지나간다. 반대로 아들이 컴퓨터에서 게임을 즐길 때는 내 시계에서는 게임시간이 벌써 오래 전에 끝났는데도 아들에게서는 겨우 반을 지나고 있다. 이렇듯 우리는 시간 안에서 우리만의 상대성원리를 갖고 있다. 게임시간과 공부시간을 계산해 볼 때 측정된 시간과 느껴진 시간 사이에는 큰 차이가 있다는 것을 알 수 있다. 즉 측정된 15분의

공부시간은 느낌으로는 한 시감의 게임시간에 해당된다. 물론 우리 어른들은 충분히 긴 시간 동안 시계를 차고 다녔으므로 보다 객관적인 측정을 할 수 있을 것이다. 시간은 실제로 공평하게 분배된 유일한 재화이다. 물론 시간은 한정되어 있지만 누구나 이 세상의 모든 시간을 갖고 있다. 매 시간 60분, 하루 24 시간, 일 년 365일 그리고 매 4년 마다 하루가 더해진다. 잃어버린-아니, 낭비된-시간은 그 누구도 대체하거나 지급할 수 없으며 그 시간은 되돌릴 수 없이 사라진 것이다. 돈은 얻기도 하고 잃기도 하지만 시간은 은행에 예금할 수도, 필요할 때 꺼내 쓸 수도 없다. 점점 더 많은 선택가능성과 점점 더 단기적인 전망을 제공하는 세계 안에서는 삶의 복잡성을 처리해야 하는 각 개인의 책임이 증가한다. 이것은 아주 구체적으로 일정시간표에서 나타난다. 나는 무엇을 위해 시간을 쓰고 있으며 무엇을 위해 시간이 없는가? 여기에서도 우리 삶의 다양한 역할들 간에 긴장이 있음을 알 수 있다. 많은 사람들은 직장, 가정, 교회와 개인적인 욕구에서의 다양하고 부분적으로는 서로 상치되는 요구들로 인해 찢기는 것 같은 느낌을 갖는다. 그리고 민감하고 책임감 있는 사람들일수록 더욱 더 그 상황으로 괴로움을 받는다. 그들은 실제적으로 세상의 모든 시간을 갖고 있다는 확신을 잃어버린다.

> 시간은 은행에 예금할 수도, 필요할 때 꺼내 쓸 수도 없다.

멈추기 그리고 생각하기

그 매듭을 푸는 첫 단계는 휴식이다. 분산되고 아무 것도 안 한다는 의미에서의 휴식시간이 아니라 생각을 위한 휴식이다. 하나님 자신도 일곱째 날을 휴식을 위해 정하시고 안식일과 함께 우리에게 한 모범을 보여 주셨다. 안식일은 그것을 범했을 때 벌을 받게 되거나-예수님이 사셨던 시대에서처럼- 믿음을 배신하는 것으로 간주되는 율법이 아니다. 그러나 우리의 시간과 힘이 제한되어 있으며 소중하며 하나님께서 이것들을 우리에게 맡기셨다는 것을 인정하는 것은 우리에 유익이 된다. 안식일은 하나님이 주신 은사와 선물들보다 하나님 자신이

> 우리의 시간과 힘이 제한되어 있으며 소중하며 하나님께서 이것들을 우리에게 맡기셨다는 것을 인정하는 것은 우리에 유익이 된다.

더 중요하다는 의미이며, 우리가 우리 삶을 아무 생각 없이 사는 것이 아니라 명백한 목적을 향하여 의식적으로 살아가고 있다는 것을 기억하는 의미이다. 나는 이것을 안식일의 원리라 부르며 이것은 우리 생활방식의 일부분이 되어야 한다. 아마 당신은 모든 일곱 번째 날을 쉴 수 없을 지도 모른다. 점점 더 많은 직업들이, 예를 들어 의료에 관련된 직업들은 주말에 아주 쉴 수가 없다. 그럼에도 우리의 육체와 정신은 휴식을 필요로 하며 우리가 하나님과 우리 삶의 더 깊은 단계를 받아들일 수 있는 상태를 유지하기 원한다면 이를 지켜야만 한다. 그리고 일 년에 한 번, 더 좋게는 두 번 철저한 결산평가를 하는 것이 유익하다. 나의 삶의 목적과 가치들은 무엇인가? 그 중 내가 이룬 것은 무엇이며 어디에서 진보가 이루어졌는가? 어디에서 중요한 것들을 놓치고 말았는가? 장기적으로 경로를 유지하기 위해서는 어디에서 내 삶의 방향을 수정해야 하는가? 롭 파슨스(Rob Parsons)는 자신의 강연에서 알게 된 한 사업가에 대해 이야기 하고 있다. 그 사람은 자동차 사고 후 6개월 동안 사투를

벌였으며 다시 일을 할 수 있기까지 또 6개월이 걸렸다. 어쩔 수 없었던 그 휴지기가 그의 삶과 일에 대한 관점을 변화시켰다. 회사의 동료들은 그가 회복기간을 가질 수 있어서 결과적으로는 그 어느 때 보다도 회사에 많은 도움이 되었다고 말했다. "25년 동안 처음으로 우리 중 한 사람이 생각할 시간을 가졌습니다(Parsons, Heart of success, 209쪽)."

이런 맥락에서 모든 지엽적인 활동에서 물러나 '작전타임'을 갖는 그 리스도인들을 매번 보게 된다. 일반적으로 지나친 부담이 그 이유이다. 이런 시도는 적지 않은 사람들에게 유익이 되었고 그들은 힘과 의욕을 얻어 되돌아 왔다. 그러나 또 다른 많은 경우에는 이 작전타임이 특별히 좋은 결과를 내지 못했다. 그 이유는 일반적으로 이 시간에 이루어져야 하는 것들에 대한 계획이 없었다는 것이다. 그렇게 됨으로 작전타임은 의미 있게 사용되지 못하고 그냥 시간만 보낸 결과가 되었다. 때때로 나는 갑자기 자유롭게 된 시간은 금방 소모되는 느낌을 경험했다. 상사의 압박에 전혀 대응하거나 시간외 근무를 할 필요가 없거나 그냥 피상적인 일들로 시간을 채우다가 점점 더 게을러지거나 자기중심적이 되기 때문이다. 많은 사람들은 더 많이 읽고 중요한 질문들에 답하고 삶의 목적과 습관들을 점검하는 일을 해내지 못했다. 그들은 이 시간 동안 이루고 싶은 것과 이 때 구체적으로 행해야 할 일들을 분명하게 정하는 일을 빼먹었다. 그리고 일반적으로 그들은 이 일에 함께 하면서 도움을 달라고 아무에게도 부탁하지 않았다.

그러므로 만약 당신이 방향 설정 기간을 마련하기 원한다면 침체에 빠지는 일이 없도록 너무 많은 활동들을 한꺼번에 지우지는 말라. 특히 당신에게 그

> 특히 당신에게 그것을 위해 소비하는 것보다 더 많은 힘을 주는 활동들을 우선적으로 없애지 말라.

것을 위해 소비하는 것보다 더 많은 힘을 주는 활동들을 우선적으로 없애지 말라. 당신이 잘 알고 있는 사람들과 대화하면서 어떤 질문들을 가지고 이 시간을 가져야 될지 명확하게 하라. 도움이 되는 책들을 마련하고 한 명의 친구나 멘토와 규칙적으로 대화 하면서, 일기를 쓰고 특정한 세미나나 집회를 방문하고, 규칙적인 기도생활을 하면서 시간을 구축하라. 그리고 언제 다시 시작할지 목표를 -3개월, 6개월-정하라. 눈치 채지 못하는 사이 나태해 지지 않기 위해 재시작을 미루게 되는 빌미를 의식적으로 아주 어렵게 만들라. 그러나 당신이 규칙적으로 작은 휴식을 취하고 깊은 생각과 하나님을 청종하기 위한 시간을 낸다면 아마 곧 수개월 간의 작전타임 시간은 필요하지 않게 될 것이다.

우선순위를 분명히 하기

우리는 스스로 삶을 어렵게 만들 때가 있다. 잘못된 사고 모델을 사용하기 때문이다. 말하자면 다음과 같이 하나님이 첫 자리에 오고, 가정이 두 번째 자리에, 직업이 세 번째, 교회가(때로) 네 번째, 그리고 다른 여가활동들이 마지막 자리에 오는 우선순위-피라미드가 그것이다. 이것은 일견 아주 설득력 있는 것처럼 들리지만

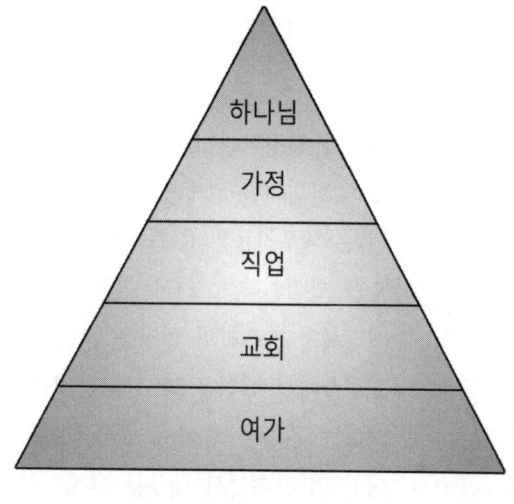

실제에 있어서는 대부분 적합하지 않은 것으로 증명된다. 이것은 우리의 생각과 의식을 경쟁하는 것처럼 보이는 여러 분야로 나뉘게 한다. 실제로 이 제안에서 중요한 것은 시간이 아니라 충성이기 때문이다. 그렇게 볼 때 내 경우에 교회가 직업에 우선할 것 같다. 하나님의 가족에는 영원히 속하게 되지만 회사는 전혀 그렇지 않기 때문이다.

이 피라미드의 논리는 더 높은 영역이 낮은 영역 보다 우선권을 갖는다는 것이다. 일반적으로 평범한 근로자인 우리가 일과 보내는 시간 보다 하나님이나 가족과 보내는 시간이 더 많지 않음은 두말할 나위 없고, 일이 하루일정을 지배하고 있는 것으로 볼 때 '더 많은 시간'이라는 공식은 계산에 맞지 않는다. 또한 '더 나은 시간'도 맞지 않을 때가 많다-더 나은 시간들도 대부분의 사람들은 역시 일을 하며 보낸다. 그러므로 아마도 갈등이 생길 경우 어떤 것을 선택할 것인가 하는 질문이 생길 것이다. 내가 관찰한 바로는 대부분의 경우 압박과 스트레스가 결정적인 요소이다. 만약 고용주가(아니면 '시장'이나 돈) 극심한 또는 파렴치한 압박을 가한다면 우리에게서 가장 많은 시간을 할당받게 된다.

> 만약 고용주가(아니면 '시장'이나 돈) 극심한 또는 파렴치한 압박을 가한다면 우리에게서 가장 많은 시간을 할당받게 된다.

배우자들은 종종 참을 수 없을 정도로 분명해 질 때까지 견디고 오래 망설인다. 그러나 그들이 단호한 태도를 취하게 되면 위기는 더욱 심각해지고 우리의 일정을 잔인하게 지배한다. 내가 알고 있는 대부분의 교회들에서 책임을 맡고 있는 사람들은 너무 온화하고 압박과 합법성을 피하는 경향이 높아서 일차적으로 이 분야가 방치되고 있다. 하나님은 이런 일정 속에서 대부분 예배참석, 가끔 분위기를 고조시키기 위해 '경건한' 음악을 듣는 일, 눈 깜짝할 시간 동안에 이루어지는 짧은 기도들과 급하게 큐티책을 들여다보는 형태로 간신히 명맥을 유지하고 계신다. 하나님의 목소리는 이 소음들 속에서 가장 조용하다. 하나님 잘못인가?

해결책은 그 어떤 구획도 대립적으로 경계를 짓거나 상쇄시키지 않는 다른 조망방식에 있다. 이 방식은 하나님을 우리 전체 삶의 중심으로 보는 것으로부터 시작한다. 우리는 일하는 동안이나 가족이나 친구들과 지내는 동안, 홀로 있는 동안에도 하나님과 함께 시간을 보낸다. 우리는 하나님과의 관계 안에서, 성경을 읽거나 기도할 때뿐만 아니라 다른 사람을 섬기고 우리의 총체적인 잠재력을 하나님의 나라를 위해 사용하는 가운데에서도 성장한다. 영적인 삶은 삶의 나머지 부분과 분리되어 있는 것이 아니라 모든 가닥가닥 안에 함께 짜여 있다. 이 중심으로부터 우리는 하나님과 함께 우리의 다양한 역할들을 생각할 수도 있고 의미 있는 균형을 찾을 수 있는 것이다. 달리기를 할 때나 자전거를 탈 때와 비슷하게 이 균형은 정적인 것이 아니라 본래 다양한 불균형들의 역동적인 연속이다 - 강조점은 매주 마다, 삶의 단계마다 약간씩 변하지만 바로 그것이 우리를 똑바로 서게 한다.

중요하게 보아야 할 것

나의 삶에 대한 하나님의 명령과 내가 그 명령에 기여하려는 열심은 급한 일과 중요한 일을 구분할 수 있도록 도움을 준다. 이 주제에 관하여서는 고전에 속하는 스티븐 코비의 '본질적인 것에 이르는 길'과 같은 유용한 글들이 이미 많이 나와 있다. 우리 삶에는 급한 일들이 많이 있다-대부분 다른 사람들에게 중요한 일들이다. 이러한 일들은 계획할 필요가 전혀 없이 어떻든 우리에게 덮쳐온다. 우리가 그것들에 집중하면 우리는 행하는 대신 반응하게 되고 자율적인 대신 타율적이 되며 장기적인 의미 대신 단기적인 해결을 위해 일하게 된다 -결코 보고 싶지 않은 모습이다. 심지어는 이것들을 막지 않음으로 해서 끊임없이 위기를 경험하게 되는 일도 흔하다. 만약 성령의 인도 아래 깊고 의미 있는 삶의 목적들을 발견하고 형성할 수 있게 된다면 삶에서 중요한 것들이 무엇인지 말할 수 있게 된다. 우리가 모든 시간과 날들을 중요한 것들로만 채워야 할 필요는 없지만 중요한 일들이 방치되는 것을 허용할 수는 없는 일이다. 무엇보다 우리가 계획한 일들이 왠지 좋아서 뿐만 아니라 우리 상황에서 최선이라는 확신이 우리에게 있을 때 다른 사람에게 거절하는 일이 더 쉬워진다. 그것이 개인에게 있어 무엇이 될 것인지는 우리 각자가 스스로 결정해야만 한다. 아주 일반적으로는 다음의 것들이 이 범주에 속한다 - 단 순서에는 특별한 의미가 없다.

> 만약 성령의 인도 아래 깊고 의미 있는 삶의 목적들을 발견하고 형성할 수 있게 된다면 삶에서 중요한 것들이 무엇인지 말할 수 있게 된다.

첫째는 나의 개인적인 성취능력을 강화시키고 유지시키는 모든 것들이다. 즉 영적인 연습들(기도, 성경읽기, 영감을 주는 독서와 같은), 신체적인 규율(건강한 영양섭취, 규칙적인 운동, 지구력운동과 꾸준한 등체조, 충분한 수면), 그리고 음악, 자연에서의 시간이나 그밖에 당신에게 유익한 영혼의 욕구들을 위한 일들이다. 여기에는 또 광범위하고 꼭 직업과 관련되지는 않은, 규칙적인 독서를 통한 계속적인 배움과 세미나, 학회, 과정들과 우리의 이성을 연마할 수 있는 모든 것(체스놀이와 같은 일들까지)이 포함된다.

둘째, 이것 또한 우리의 정신적인 욕구들과 관계있는데, 나의 삶에 중요한 일련의 삶들이 있다. 누구보다도 당연히 나의 아내, 자녀들 그리고 친한 친구들과 친척들이다. 이 관계들은 내가 그들을 위해 시간을 가질 때 지속된다. 할 수 있다면 아내와 자녀들을 위해서는 매일 시간을 내라 —꼭 몇 시간씩일 필요는 없다. 함께 식사를 하고 늦은 오후 함께 산책을 한다든지 주말에 함께 할 일을 만드는 것이다. 친구들은 2주일 정도의 간격으로, 어떤 친구는 더 자주, 다른 친구는 덜 만난다. 이 관계들에 있어선 결혼식이나 생일, 가정축제와 학교축제, 아이들의 축구경기와 같은 특별한 일정들이 있다. 미리 시간을 두고 알고 있는 경우나 계획이 가능하다면 나는 우선적으로 이 일정을 위해 비워놓는다. 내 경험으로는 많은 사람들이 가정적인 이유들은 쉽게 용납하지 않는다. 그럴 경우 누가 물을 때 이렇게 대답한다. "죄송합니다. 아주 중요한 일이 있어서요." 이것은 사실이며 일반적으로 문제를 아주 우아하게 해결할 수 있다.

셋째로 직업 상 중요한 일들이 있다.

중요한 것은 더 많이 더 오래 일하는 것이 아니라 더 지혜롭게, 더 목적에 집중하여 일하는 것이다.

여기에서도 내가 관리하는 몇몇 관계들이 있다. 중요한 것은 의식적인 계획과 프로젝트와 회의에 대한 철저하고 시기적절한 준비, 숙고를 통한 위기예방과 외부로부터의 상담이나 가치와 목적들에 대한 설명-말하자면 무엇을 나의 '핵심사업'이라고 칭할 것인가에 대한 질문에 대한 설명-이다. 어쨌든 근무시간은 우리 대부분의 사람들에게 계약상으로 정해져 있다. 물론 시간 외 근무도 때때로 불가피하지만 단지 예외가 일반적인 것이 되어서는 안 된다. 중요한 것은 더 많이 더 오래 일하는 것이 아니라 더 지혜롭게, 더 목적에 집중하여 일하는 것이다. 스티븐 코비는 일이 급박해 지기 전에 시간의 65%가 중요한 일들에 투자될 때 최고의 성과가 나타난다고 보고 있다. 일이 급박해지면 기한의 압박이 생기거나 위기가 발생하기 때문이다. 이와 반대로 평범함 조직은 급하지만 진짜 중요하지는 않은 일들, 즉 긴 전화 통화나 부수적인 일들로 일이 끊기는 것, 잘 준비되지 않고 효과가 적은 논의들로 시간과 능력의 50% 이상을 써버린다. 그리고 이 메일과 휴대폰을 사용하는 현대적 의사소통은 이러한 경향을 더욱 심화시킨다. 여기에 역행하기란 쉽지 않다. 항상 일하고 있는 것처럼 보이지만 효과는 없는 대중적인 방법들이 많이 있다. 항상 스트레스 가운데 있거나 시간외 근무를 하는 것, 주말에도 일을 집으로 가져오는 것, 휴가 중에도 휴대폰을 켜 놓는 것이 회사의 문화에 속할 때도 많다. 최근에 나는 아프트식 철도를 타고 벤델슈타인(Wendelstein) 산을 올랐다. 같은 칸에는 어린 아이를 동반한 부부가 여행하고 있었다. 그 아버지는 눈 덮인 산이 파노라마처럼 펼쳐지는 숨이 멎을 듯한 풍경을 제공하는, 결코 비용이 적지 않은 이 철도여행 내내 같은 칸의 사람들이 다 들리도록 출장을 준비하기 위한 사업상의 전화를 여러 번 통화했다. 이와 반대로 그의 부인은 기분이 바깥의 온도만큼이나 내려간 듯 보였다. 그가 통화를 끝내자 부인은 다른 사람이 들을 수 있을 만큼의 소리로 남편을 꾸짖었다. 그만큼 화가 나 있었던 것이다. 당연하다 볼 수 있다. 자신의 출장준비는 휴가 전에 끝냈어야 했다. 이런 무의미한 행동이 사무실에서는 인정을 받는 경우가 허다하다. 그러나 장기적으로는 중요한 일을 급한 일보다 우선시 하는 것이 지혜롭고, 앞을 내다보는 작업방식이라는 것을 대부분의 동료들과 상사들도 인정할 것이다. 무엇 때문에 사람들에게 보수를 주는가, 그들이 일하는 데 더 오랜 시간을 필요로 하기 때문인가, 아니면 그들의 사생활과 건강을 일을 위해 희생했기 때문인가?

마지막으로 또 교회라는 주제가 있다. 많은 사람들은 교회에서는 많은 압박을 가하지 않기 때문에 개인적인 계획과 예산을 투자하지 않는다는 것은 이미 말한 바 있다. 단기적인 단계로는 우리에게 대안적인 사회의 기능을 수행하는, 제자의 삶의 양식을 배우고 연습할 수 있는 강한 교회들이 필요하다. 그런 교회들 없다면 개인으로서의 우리는 방향을 잃고, 우리 사회 또한 만연되어 있는 물신 풍조를 극복하고 회개를 촉구할 선지자적 목소리를 잃게 된다. 당신의 교회가 강해지기 위해서는 당신이 필요하다—좋은 목사에게 사례를 주기 위해 당신의 돈 뿐만 아니라 당신의 기도, 당신의 생각, 당신의 행동이 필요하다. 물론

> 당신의 교회가 강해지기 위해서는 당신이 필요하다

교회들도 비효율적인 프로그램과 방법 또는 사소한 일들로 잘못을 행할 수 있다. 그렇더라도 끈질기고 충성되게 그것을 계속 추구하는 것이 중요하다.

분리하는 대신 연결하기

우리가 우리 삶을 서랍처럼 나누지 않고 하나의 전체로 간주한다면 각각의 역할들 간에는 아주 많은 관계들이 있어야 한다. 교회라는 주제로 계속 생각해 보자. 그곳에서는 직장에서도 사용할 수 있는 것들을 배울 수 있다. 얼마 전 우리 교회의 한 지도자는 직장에서 처음으로 동료들과의 회의를 주관해야만 했던 이야기를 해 주었다. 그는 "나는 그냥 내가 우리들의 회의를 이끌었던 것처럼 했는데 아주 잘 되던데."라고 말했다. 그런가하면 새 신자인 한 젊은이처럼 아예 직업이 바뀌는 경우도 생겼다. 그는 교회에서 음향기술 분야의 임무를 맡게 되었는데 곧 이 임무가 그에게 매우 재미있다는 것과 자신이 이 분야에 매우 재능이 있다는 것을 알게 되었다. 결국 그는 직업을 바꾸어 한 회사의 조명과 음향기술 분야에 취직하였다. 교회에서의 경험과 역할은 결코 교회의 울타리 안에서만 적용되는 것이 아니다. 또한 역으로도 생각해 볼 수 있다. 당신이 직업적으로 발전시켰던 어떤 능력들은 당신의 교회에서도 필요한 것이다. 돈을 다루는 법이라든지, 기술적인 노하우, 심리학적, 교육학적 지식들이나 보다 '개인적인' 기술들이라 볼 수 있는 음악이나 노래 등 예술적인 소질들 같은 것들이다. 그런 것들을 통해 기쁜 예배가 될 수 있을 것이다.

> 당신이 직업적으로 발전시켰던 어떤 능력들은 당신의 교회에서도 필요한 것이다.

마찬가지로 양자택일 이상의 것들이 다른 영역들에서도 가능하다. 어떤 사람들은 몸매를 유지하기 위해 자전거를 타거나 인라인 스케이트를 탄다. 다른 사람들은 헬스클럽을 찾는다. 내게는 달리기가 정신적 신체적 균형을 위해 중요하다. 나는 주중에 3-4번 달린다. 아내와 함께 달릴 때는 방해받지 않고 둘만의 이야기 시간을 가질 수 있다. 때로는 혼자 숲을 지나 멀리까지 달리면서 기도도 하고 자연도 즐긴다. 어떤 때는 친구와 함께 달리면서 서로의 안부도 묻고 함께 책임을 맡고 있는 교회에 관해서도 이야기를 나눈다. 다른 사람들은 자전거를 탄 자녀들과 달리기에 동행하기도 한다. 달리는 동안 문제가 해결되거나 창의적인 생각이 일어날 때가 아주 많다. 나의 직업에서는 이렇게 떠오르는 생각들이 아주 중요한데 책상에 앉아서 전화가 다시 울리기를 기다리고 있을 때(혹은 텔레비전 앞에서 퍼져 있을 때)에는 떠오르지 않을 때가 많다. 가장 좋은 나의 설교들이나 잡지에 기고한 글들, 또 이 책의 많은 부분이 우리 동네 뒤의 숲에서 생겨났다. 조깅을 시작한 이후 삼 년이 넘도록 병으로 결근하는 일이 없어졌다. 그리고 아내는 내가 더욱 매력적인 모습이 되었다고 한다.

코비는 이곳에서 시너지효과에 관해 말하는데 이것은 시간절약 이상의 것을 의미하고 있다.

> "주도성과 같은 원리-자신의 삶에 대한 책임을 지는 것-는 화가 난 고객이나 요구하는 상사 혹은 좌절한 동료를 대할 때의 태도에서와 마찬가지로 기분이 상한 배우자 혹은 반항적인 십대와의 관계에서도 많은 힘을 쏟는다. 감정이입, 즉 먼저 다른 사람을 이해하려고 하는 노력은 일하는 그룹에서든, 친구관계에서든, 가정이나 공익단체 안에서든 신뢰와 책임감을 만들어 낸다(Covey/Merrill/Merrill, 길, 110-111쪽)."

가정과 양육과정에서 발전하는, 전형적으로 '여성적인' 많은 덕목들이 직업 가운데에서도 점점 더 많이 요구되고 있다. 만약 우리 사회가 전체적으로 가사일의 참된 가치를 실제적으로 평가하고 보수를 지급하게 된다면, 그리고 그 일이 다른 일과는 무관한 것처럼 (전형적인 남성의 모습으로)행동하지 않는다면 더 나은 결과들을 가져올 수 있을 것이다.

마지막으로 또 중요한 과제는 우리 삶의 큰 변화들을 올바로 평가하는 것이다. 이 변화들은 항상 계획할 수 있는 것들이 아니며 때로는 우리가 아무것도 하지 않았을 때에도 발생할 수 있다. 하지만 우리는 최소한 무언가를 미리 생각할 수 있으며 반복을 피할 수 있다. 내가 살고 있는 도시에는 매년 약 10%의 인구이동이 있다. 이사는 친구나 지인들 사이에 평범한 일이며 우리 모두는 이미 실제적인 경험들을 많이 갖고 있다. 사람들에게 고통을 주는 스트레스 요소 목록에서 이사는 배우자 사망 다음의 위치를 차지한다-특히 전체 친구들의 영역을 떠나야 할 때. 비슷하게 큰 변화로는 직장을 옮기는 것, 결혼 또는 첫 아이의 출생이 있다. 나는 순진하게 너무 많은 변화의 부담을 떠안았다가 심각한 부부의 위기나 개인적인 위기를 당했던 많은 사람들을 경험했다. 그럴 때는 다음의 일을 꾀하기 전에 우선 변화를 기다려야 하는 것이 아닌지 묻는 방법이 아주 현명하다 할 것이다. 예기치 않은 변화들은 항상 존재한다. 그러나 이런 변화에 대해서도 자신의 삶을 전체로 보아야만 한다. 그렇지 않고 직업과 사생활이 나뉘어져 있다면 계속 수많은 난관을 피하기 어렵다.

우리 삶의 굵은 선들과 일상적인 작은 단계들을 우리 삶의 가치들과 소명에 부응하도록 정리하는 일에 성공하면 할수록 우리는 우리의 창조 임무에 더욱 더 부합하게, 즉 혼돈을 지배하게 될 것이다. 그리고 우리는 점점 더 우리 환경에 긍정적으로 영향을 줄 수 있게 될 것이다. 또한 하나님께서도 우리를 통하여 이를 이루고자 하신다.

ID # 절망적인 상황을 극복하는 법
(무력한 자들의 힘)

성경의 하나님은 정의가 관철되는 일에 굶주리고 목말라하는 사람들과의
협력 속에서 역사를 고안하신다.
Walter Wink

무언가를 움직이기에는 자신이 너무 작다고 생각하는 사람은
침실 안의 모기를 전혀 경험한 적이 없는 사람이다.
작자미상

우리가 그리스도인으로서 무엇을 할 수 있는가에 대한 질문에 많은 사람들은 체념적이고 비관적으로 답변한다. "당신이 내 동료들을 몰라서 그래요-그들은 믿음에 전혀 관심이 없다고요." 아니면 "우리 사장을 몰라서 그래요-제 말을 듣는 법이 없어요." 그리고 또 "우리 애들을 몰라서 그래요-어쨌든 자기들이 하고 싶은 대로 한다니까요. 할 수 없죠 뭐."
불가능만 있는 곳에선 더 이상 해결책들이 주어지지 않는다. 현실에

대해 절망적으로 반발하거나 쓰라린 실제를 부인하면서 달팽이의 껍질 속으로 물러나고 다른 모든 사람들을 비난하면서 자신의 비참함에 대한 책임을 전가하게 된다. 이런 전략들은 우리에게 그다지 도움이 되지 않고 오히려 우리 삶을 오염시키고 우리에게서 기쁨과 의미를 빼앗는다. 그렇다면 그에 대한 대안들은 무엇이 되어야 할까?

인지와 현실

위대한 물리학자인 앨버트 아인슈타인(Albert Einstein)과 베르너 하이젠베르크(Werner Heisenberg)는 지난 세기 이론과 현실에 관한 토론을 이끌었다. 아인슈타인은 어떤 이론도 이전에 관찰했던 사실들에만 기초하여 세워지지는 않는다는 입장을 대변하였다. "우선 이론이 무엇을 관찰할 수 있는지에 관하여 결정한다(Werner Heisenberg, 부분과 전체, 80쪽)."고 아인슈타인은 말한다. 그리고 그 말은 옳다. 우리의 상황에 적용해 보면 예를 들어 다음과 같은 것을 의미한다. 동료들이 변화할 수 없을 정도로 무관심하고, 사장은 무뚝뚝하고 아이들은 고집이 세다고 믿는 사람은 일반적으로 반대의 경험들도 할 수 없게 된다. 자신의 이론에 반대되는 모든 징조들은 그에 대한 어떤 사고가 생겨나기도 전에 이미 의식으로부터 걸러진다. 막혀버린 관계를 변화시키는 가능성들이 더 이상 우리 눈에 띄지 않는다.

우리 확신의 많은 부분은 진짜 경험에 기초해 있는 것처럼 보일 뿐이다. 고정관념들과 우리가 임의로 규정

> 고정관념들과 우리가 임의로 규정하는 것들은 우리의 평가기준일 때가 비일비재하다.

하는 것들은 우리의 평가기준일 때가 비일비재하다. 이런 사고방식은 어느 정도 필연적으로 아주 일정한 결과들을 얻게 한다.

> "우리는 우리가 살고 있는 세상 안에서 존재가치가 거의 없으며, 우리가 행위는 거의 아무 의미가 없고, 우리가 진짜 사랑하는 것은 도달할 수 없거나 확실하지 않다고 단정한다. 그래서 우리는 경솔하거나 절망하게 된다(Willard, Divine Conspiracy, 94쪽)."

그러나 다른 사고의 전제들을 갖는다면 전혀 다른 가능성들이 열릴 수 있다. 예수님은 이것을 제자들과 말씀을 듣기 원했던 모든 사람들에게 설명하려고 끊임없이 노력하셨다. 당시 유대인의 상황은 어두웠다. 정치적으로 그들은 세력의 주체가 아닌 로마제국의 속국이었다. 권력자들은 난폭했고 그들의 풍습은 악했지만 힘을 당해낼 수 없었다. 점차적으로 이 괴물은 유대인의 문화와 신앙을 약화시키고 그들의 정체성을 파괴해 갔을 것이다. 설상가상으로 세속화된 유대의 재력가들(사두개인들)은 그들과 결탁하였다. 다른 사람들(셀롯당)은 점령자들을 산발적으로 습격하기도 했지만 이것은 바늘로 찌르는 것과 같아 그 상황을 실제 변화시키지는 못하였다. 나머지 백성들은 이 무력한 상황을 어느 정도 침착하게 견디고 이 국면을 바꾸어줄 메시아를 기대하면서 생존하고 있었다. 그리고 당연히 힘과 권력을 가진 메시야를 기대했다.

이런 식으로 생각하는 것은 타락한 세상의 기본 형태이다. 세상을 승리자와 패배자로 나누고 그 다음은 자신을 실패자로 분류하거나 생존을 위한 투쟁을 생각한다. 오늘날 세계화가 진행되면서 자본주의적 시장은 삶의 포괄적인 메타포가 되었다. 시장은 실수를 용서하지 않는다. 또 이

등을 인정하지도 않는다. 공시될 때에는 단지 최고의 제공만이 선택되며 나머지는 빈손으로 돌아간다. 큰 자들은 자신들이 둔해져서 스스로 다시 붕괴할 때까지 작은 자들을 삼킨다. 나는 이러한 상어들이 득실거리는 수조 안에서 끊임없는 근심과 불안 가운데 살고 있다. 자극을 받으면 나는 고발과 비난 혹은 공포로 반응한다. 하나님이 존재하신다면 그분은 멀리 있고 무관심하시다고 생각한다.

우리가 누구인지 알기

이러한 상황을 향하여 예수님은 다음과 같은 말씀을 하신다.

> "너희는 세상의 소금이니 소금이 만일 그 맛을 잃으면 무엇으로 짜게 하리요 후에는 아무 쓸데없어 다만 밖에 버리워 사람에게 밟힐 뿐이니라. 너희는 세상의 빛이라 산 위에 있는 동네가 숨기우지 못할 것이요 (마5:13-14)."

> 예수님은 세상을 다른 눈으로 보셨다. 세상은 사람들이 싸우고 경쟁하면서 자신의 생존을 확고하게 만드는 장소가 아니라 가능성과 방법들을 무한히 보유하고 계신 부유하신 사랑의 하나님이 주관하고 계신 곳이다.

예수님은 우리가 우리 스스로에 대해 갖고 있는 표상에 다음과 같은 내용을 덧붙이신다. 우리 삶의 메타포는 시장이 아니라 영원한 집으로 돌아가는 여정이며 축제이다. 우리는 신비한 천국에 가기까지 타국에서 추위 속에 겨울을 나기 위해 존재하는 것이 아니다. 예수님은 자신의 인격 안에서 천국이 땅에 임하였다고 확신하셨다. 예수님은 세상을 다른 눈으로 보셨다. 세상은 사람들이 싸우고 경쟁하면서 자신의 생존을 확고하게 만드는 장소가 아니라 가능성과 방법들을 무한히 보유하고 계신 부유하신 사랑의 하나님이 주관하고 계신 곳이다. 예수님은 종교 지도자들이나 정치적 권력자들과 자신을 비교하거나 경쟁하지 않으셨다. 예수님은 그들의 비판이나 협박에 동요하지 않으셨다. 사람들의 잘못을 분명하게 지적하여 그들이 자책하도록 하시는 대신 죄를 용서해 주셨다 -심지어 청하지 않았을 때에도 용서해 주셨다. 그렇게 하심으로 예수님은 하나님이 멀리 계시거나 무관심하지 않으시며 인간의 내면에만 제한된 존재가 아니라 적극적으로 우리 편이 되어 주시며 모든 면에서 우리를 둘러싸고 있는 공기보다도 더 가까이 계심을 계시하셨다.

그러나 이 천국의 침공은 예수님께만 제한되어서는 안 된다. 이 침공은 예수님의 제자들을 통해 확장된다. 그리고 제자들과 함께 영향력을 행사하는 예수님의 방식도 확장된다. 이 영향력은 교활한 행동계획으로부터 나오는 것이 아니라 우리의 존재로부터 나오는 것이다. 달라스 윌라드(Dallas Willard)는 이를 다음과 같이 설명한다.

> "위로부터 태어난다는 것은 인류의 생활의 중심이 되고 있는 모든 일들의 한 가운데서 역동적이고 눈에 보이지 않는 하나님의 임재방식과 상호적인 관계에 있다는 것을 -인류가 이를 알고 있든 알지 못하든-의미한다(Willard, Divine Conspiracy, 16쪽).

그러나 내가 이 눈에 보이지 않는 실재를 알고 있다면 내게는 전혀 다른 가능성들이 열리게 된다. 하나님과의 교제가 친밀하면 할수록 우리는 더욱 더 하나님의 보이지 않는 실재를 볼 수 있고 사용할 수 있다. 예를 들면 이것은 기도에서 시작된다. 월터 윙크(Walter Wink)는 중보 기도를 다음과 같이 칭한다.

"중보기도는 하나님께서 약속하신 자의 이름으로 눈에 보이는 상황을 영적으로 가볍게 보는 행위이다. 중보기도는 우리와 대립하는 세력들의 힘을 통해 우리에게 운명처럼 보이는 것에 대한 미래의 희망적인 상을 만들어 준다. 중보기도는 아직 생성되지 않은 시대의 공기가 현재의 숨막히는 대기 안으로 들어오게 해 준다. 부당하게 평화조약을 체결했던 사람, 불평등으로부터 경제적 이득을 얻는 사람은 아마 이 중보 기도자들에 속하지 않을 것이다(Wink, Engaging he Powers, 298쪽)."

기도 가운데 하나님과 인간이 영향을 주고받을 때, 마침내 진짜 변화를 위한 여지가 생겨난다.

초대교회는 질병에 대한 이론을 만들려 하지 않았다. 그 대신 초대교회는 병자들을 치유했다.

"초대교회는 질병에 대한 이론을 만들려 하지 않았다. 그 대신 초대교회는 병자들을 치유했다. 초대교회는 어떻게 귀신의 세력이 선하신 하나님에 의해 창조된 이 선한 세상에 존재할 수 있었는지 설명하는 기관들을 세우지 않았다. 대신 초대교회는 귀신들을 내쫓았다. 초대교회는 기도가 어떻게 작동하는지에 관한 가설을 갖고 있지 않았다. 초대교회는 그냥 기도했다(Wink, Engaging the Powers, 316쪽)."

그리고 초대교회의 모범은 당연히 예수님 자신이었다. 영향력을 행사하는 예수님의 방식은 전혀 다른 것이다. 예수님은 권세욕, 시기와 경쟁으로부터 자유로우셨기 때문에 다른 사람들을 수용하셨을 뿐만 아니라 자발적으로 다른 사람들의 죄와 수치까지도 스스로 담당하셨다. 이런 사람이 뜻밖의 놀라운 해결책을 알려줄 수 있다는 것은 이상한 일이 아니다. 그러나 이것은 그가 누구였는가, 즉 그가 하나님과 하나님의 새로운 세상의 대표라는 것과 관련이 있다.

이미 모든 것이 준비되었다!

소금과 빛은 방 안에 있는 음식이나 물건들에 아무것도 덧붙이지 않지만 그럼에도 이 두 가지는 많은 효과를 나타낸다. 소금은 (적당한 양을 넣었을 때) 맛을 내며 빛은 색깔들이 선명하게 드러나도록 해주고 방향을 알 수 있게 한다. 하나님은 하나님의 창조세계를 조화롭게 만드셨다. 그러나 우리의 눈은 하나님의 창조성과 부유함에 대해 감기어져 있을 때가 많다. 그렇지만 우리가 구습을 좇는 것을 버릴 때 서서히 그러나 분명히, 수많은 가능성들이 열린다. 우리는 하나님께서 모든 것들 안에 두시고 감추어 놓으신 선을 단번에 깨달을 수 있으며 끌어낼 수 있다. 그러니까 우선 중요한 것

> 우리는 하나님께서 모든 것들 안에 두시고 감추어 놓으신 선을 단번에 깨달을 수 있으며 끌어낼 수 있다.

은 일이나 사람 '자체'를 변화시키는 것이 아니라 그들과 우리들의 관계를 변화시키는 것이다. 만약 내가 어떤 사람을 용서한다면 그 용서가 그에 대한 나의 관계를 변화시킨다. 물론 그것이 다른 사람에게 반향을 불러일으킬 수는 있지만 거기에서 시작되는 것이 아니다. 다른 사람이 나

에게 상처나 모욕을 줄 수 있는가를 결정하는 것은 나의 태도이다. 우리가 임의적으로 내리는 가치판단의 많은 부분은 강제적인 것이 아니다. 지휘자인 벤 잔더(Ben Zander)는 그의 책 '가능성의 기술 The Art of Possibility'(Rosamund Stone Zander/Ben Zander, The Art Of Possibility. Transforming Professional And Personal Life)에서 그가 모든 학생들에게 학기말에 A를 주기로 약속했을 때 학생들에게서 전혀 다른 모습을 경험할 수 있었던 일을 묘사하고 있다. 그 약속의 유일한 조건은 각자가 자신이 이 과정의 끝에 어떤 사람이 되기를 원하는가를 표현한 편지를 쓰는 것이었다. 편지를 쓴 다음부터 잔더는 더 이상 모든 부족한 점들을 지니고 자신 앞에 앉아 있는 학생들이 아닌 그가 편지 가운데 읽었던 인격체들을 가르쳤다고 단언한다. 나쁜 점수에 대한 두려움은 많은 사람들이 이러한 인격체가 되는 것을 가로막았다. (성경적으로 말하자면) 은혜가 작동했던 그 순간에 교수와 학생들 간의 관계가 변화하였을 뿐 아니라 자기 자신에 대한 학생들의 관계도 변화되었다. 갑자기 더 많은 것들이 가능하게 되었다. 그는 강요하지 않고도 학생들로부터 최선의 것을 -인간으로서 또 음악가로서-끌어낼 수 있었다. 학생들은 갑자기 더 이상 경쟁하지 않으며 각자는 그가 없이는 완전할 수 없을 전체를 위해 무언가를 기여한다. 하나님은 그리스도 안에서 규칙들을 바꾸셨다-하나님은 우리에게 A를 주신다. 우리는 더 이상 실패할 수 없으며 하나님의 눈에는 이미 우리가 그런 존재이며 그런 존재로 우리에게 말씀하시고 우리를 다루시는 바로 그 사람들이 되기 위해 이제 모든 힘을 쏟을 수 있다. 바울은 이것을 로마서 8장 2절에

하나님은 그리스도 안에서 규칙들을 바꾸셨다

서 말하고 있다. "이는 그리스도 예수 안에 있는 생명의 성령의 법이 죄와 사망의 법에서 너를 해방하였음이라(롬8:2)." 옛 언약의 법은 판단하는 바가 정당하긴 하지만 문제를 해결하지는 못하며 더욱 더 첨예화시킬 뿐이다. 그러므로 하나님께서는 규칙들을 변경하셨다. 하나님의 목적은 잔더 교수의 '목적에 변함이 없었던 것'처럼 여전히 동일하다. 그러나 하나님은 외부에서 우리를 몰아가시는 대신 내면으로부터 우리를 이끄신다 -이것은 하늘과 땅 같은 차이이다.

벤 잔더는 또 다른 이야기를 들려준다. 한 여교사의 학급에 백혈병을 앓고 있는 소녀가 있었다. 화학요법으로 치료를 받은 후 이 여학생의 머리카락은 다 빠져버려 학교에 다시 등교했을 때에는 가발을 쓰고 있었다. 놀이 중 다툼이 생기면서 가발이 벗겨졌고 다른 아이들은 웃음을 터뜨렸다. 이 작은 소녀는 깊이 상처를 받았고 학교에 가기를 완강하게 거부했다. 여교사는 부모와 면담을 했고 마침내 소녀가 다시 학교에 나오도록 설득했다. 다음날 아침 이 여교사가 교실에 들어섰을 때 학생들은 이미 자리에 앉아 있었다. 여교사는 외투를 벗고 머릿수건도 벗었다. 그러자 빡빡 깎은 머리가 드러났고 아이들은 놀라움에 빠졌다. 물론 열렬히 환영한 한 사람이 있었다. 그 아픈 소녀는 더 이상 혼자가 아니었던 것이다. 그리고 다음번에는 여러 아이들이 빡빡머리로 등교하였다. 문제는 해결되었다. 여교사는 회피하지 않았다. 그러나 학급에 어떠한 압력도 행사하지 않았고 아이들을 비난하지도 않았다. 아마도 그녀는 이 작전이 성공하지 않을 수도 있다고 생각했을 것이다. 그럼에도

하나님은 우리가 엉클어지고 불의하며 첫 눈에 보기에는 가망이 없는, 너무 무력하게 느껴져 도망가고만 싶거나 미친 듯이 마구 부수고 싶은 상황들 속에 처하도록 허락하신다.

불구하고 그녀는 학생들 간의 평화를 위해 많은 것을 희생했다. 은혜의 법은 이렇게 작용하며 내면으로부터 나와 변화시킨다.

하나님의 존재를 반영하기

그러므로 소금과 빛이 되는 것은 우리가 부응해야만 하는 추가적인 요구가 아니라 우리에게 열려 있는 가능성이다. 이 가능성은 이미 말했듯이 기도 가운데, 하나님의 영과의 교제 가운데 그리고 우리와 관계를 맺고 있는 사람들을 위한 중보기도 가운데 시작된다. 하나님은 우리가 엉클어지고 불의하며 첫 눈에 보기에는 가망이 없는, 너무 무력하게 느껴져 도망가고만 싶거나 미친 듯이 마구 부수고 싶은 상황들 속에 처하도록 허락하신다. 오해가 없기 위하여 부언하는데 물론 우리는 우리의 인권과 시민권을 의지할 수 있다. 우리는 이 권리들을 위해-사도행전에서 바울이 그랬던 것처럼-고소할 수도 있다. 예수님께서 마태복음 5장 38-41절에서 법적으로는 아무것도 할 수 없는 상황에서 자신의 권리들을 포기하라고 말씀하시는 것이 아니다. 이 상황들이란 어떤 권력자가 자기 수하에 있는 사람을 무시하면서 때릴 때, (가난한) 채무자가 (부유한) 채권자에게 재산을 압류당할 때 그리고 마지막으로 가장 논란의 소지가 있는 로마 병사가 자신의 짐을 들라고 유대 시민에게 강요할 때이다. 항상 예수님은 힘이 없고 지배 받는 사람들에게 말씀하신다. 예수님의 원리는 모든 폭력적인 저항을 피하라는 것이다. 왜냐하면 우위에 있는 상대는 그 안에서 더욱더 심하게 되받아 칠 정당성을 발견하기 때문이다.

그러나 예수님은 절대 후퇴나 절대 복종을 말씀하신 것이 아니다. 특히 오른 뺨을 때리거든 왼 뺨도 돌려 대라는 권면은 너무 자주 이렇게 이해된다. 여기에서 이야기되는 것은 구타가 아닌 전혀 다른 내용이다. 오른손 등(상대편의 오른뺨에 닿는)으로 때리는 것은 멸시의 제스처이다. 주인들은 노예들에게 이렇게 행했으며 남자들은 여자들에게(오늘날에는 다행이도 재판감이다) 이렇게 행했다. 상대방은 인간 이하로 격하되었다. 맞은 사람이 왼뺨을 돌려 대면 다시 때릴 때에는 손바닥이 닿았을 것이고 그럼으로써 자신의 좀 전의 진술을 실제적으로 철회했을 것이다. 예기치 못했던 반응은 그를 무장해제 시키거나 당황하게 만들었을 가능성이 많다. '희생자'는 자신의 희생자 역할을 그만 둔다. 그는 이런 제스처를 통해 "나도 당신처럼 인간이다"라고 말하며 머리를 쳐들고 멸시의 장소를 떠날 수 있다.

두 번째 경우에서 예수님은 많은 유대인들이 처하게 되는 상황을 암시하신다. 로마인들은 자신들의 건축프로젝트와 군비확충을 위해 부자들로부터 세금을 징수했다. 부자들은 자신들의 현금으로 땅을 사서 초기형태의 조세회피를 시작하게 된다. 소유하고 있는 땅을 파는 것은 유대인들에게 금지되어 있었다. 팔 수 있는 경우는 심하게 빚을 졌을 때이다. 조세부담과 부자들의 고리대금업은 결국 예수님 당시 갈릴리의 넓은 땅이 대지주에게 넘어가도록 만들었다. 농부들은 성경적으로 볼 때 땅과 함께 그들의 가시적인 하나님의 언약의 부분을 잃어 버렸다. 이제 이렇게 가난한 자가 법적으로 이길 가망이 전혀 없이 재판정에서 자신의 속옷을 벗고 기소자의 발 앞에 엎드리게 되면 갑자기 이 사람에겐 소송이 굴욕이 된다. 유대인의 법은 가난한 자에게서 속옷을 취하는 것을 금지하고 있었다. 부자는 갑자기 공적인 자리에서 악당이 된 것이다. 비록 해당 법들은 그에게 유리하지만 그 순간의 곤혹스러움은 바라건대 오래 지속될 것이다.

세 번째 경우는 가장 흥미로운 경우이다. 로마의 군대들은 갈릴리와 같은 점령지에서 몹시 미움을 받았다. 군인들은 자주 지나가는 행인들에게 무기를 빼고도 40Kg나 나가는 자신들의 무거운 짐을 대신 지라고 강요하였다. 장교들은 백성들 사이에서 불필요한 적개심을 더하지 않기 위해 이러한 악습을 때때로 엄벌에 처했다. 그러므로 유대 시민이 짐을 더 멀리까지 들어주겠다고 친절하게 말하면 그 용병은 갈등에 빠지게 된다. 자신을 허약한 인간으로 간주해 조롱하겠다는 것인가? 아니면 더 나쁘게 대장에게 자신을 고발하고 그가 당했던 일들을 불평함으로 벌을 받도록 하려는 것인가? 듣는 무리들의 상상 속에서 로마인은 유대인에게 자신의 짐을 다시 돌려달라고 애걸하나 유대인은 그 무거운 짐을 기쁘게 더 나르는 기괴한 상황이 연출된다. 이 예나 다른 예들에서 (이것은 예들일 뿐 규정이 아니다!) 예수님은 자신의 억압받는 동포들에게 이 세상의 강자와 부자들에게 품위 없이 굴복하든지 -흔히 일어나는 일이듯- 희생자가 스스로 가해자가 되는 방식인 증오에 찬 반격을 가하는 양자택일의 경우인 것만 같아 보이는 상황에서 주도권을 되찾는 한 길을 제시하신다. 이렇게 희망을 주고 모든 인간적인 무력함 가운데 참된 위대함을 나타내는 도덕적 승리가 이루어진다.

물론 이로부터 방법들을 만들 수는 없다. 그러나 이러한 예기치 않은, 창의적인 답변들의 열쇠는 바로 당사자인 내가 나를 억압하는 자에 대한 나의 관계를 변화시키는 데 있다. 이것은 전체적인 역할분담을 흔들리게 하고 지금까지의 힘의 균등을 깨뜨린다. 전 세계의 인권운동가와 시민운동가들은 이 성

이러한 예기치 않은, 창의적인 답변들의 열쇠는 바로 당사자인 내가 나를 억압하는 자에 대한 나의 관계를 변화시키는 데 있다.

경적 전략을 성공적으로 자신의 것으로 만든 경우가 많다. 무엇인가가 움직이기 시작한다 -더 나아가 지속적으로 무엇인가가 변하기도 할 것이다. 우리가 경험할 수 있고 도달할 수 있는 선하신 하나님의 선한 세상 속에 우리가 살고 있다는 것을 확신한다면, 우리가 우리를 그분의 친구와 파트너로 보는 법을 배운다면 이러한 변화는 가능할 것이다. 변화는 용서와 중보기도 속에 계속되며 돌파구가 없는 것 같아 보이는 상황들을 하나님이 개입하시도록 열어 준다. 아주 빈번히 하나님은, 예를 들어 한 친구가 이야기 해 준 다음의 실제 이야기에서와 같이 우리들을 통해서도 개입하신다.

토니는 한 실험실의 직원이었는데 지배적이고 변덕스러운 상사 때문에 괴로움을 겪었다. 정기적으로 그 상사는 연구실에 들렀다. 모든 직원들은 그가 화풀이할 누군가를 찾기 위해 순찰에 나선다는 것을 이미 알고 있었다. 그에게 걸린 운이 나쁜 사람은 특히 다른 모든 사람들 앞에서 욕설을 들어야 했다. 때로는 그 대상이 그가 자신의 우월감을 과시할 여러 명이 되기도 했다. 더욱이 이 과정을 불쾌하게 만드는 것은 그에게는 친밀함이나 간격에 대해 눈곱만큼의 감각도 없다는 것이었다. 이것은 그가 자신의 장광설을 늘어놓기 시작할 때 상대방의 얼굴에 자신의 코를 들이대는 것으로도 알 수 있다. 그것은 마치 상대방에게서 숨 쉴 공기와 피할 여지를 박탈하려는 것 같았다. 토니를 포함하여 대부분의 직원들에게 이것은 최대의 악몽이었다. 토니는 다른 그리스도인들과 함께 이 장에서 묘사한 것과 아주 비슷한 주제들에 관하여 숙고하고 토론했던 주말을 지내고 막 돌아온 참이었다. 토니는 월요일 아침에 일의 시작과 함께 주말의 좋은 기분이 단번에 끝나버릴 수 있지 않을까 두려웠다.

그리고 올 것이 왔다. 토니가 실험실의 자기 자리에 있은 지 얼마 되지 않아 상사가 들어 왔다. 상사는 순찰을 하면서 점점 더 토니에게 가까이 왔다. 마침내 그는 또 그 습관적인 의식을 행하기 위해 토니 앞에 우뚝 섰다. 그는 크게 숨을 들이 쉰 후 코끝을 세우고는 위협적으로 토니에게 다가왔다. 이 순간 예기치 못한 일이 발생했다. 토니는 이 기회를 포착했고 -그가 양 손으로 상사의 머리를 잡았다는 편이 더 낫겠다- 그의 입술 중앙에 진한 키스를 했다! 한순간 실험실 안에는 고요가 흘렀다. 아무도 움직이지 않았다. 상사는 너무 당황한 나머지 아무 소리도 내지 못했다. 그리고 갑자기 동료직원들의 엄청난 박수갈채가 터져 나왔다. 얼마 후 토니는 사표를 내고 새로운 직장을 구했다.

이 날 이 실험실에는 한 조각의 천국이 임했다. 빛이 비추었고, 모든 어두움이 물러났으며 색채들이 선명하게 나타났다. 어떻게 하나님께서 무력한 자들을 통해 자신의 통치를 이루시는지 맛볼 수 있었다. 우리 세상은 우리가 어떻게 세상을 보는 법을 배웠느냐와 같은 것이다. 세상을 예수님의 눈으로 보는 법을 배우고 그에 따라 행동하는 데는 용기와 극복과 판타지가 요구된다. 하지만 가치가 있지 않은가?

난처해하지 않고 예수님에 관하여 이야기 할 수 있는가?
(잘 맞는 신발)

> 많은 운전자가 자신도 모르는 사이 길을 잃는다-하지만
> 그의 부인이 모르게 길을 잃는 경우는 드물다.
> Dallas Willard

> 좋은 소식을 가져오며 평화를 공포하며 복된 좋은 소식을 가져오며 구원을
> 공포하며 시온을 향하여 이르기를 네 하나님이 통치하신다 하는 자의
> 산을 넘는 발이 어찌 그리 아름다운고.
> 이사야52:7

2003년 5월 1일, 우리는 스위스의 프랑켄 지방에서 산행을 마치고 햇빛이 비치는 풀밭 위에서 피크닉을 즐기고 있었다. 우리 큰 애들은 어린 조카들과 이야기를 나누고 있었고 다른 두 작은 아들은 약 100미터 정도 떨어진 곳의 바위 위를 기어 다니고 있었다. 나는 산을 오르는 일로 피곤하여 커피를 마시고 있었다. 우리는 올라오던 길로 되돌아간 친구들

을 기다리고 있었다. 저녁시간이 가까워오는데 아들 녀석 중 한 명이 한참 보이지 않아 나는 점점 불안해지기 시작했다. 마침내 나는 아이를 찾으려고 일어섰다. 나는 그 바위로 가서 바위 주위를 양 방향으로 돌았다. 아무것도 없었다. 나는 올라갔다 내려왔다 하며 모든 틈새와 구멍들을 살폈다. 그리고 그 사이 혹시 아이가 돌아왔나 하여 가족들이 기다리는 곳으로 돌아갔지만 아이는 없었다. 나는 가까운 산장의 산지기에게 물어보았으나 허사였다. 다른 등산객들이 내가 안절부절 못하는 것을 보고 함께 찾아주겠다고 하였다. 우리는 조를 짜고 휴대폰번호를 교환한 뒤 여러 방향으로 나뉘어 이름을 부르며 산속으로 들어갔다. 15분이 지나서도 아무것도 발견되지 않았다. 이미 함께 수색에 동참해 있던 산지기는 산 아래 동료들에게 구조요청을 보냈다. 그러는 사이 나는 산길의 다른 끝까지 내려가면서 만나는 사람마다 금발의 9살짜리 소년을 보지 못했느냐고 물었다. 내 머릿속엔 여러 가지 장면이 떠오르기 시작했다. 아이가 공포에 떨며 방향을 잃고 산 속을 헤매고 있는 것은 아닐까? 바위 밑에 의식을 잃고 쓰러져 있는 것은 아닐까? 사냥개를 풀든지 적외선카메라가 있는 헬리콥터를 불러야하지 않을까? 아내는 지금 어떤 심경일까? 통신 불능 지역이라 전화를 할 수가 없었다. 장면들은 더욱 극적으로 변했다. 아이가 어떤 범죄자들을 만나 납치된 것인가? 자동차로 한 시간 거리에 있는 체코국경을 봉쇄해야만 하지 않을까? 이런 생각을 하며 길을 돌아오고 있었다. 산장에서 몇 백 미터 떨어진 곳에서 마주 오고 있는 처남을 만났다. 좋은 소식이었다. 아들은 실제로 이 좁은 지역에서 길을 잃어 몇 킬로미터 떨어진 곳에서 산책을 하던 사람들에게 발견되었다고 하였다. 수색은 종료되었다. 우리는 다시 아이들을 하나도 빠뜨리지 않고 모아 자동차로 돌아갈 수 있었다. 내가 다시 안정을 찾기까지는 꽤 시간이 걸렸다. 아이를 잃어버린 많은 부모들은 단지 몇 시간만 두려워했던 우리들 같은 그런 행운을 갖지 못했다.

일은 일이고 술은 술이다 …

당신은 가끔씩 하나님께 안부를 묻는가? 좋은 친구 사이라면 이런 형태의 서로간의 관심은 아주 자연스러운 것이다. 그러나 많은 그리스도인들은 하나님께는 이러한 질문을 드리지 않는다. 왜일까? 왜냐하면 우리가 그 대답을 이미 알고 있다고 생각하기 때문이 아닐까? 왜냐하면 하나님께서 또 우리에게 요구할지도 모르는 모든 것들을 전혀 듣고 싶지 않기 때문이 아닐까? 왜냐하면 하나님과 우리는 아주 격이 다르기 때문에 우리가 노력할지라도 하나님을 이해하지는 못할 것이라 생각하기 때문이 아닐까? 하나님은 성경 안에서 우리가 하나님의 생각과 하나님의 감정 상태를 아주 풍성하게 통찰할 수 있도록 하셨다. 아주 많은 일들이 하나님께 기쁨을 드린다. 우리가 사랑하거나 선을 행할 때 혹은 정의를 실천할 때, 무언가 아름다운 것을 만들거나 보전할 때, 하나님께 감사하거나 하나님을 영화롭게 할 때 기뻐하신다. 이 모든 일들 보다 뛰어나게 기뻐하시는 것이 있다. 바로 하나님을 떠났던 사람이 하나님과 다시 연락을 취하고 하늘의 아버지와 화목하게 되는 것이다. 동시에 하나님을 슬프게 하거나 분노를 일으키게 하는 많은 일들이 있다. 그리고 이러한 일들 중에서도 특히 한 가지 일이 두드러지는데 어떤 사람이 하나님을 세상의 주로서 그리고 특히 자신의 생명의 주로 인정하지 않기 때문에 하나님과의 관계를 끊는 것이다. 그럴 때 하나님의 가슴은 찢어진다. 우리와는 다르게 하나님은 무디어지지 않으신다. 그 고통은 그 단절이 극복될 때까지 지속된다. 십자가에서의 그리스도의 고난은 인간적인 자유의지의 투영일 뿐 아니라 아버지이신 하나님과 성령께서 오늘날까지 당하시는 고통의 상(像)이기도 하다. 그러므로 예수님께서 그렇게 극단적인 길을 가셨던 것이다. 예수님은 하나님의 고통을 계시하시고, 문명화된 사람들의 마음속에서도 아주 제거되지 않은 끝없이 깊은 증오와 잔인함을 드러내시며, 새로운 시작을 위한 자리를 마련하기 위해 친히 거절당하시고 스스로를 죽음에 내맡기심으로 그 심연 위에 다리를 놓으신다.

많은 그리스도인들이 '일은 일이고 술은 술이다(일과 사생활은 별개다-역자 주)'라는 모토에 따라 살아가며 그들의 동료와 상사, 사업파트너와 고객에게 복음을 접하게 하는가라는 문제에 관하여는 '그것은 나의 일이 아니다!'라고 말한다. 그들에게 일은 그 자체로도 충분히 힘든 것이다. 이 사람들 중 많은 사람들은 그들의 일이나 삶을 잘 운영하지 못한다는 인상을 전혀 주지 않는다. 그들 중 다수는 지적이며 자기 확신이나 힘에서 아주 뛰어나기까지 하다. 느낌으로 본다면 내 스스로가 더 위기에 처해 있으며 동료들에게 그리스도인임을 공개하고 나의 신앙을 옹호할 때 아웃사이더가 될 위협을 더 느낀다. 이러한 위험은 직업에서 분명 더 크다-직장동료들은 대부분 우리가 모든 것을 능수능란하게 다루거나 올바로 행할 때가 아닌 우리의 한계에 도달하는 상황들 속에서도 우리를 경험하기 때문이다. 그들과의 교제에서의 어리석은 일들은 우리가 뒤치다꺼리를 -때로는 수년 동안이나-하게 된다. 그리고 더 좋은 자리를 얻기 위한 드러나거나 숨겨

그리고 더 좋은 자리를 얻기 위한 드러나거나 숨겨진 경쟁 가운데서는 개인적인 신앙고백이 약점으로 해석되거나 그 사람 자신을 해할 수 있는 무기로 사용되지 않으리라고는 결코 확신할 수 없다.

진 경쟁 가운데서는 개인적인 신앙고백이 약점으로 해석되거나 그 사람 자신을 해할 수 있는 무기로 사용되지 않으리라고는 결코 확신할 수 없다. 이 게임에는 몇 몇 변수가 작용하는 것이다.

무관심: 절뚝거리는 무리들?

여러분이 다음 장으로 책장을 넘기기 전에 이곳에서 너무 긴장할 필요는 없다. 지금 맹목적으로 선교의 적극성을 가지라고 호소하고 있는 것이 아니다. 그럼에도 불구하고 아들을 잃어버렸던 경험은 나의 영적인 삶에 관해 하나님과 주위 사람들에 대해 이렇게 무관심할 수 없다는 것을 아주 극적으로 기억나게 했다. 무관심은 그리스도인들 사이에서 그것이 얼마나 확산력이 있으며 우리를 마비시키는가 하는 문제가 더 이상 눈에 뜨이지 않을 정도로 그렇게 만연되어 있고 잘 위장되어 있다. 바울은 에베소서 6장 15절에서 복음을 위해 전력투구할 준비가 되어 있는 것을 전투자의 신발로 표현하고 있다("평안의 복음의 예비한 것으로 신을 신고"). 어떤 사람들은 방패, 투구 혹은 검과 비교할 때 신발이 대체 뭐냐고 생각할지도 모르겠다. 그러나 그 장면을 다시 한 번 그려보자. 어떤 사람이 맨발로 고대의 전쟁터로 가고 있다. 얼마나 불리한 조건인가! 그는 돌멩이나 부러진 화살촉을 밟지 않으려고 필요 이상으로 자주 아래를 내려다보게 될 것이다. 그러면서 그 사람은 자기에게 화살이 날라 오는 것이나 내리치는 공격을 자칫 못 볼 수도 있다. 아니면 발에 상처를 입고 행동에 제약을 받아 동료들의 대열에서 뒤처져 홀로 절뚝거리며 남겨질 지도 모른다. 이 전쟁터에서 무사히 살아남으리라 기대하기도 어렵다. 큰 승리들을 거두는 것은 말할 것도 없이 더 이상 불가능하다.

> 우리는 하나님의 마음과 접촉이 끊이지 않도록, 그리고 이 세상의 구원 없음을 '정상적인' 것으로 그리고 '변화시킬 수 없는' 것으로 간주하거나 '그 사람들 탓'이라며 뒤로 물러서지 않기 위해서 고군분투 해야만 한다.

마찬가지로 우리는 이러한 끊임없는 영적 싸움 가운데 있기 때문에 세상 사람들에게까지 사랑이 미치기 어렵다. 우리는 하나님의 마음과 접촉이 끊이지 않도록, 그리고 이 세상의 구원 없음을 '정상적인' 것으로 그리고 '변화시킬 수 없는' 것으로 간주하거나 '그 사람들 탓'이라며 뒤로 물러서지 않기 위해서 고군분투 해야만 한다. 유용식물과 관상식물들은 정원에서 잡초만큼 스스로 자라지 않는다. 내 마음도 이와 마찬가지이다. 그러므로 만약 내가 무관심을 더 이상 적극적으로 대처해야만 하는 문제로 보지 않고 언젠가는 어떻게든 저절로 바뀔 것이라는 무질서한 희망 속으로 피해버린다면 이것은 나의 영적인 상태에 대한 심각한 위험신호이다. 무관심은 조만간 숙명론이나 독선으로 변질될 것이다. 우리는 무언가를 선한 쪽으로 움직이거나 변화시키려 하기보다 자신의 모습을 정당화한다. 우리는 폭발적이며 변화를 주는 복음의 능력을 보는 시각을 잃어버리며 하나님 앞에서의 우리 자신의 부족함을 망각한다. 그렇게 우리는 하나님 보시기에 요나 선지자나 '돌아온 탕자'의 맏아들과 같은 비극적 인물들이 된다. 예수님께서 누가복음 15장에서 이러한 실태를 동시에 세 가지 비유로 포장하신 것은 우연이 아니다. 예수님은 이 점에서 과장이란 있을 수 없다는 것을 알고 계셨다. 그렇지 않다면 그리스도인들은 당시 하나님과 멀었던 이방인들에 대해 무관심했던, 심지어 적대적이기까지 했던 이스라엘과 마찬가지로 하나님께는 잃어버린바 될 것이다. 만약 우리가 구원을 단지 개인적인 것으로만 가지려한다면 우리는 그것이 얼마나 가치 있는 것인가에 대한 인식을 잃어버린다. 이것은 믿음이 대부분 민망한 사적인 일로 취급되며 금기시 되는 사회 환경 안에서 간단하지가 않다. 그러나 이것은 기도 가운데 시작된다. 우선 우리는 하나님께 사람들에 관하여 이야기해야만 한다. 그런 다음 하나님에 관하여 사람들에게 이야기해야 한다. 우리는 기꺼이 그리고 자주 그리스도인들의 '만인 제사장직'에 관하여 이야기 한다. 그냥 한 번 제사장으로서 당신의 일터를 바라보라. 당신이 가장 자주 만나는 사람들의 이름을 종이에 적고 이 사

> 만약 우리가 구원을 단지 개인적인 것으로만 가지려한다면 우리는 그것이 얼마나 가치 있는 것인가에 대한 인식을 잃어버린다.

람들을 위해 규칙적으로 기도하기를 시작해 보라. 하나님께 용기를 내어 물어보라. 하나님께서 이 사람들에 대해 어떻게 느끼시는지, 당신이 어떻게 기도할 수 있을지. 그리고 몇 주 그리고 몇 달이 지나도 아무것도 변화되지 않는 것 같아 보일 때 낙심하지 말라.

이곳에서 누구에게 무엇이 부족한가?

다행히 기도는 사물에 대한 우리의 시각을 변화시킬 수 있다. 하나님의 눈으로 볼 수 있다는 것은 우리 세상에 대한, 하나님과의 사랑의 관계 속에 살고 있지 않는 각 사람에 대한 하나님의 고통에 우리가 참여한다는 것을 의미한다. 이것은 우리가 직장동료들이나 상사들을 예수님과의 살아 있는 관계없이는 '잃어버려진' 사람들로(그들이 이를 느끼든 느끼지 않던) 보는 것을 의미한다. 우리 아들도 한참동안은 자신이 길을 잃어버렸다는 것을 알지 못했다. 어떤 사람들은 그들이 어디에서 왔으며

어디로 가는지 전혀 말할 수 없다는 사실을, 그들의 삶에 명백한 연결점이 없다는 사실을 평생 동안 간과할 수도 있다. 그러나 그리스도인들조차도 너무 자주 잃어버린 자들과 명백한 곤경(즉 중독증세, 노숙자, 가난한 자, 이혼이나 실직과 같은 삶의 위기)에 처한 자들을 혼동했다. 곤경에 처한 사람들에겐 위험 없이 우월한 입장에서 복음을 전할 수 있었다. 물론 사람들은 위기 상황 속에서 옛 신념이나 선입견들을 의문시 하거나 하나님과 다른 사람들에게 자신이 종속되어 있음을 시인할 준비가 더 잘 되어있는 경우가 많다. 그러나 우리가 스스로를 빛을 발하는 영웅으로 느끼지 않을 때에라도 우리는 말할 것과 주어야 할 무엇인가를 갖고 있다. 이것은 적어도 내게는 일반적인 상태이다.

최근 나는 헬스장에서 깜박 잊고 운동화를 두고 왔다. 그 운동화는 괜찮은 상태임에도 다른 사람들에겐 별로 쓸모가 없었을 것이다. 그러나 내가 다음번에 그 운동화를 신으려 했을 때 나에게는 그 운동화가 아주 아쉬웠다. 이렇듯 바로 하나님이 무언가를 잃어버리신 분이며 그렇기 때문에 그렇게 찾으신다. 그리고 우리들에겐 이 일에 참여하는 것이 지극히 당연한 일일 것이다. 이런 의미에서 잃어버린 상태는 영국인인 로저 심프슨(Roger Simpson)의 다음 이야기가 보여주듯 많은 국면을 갖고 있다. "나는 약 일 년 동안 밴쿠버에 있었는데 그때 매우 성공적인 한 사업가가 내게 전화를 걸어 만날 수 있겠는지 물었다. 그는 내 친구들 중 한 명과 친한 사이었다. 그는 시내에 있는 한 레스토랑에서 점심식사에 나를 초대했다. 외적으로 볼 때 그는 정말 모든 것을 갖고 있었다. 그는 라트비아 출신의 키가 크고 금발인 아름다운 부인과 밴쿠버에 어마어마한 집을 갖고 있었다. 그가 스키를 타러 가는 아주 아름다운 스키 명소인 휘슬러(Whistler)엔 별장도 갖고 있었다. 또 이른바 걸프 아일랜드에도 거주지를 갖고 있었다. 그는 모든 것을 갖고 있었다. 그는 사업가로서 아마도 억만장자였을 것이며 밴쿠버의 가장 성공한 사람 중 한 사람이었다. 그는 나와 이야기를 시작했고 갑자기 아주 진지해졌다. 그는 말했다 '로저, 내 상태는 끔찍하네, 끔찍하게 비어있다네. 나를 도와줄 수 있겠나?' 나는 눈이 튀어나올 것 같이 놀랐다. 나는 생각했다. '당신이 비어있다고?'"

> 우리는 부유함 뒤에 있는 공허를 보지 못할 때가 너무도 많다.

우리의 물질주의적 문화는 우리가 인식하고 있는 것 보다 훨씬 심각하게 우리의 영적인 렌즈를 흐려놓는다. 우리는 부유함 뒤에 있는 공허를 보지 못할 때가 너무도 많다. 다음에 병원에 가거나 미장원에 갈 때 최근호 잡지를 처음부터 끝까지 읽어보고 그곳에서 나타나는 무미건조한 느낌을 주의하여 보라. 우리 사회는 기분풀이용 오락만을 제공할 뿐 더 이상 삶의 근본문제들에 대한 답변을 주지 못한다. 우리 사회는 이러한 침묵을 관용으로 위장한다. 모든 것이 상대적이다. 관찰자와 무관한 진리는 경제나 기술, 스포츠와 같은 거의 모든 삶의 영역에 존재하나 의미문제에서만은 그렇지 않다. 따라서 사람들은 (평화적이더라도 관계없이) 한 가지 진리를 믿는 모든 사람들을 의심하며 그들이 스스로 다른 생각을 갖고 있는 사람들을 몰아세우는 종교재판을 실시할 수 있기 위해 우리 세상을 암흑의 중세시대로 되돌려 놓으려 한다고 생각한다. 이러한 비방들이 공적으로 통용되도록 하는 무분별함은 곧 이곳에서 '믿음은 사적인 일이며 아주 은밀한 무엇, 타부'인 듯 치부되고 공개적으로 이에 관하여 말하는 사람

> 믿음은 사적인 일이며 아주 은밀한 무엇, 타부'인 듯 치부되고 공개적으로 이에 관하여 말하는 사람은 예의가 없는 사람으로 간주된다.

은 예의가 없는 사람으로 간주된다. 각자는 자신에게 맞는 진리를 찾을 수 있고 찾아야만 하나 신사처럼 그에 관하여 침묵해야 한다.

말하지 않는 것이 가능한가?

그러나 사람들의 영적인 굶주림은 증가하고 있다. 최근에 나는 한 설문조사에서 남성들의(!) 25%가 기꺼이 믿음에 문제들에 관하여 이야기하고 싶어 한다는 글을 읽었다. 이것은 네 명 중 한 명이다. 우리가 적극적으로 나선다면 그들에게 믿음에 대한 계기를 마련해 줄 수도 있을 것이다. 그러나 많은 그리스도인들이 내심 그 믿음에 관한 곤란한 대화를 어떻게든 피할 수 있었으면 하고 바라고 있다. 하나님을 믿는다고 고백하는 것보다 선한 일을 하고 '그것으로 충분하지 않을까' 하고 생각한다. 아주 무모한 사람들이나 식당에서 식사할 때 시위하듯 기도하거나 자동차에 물고기표시를 붙이고 다닌다고 생각한다. 아시시의 성 프란체스코는 자신의 제자들에게 복음을 모든 수단을 통해 전하고 마지막으로 그래도 필요하다면 말로도 전하라고 충고했다. 물론 이렇게 한 것은 복음에 관해 말하기 이전에 우선 우리 자신이 다른 사람들에게 좋은 소식 자체가 되라는 의도이다. 다른 사람들이 나를 정직하고 친절하며 겸손한 사람으로 알고 있다면 내 말의 신뢰성은 엄청나게 높아진다. 사람들은 때로 그들과 다른 나의 아주 모범적인 행동에 놀랄 수는 있지만 내가 왜 그렇게 행동하는지 설명하지 않는다면 그 이유를 알 수 없을 것이다. 우리 문화 속에서 '그리스도인'이라는 개념과 교회의 소속되어 있다는 것이 꼭 삼위일체 하나님과의 살아있는 사랑의 관계를 의미하지 않기 때문에 그 이유를 말하는 것은 더욱 더 필요한 일이다. 즉 내가 그리스도인이라고 말하는 것 뿐 아니라 가장 좋은 것은 그에 관해 이해하고 있는 바에 관하여도 설명하는 것이다. 이미 베드로도 동시대의 그리스도인들에게 대화를 할 수 있는 기회들을 이용하라고 분명하게 권면했다. "너희 속에 있는 소망에 관한 이유를 묻는 자에게는 대답할 것을 항상 예비하라(벧전 3:15)."

기쁨을 전할 사람 구함

영국의 복음전도자인 로렌스 싱글허스트(Laurence Singlehurst)는 사람들이 믿음을 갖기 위해 극복해야만 하는 두 가지 가장 중요한 편견에 관해 다음과 같이 말했다.

- 그리스도인들은 지루하고 흥을 깨는 사람들이다.
- 하나님은 예측 불가능한 괴물이다.

첫 번째 편견이 어떻게 생겨났는지는 설명할 필요가 없겠다. 선하신 하나님을 알고 삶을 사랑하며 즐길 수 있는 그리스도인이라면 우리는 이것을 반박할 수 있다. 내가 알고 있는 대부분의 그리스도인들은 일을 아주 잘 수행한다. 그들은 친절하고 신뢰할 만하며 확실한 사람들이다. 일을 하면서 우리들을 경험한 사람들은 자동적으로 이것을 알게 된다. 우리가 우리 자신의 두려움을 극복할 수만 있다면 우리는 아주 자연스럽게 평범한 말로 하나님에 관하여 말할 수 있다. 바

> 특히 직업에 있어서 사람들은 이미 충분히 비판을 받으며 깎아내려 진다.

울은 로마서에서 사람들이 삶에서 진로를 변경할 수 있도록 해주는 것은 하나님의 선하심이라고 쓰고 있다. 그러므로 우리가 하나님에 관하여 이야기할 때 이러한 관점을 적절하게 강조하여야 한다 -그리고 각 사람이 얼마나 악한가를 증명하려고 하는 윤리선생으로 나서지 않아야 한다. 특히 직업에 있어서 사람들은 이미 충분히 비판을 받으며 깎아내려 진다. 드러내 놓고 시인하지는 않더라도 많은 사람들은 스스로 자신의 약점과 잘못을 알고 있다. 그러나 그들은 누군가 자신에 관하여 진짜 긍정적인 말들을 해주기를 갈망한다. 그러므로 우리는 세상에 태엽을 감아놓고는 무심하게 혹은 이 세상이 처한 혼란을 사디즘적인 쾌감을 갖고 지켜보는 우주적 시계 수리공 같은 하나님과는 다른 하나님의 상을 전해 주어야 한다. 또 결코 그의 마음에 들게 할 수 없고 자신의 피조물들로부터 마지막 힘까지 뽑아내려는 무자비한 사장의 모습과도 다른 하나님에 관한 상을 전해주어야 한다.

당신은 '선교사'나 '복음전도자'와 같은 말을 들을 때 자신과는 맞지 않는 너무 많은 상투적인 생각들이 얽혀 있기 때문에 움찔하며 뒤로 물러설지도 모르겠다. 종종 이것은 원하지 않는 사람들에게 무엇인가를 강요한다는 느낌과 관련이 있다. 그러나 이사야 선지자가 말했던 것과 같은 기쁨을 전하는 자들 중 한 사람이 되어보는 것은 어떻겠는가. 당신은 세상이 스스로에게 속해 있는 것이 아니라 혼돈과 재앙도 축복과 행복으로 변화시킬 수 있는 하나님의 통치 하에 있다는 것을 세상에 상기시킬 수 있다. 그리고 완벽할 필요도 전혀 없다. 여러분 주위의 많은 사람들에겐 아마도 당

> 추상적인 생각들에 관해 토론하려는 유혹을 물리치고 개인적으로 하나님과 함께 경험했던 일들에 관하여 이야기하라.

신이 예수님을 아주 가까이서 경험할 수 있는 유일한 기회일 지도 모른다. 예수님은 우리의 세상에서 사역이나 예배 혹은 의식들과 같은 방식뿐 아니라 살과 피로 이루어진 사람들을 통해 나타나기를 원하신다. 그리고 우리 사회에서 믿음을 전해주는 전통적인 통로들이 메마르면 메마를수록 이러한 개인적인 만남들이 더욱 더 중요하다. 추상적인 생각들에 관해 토론하려는 유혹을 물리치고 개인적으로 하나님과 함께 경험했던 일들에 관하여 이야기하라. 예를 들면 나는 한 입 베어 낸 과일의 로고를 갖고 있는 컴퓨터의 열렬한 사용자이다. 다른 시스템들은 내게 너무 면역력이 없고 복잡하다−그리고 어쨌든 나는 신학자이지 정보학자가 아니다. 나는 개인적인 대화에서 사실적으로 정확하고 객관적인 비교테스트를 제공할 수는 없다. 그러나 반짝이는 눈으로 내 컴퓨터를 사용하는 일이 얼마나 좋으며 내가 이 시스템의 디자인과 장점들을 얼마나 누리고 있으며 언제든지 장만할 때 얼마간의 돈이라도 더 지불할 가치 있다는 것을 말할 수는 있다. 원칙적으로 예수님과도 마찬가지이다. 당신에겐 비교종교학 학위가 필요하지 않다. 모든 특이한 성경구절들을 설명할 수 있어야만 하는 것도 아니다. 그냥 고무되어서 예수님이 개인적으로 당신에게 어떤 의미인지, 예수님과의 관계가 당신의 삶을 어떻게 변화시켰는지 이야기할 수 있다. 그리고 만약 당신이 대답할 수 없는 질문들이 생기면 용감하게 시인하고 그것을 알아다 주겠다고 약속하라. 전문성의 부족은 이곳에서 전혀 단점이 아니다.

"비그리스도인들은 목사를 전문적인 상인으로 간주한다. 그러나 일반 성도들에 대해서는 '만족하는 고객' 들로 여긴다. 그렇기 때문에 그들은 더 높은 신빙성을 갖고 있다(Rick Warren, 목적이 이끄는 삶, 286

쪽)."

'효력을 발휘하는' 대화

> 예수님도 설교하실 수 있으셨으나 더 자주 대화를 구하셨다.

우리에게 결정적인 것은 모든 지식과 경험들을 첫 번째 기회에 쏟아내는 것이 아니라 어쨌든 시작점을 찾고 얼어붙어 있는 것을 깨는 작업이다. 중요한 것은 대화이며 강연이 되어서는 안 된다. 안타깝게도 많은 그리스도인들은 독백형태로 믿음을 전하는 방식에 익숙해져 있다. 그러므로 우리는 사람들에게 설교를 시작하지 않는 법을 배워야만 한다. 예수님도 설교하실 수 있으셨으나 더 자주 대화를 구하셨다. 예수님은 자신에게 하나님은 누구이신가를 일상적이 예 가운데 설명하셨고 그로부터 발전된 대화 가운데서 반박이나 오해들을 통해서도 예수님의 목적을 이루실 수 있었다. 즉 예수님은 아주 잘 듣는 분이셨다. 그렇게 복음이 지나갈 수 있었던 관계의 다리가 생겨났다. 요한복음 4장의 사마리아 여인의 경우에서처럼 때로는 복음이 더 적은 양으로 나뉘어 다리를 건너갔다. 예수님은 한 문장을 말씀하시고 반응을 기다리시며 다음 생각을 첨가하시고 또 오해들을 풀어 주신다. 예수님은 흥미를 보이는 첫 신호에 장황한 설교를 시작하지 않으신다. 이상한 일이 아니다. 그렇게 하지 않는다면 상대방은 '선교 당하고 있다'는 느낌을 받고 자신을 '회개의 희생물'로 느끼게 될 것이다. 이는 마치 3톤의 이하의 짐을 운반할 수 있는 관계의 다리를 대형화물차로 지나가려는 시도와 같다고 볼 수 있다. 그러므로 우리는 그 다리가 견고하고 강해질 때까지 기다리든지 복음이 차츰 차츰 다리

너머로 운송될 수 있도록 우리의 복음을 더 작은 차량에 실어야 한다.

이러한 대화를 위한 수많은 기회들이 있다. 누군가 당신에게 주말을 어떻게 보냈냐고 묻거든 그냥 당신이 교회에서 예배드릴 때 감동받았던 것을 이야기하면 왜 안 되는가? 언제든지 영화나 신문기사들은 좋은 대화를 위한 내용들을 제공한다. 요즘 같으면 학교에서의 히잡(이슬람교도의 머릿수건-역자 주)이나 십자가에 관한 토론이 그런 것이다. 많은 사람들이 십자가가 본래 무엇을 상징하고 있는지 명확히 알고 있지 않다. 혹은 그들은(다른 대부분의 부모들과 마찬가지로) 자녀들로 걱정하고 있다. 그렇다면 당신은 그들에게 기도가 무엇을 의미하는지 이야기할 수 있다. 만약 동료가 아프거나 고통을 당하고 있다면 그를 위해 기도하겠다고 제안해 보는 것이 왜 안 되겠는가? 대부분의 사람들은 비록 당황할지라도 이런 제안을 기꺼이 받아들인다. 내가 이런 일들의 더 긴 목록을 만들 수도 있지만 내 관심사는 당신이 비교할 수 없이 귀중한 보물을 자신 안에 지니고 있다는 것을 당신에게 상기시키고자 하는 것뿐이다. 당신이 이것을 다른 사람들과 나눌 준비가 되어 있다면 놀라운 일들이 일어나게 될 것이다. 모든 대화에서, 모든 동료들과 이 일이 일어나지는 않겠지만 언제나 계속 일어날 것이다.

그러나 한 가지가 중요하다. 중요한 것은 성공이 아니다. 성공은 대부분 억지로 얻으려 하지 않을 때 이루어진다.

> 상대방이 어떻게 이에 반응하는 가 하는 것은-빨리 혹은 머뭇거리며, 흥미를 보이든지 혹은 거부하든지-나의 책임이 아니다.

중요한 것은 하나님의 사랑에 감동하고 전염되어 위에서 언급한 의미로 잃어버려진 사람들을 찾는 하나님의 탐색에 참여하는 것이다. 중요한 것은 이러한 사람들을 하나님 사랑의 눈으로 보고 이 사랑을 그들이 경험할 수 있도록 그들과 개인적인 관계를 맺는 것이다. 이 모든 것은 나의 책임 하에 있다. 상대방이 어떻게 이에 반응하는 가하는 것은-빨리 혹은 머뭇거리며, 흥미를 보이든지 혹은 거부하든지-나의 책임이 아니다. 예수님은 씨 뿌리는 농부의 비유에서 사람들이 예수님의 복음에 아주 다양하게 반응하였기 때문에 예수님도 똑같은 문제에 봉착하셨던 것을 표현하셨다. 씨 뿌리는 농부는 많은 비용을 들여 땅을 분석하는 것이 아니라 유유히 씨를 뿌리기 시작했다. 길에, 돌밭에 가시덤불 옆에 그리고 좋은 땅에. 물론 모든 씨앗에서 싹이 나는 것은 아니다. 하나님께서도 그렇다는 것을 알고 계시며 그것을 문제 삼지는 않으신다. 하나님께서는 그럼에도 수고가 헛되지 않을 만큼 많은 씨앗이 싹을 내리라는 것을 아시기 때문이다. 그것은 실제로 그렇다. 한 사람이 어떻게 하나님께 찾은바 되고 새로운 삶의 선물을 발견하는가를 함께 경험하는 것보다 더 나를 감동시키고 고무시키는 일을 드물다. 하늘나라에서 춤을 추고 샴페인 뚜껑을 딸 때에는 그 울림이 우리의 영 안으로까지 도달한다. 하나님께서는 영원한 가치를 지닌 일들을 이루시기 위해 나와 같은 사람들까지도 사용하실 수 있다. 나는 나의 잘못들에도 불구하고 또 내 삶에는 아직도 많은 부분이 공사 중이지만 다른 사람들이 난관을 극복하도록 도울 수 있다.

   앞에서 말했던 영국인 로저 심프슨(Roger Simpson)은 성공한 사업가의 고백을 듣고 놀랐지만 그 어색함을 극복하고 그 사업가에게 복음을 전했을 때 열매를 맺을 수 있었다. 그는 그 사업가에게 몇 몇의 관심 있는 사람들을 더 모을 수 있다면 그의 회의실에서 알파 강좌 (Alpha-Course)를 개최할 것을 제안하였다. "문제없습니다. 몇 명이면 되지요?" 라고 사업가는 말했다. 이렇게 해서 영향력 있는 12명의 사업가들이 매주 신앙의 근본문제에 관해 이야기하기 위해 점심시간에 함께 모였다. 12명 중 8명이 그리스도인이 되었으며 그들 중에는 위의 사업가도 그의 부인과 함께 속해 있다.

11 비밀이 드러나다
(하늘의 식민지들)

> 하나님이 그들로 하여금 이 비밀의 영광이 이방인 가운데 어떻게 풍성한 것을 알게 하려하심이라 이 비밀은 너희 안에 계신 그리스도시니 곧 영광의 소망이니라.
> 골1:27

> 하나님과 함께하는 직장생활이란 곧 세상 한 가운데에서 그리스도의 몸(교회)에 머무는 것이며, 예배 가운데 그리고 제자의 삶 속에서 이 세상을 이기는 것을 생생하게 증언하는 것이다.
> D. Bonhoeffer

얼마 전 나와 아내는 런던에 있는 친구들을 방문했다. 테임즈 강가를 산책하면서 우리는 이라크 전쟁으로 신랄한 비난을 받았던 영국 비밀정보기관의 새 건물도 볼 수 있었다. 분명 그 정보들은 불완전하거나 신뢰할 수 없는 것들이었으며 그렇지 않다면 고의적으로 조작되었다고 밖에는 볼 수 없을 것이다. 그 결과로 영국인들은 미국의 공격에 가담하여 예기치 못한 많은 나쁜 일들을 경험하게 되었다. 미국과 영국의 관심이 실제로 이라크에서 독재정권을 무너뜨리는 것이었는지 아니면 이라크에서의 자국의 영향력을 높이고 자신들의 잇속을 차리기 위한 것이었는지, 그 동기에 대한 의심은 전 세계로부터 일고 있다. 그리스도인으로서의 우리의 임무도 새로운 교회의 제국을 세우는 것이 아니라 오직 사람들의 삶을 파괴하는 세력들의 영향권으로부터 그들을 풀어주는 것이다. 많은 사람들이 제임스 본드 영화의 장면들을 알고 있다. 여왕 폐하의 이 첩보원은 사령부에서 자신의 임무와 위성사진에서 도시지도에 이르기까지 모든 중요한 정보가 들어 있는 문서를 전달받는다. 우리에게도 우리의 임무를 설명해주는 문서가 있다. 이것은 감옥 안에서 우연히 작성된 것이 아니다. 우리에게 지시를 내리는 첩보원은 직접 이 세력들과 부딪쳐 맞서 싸웠다. 그럼에도 그는 이 일을 대수롭지 않게 여기며 해방이 성공하리라는 것을 눈곱만치도 의심하지 않는 듯 보인다.

첩보원 문서

그의 이름은 바울이며 그의 서류는 골로새서이다. 이 서류는 전 첩보 영역을 나타내는 위성사진으로 시작된다. 이 사진의 지역은 스타크래프트에서처럼 여러 세력들이 왕권을 뒤흔드는 질서를 잃어버린 오늘날 하나님의 땅이다. 이것은 이미 우리가 위에서 관찰하였다. 고대의 도시들에서는 지배하고 있는 세력들을 인식하는 것이 어렵지 않았다. 왕궁과 극장 외의 유명

오늘날에도 형태가 바뀌었을 뿐 이 세력들은 여전히 존재한다.

한 건물들은 국가와 군대, 문화와 교육, 자연과 (농업)경제를 다스렸던 신들을 위한 신전들이었다. 사람들은 자신들이 이러한 세력들에 종속되어 있으며 평화와 번영 가운데 살기 위해서는 그들과 화합해야만 한다는 것을 알고 있었다. 오늘날에도 형태가 바뀌었을 뿐 이 세력들은 여전히 존재한다. 그들은 우리가 직접 영향을 미칠 수 없는 거대한 존재로 눈에 보이지 않지만 우리의 내면에 영향력을 미친다.

  우리가 이러한 위성사진을 이해하고 올바른 결론을 내리는 일은 중요하다. 하나님께서 친히 국가적인 질서와 다양한 문화와 공정하게 기능하는 경제를 원하셨다. 이런 의미에서 하나님은 골로새서 1장 16절에서 말씀하듯 눈에 보이는 세상 속에 이러한 눈에 보이지 않는 세력들을 함께 창조하셨다. 그러나 타락한 세상 안에서 이 제어되지 않은 힘들은 그들이 보호해야 할 것들을 너무도 자주 파괴한다. 물질주의는 우리 경제가 부와 복지를 이루게 할 뿐 아니라 쓰라린 가난도 만들어 내도록 한다. 민족주의와 인종차별주의는 국가와 문화와 민족 집단들로 하여금 소속감을 가지고 유대를 강화시키기도 하지만 주도권을 위한 전쟁들을 일으키고 끝없는 피난민의 행렬을 또 우리 이웃으로 보낸다. 쾌락주의는 사람들이 고통으로부터 배울 수 있는 것들을 차단하며 깊은 충족 보다는 피상적 오락을 더 찾도록 만든다. 할리우드가 그 표본이다. 이미 모든 다른 가치들이 상대화되었기 때문에 (로맨틱한) 감정이 병에 걸렸을 때나 공허함을 느낄 때나 행복을 갈망할 때나 언제든 조건 없이 따라야만 하는 유일한 목소리가 되었다. 마지막으로 자아실현에 급급하여 다른 사람들을 목적을 위한 수단으로 보고 사랑을 책임 없는 감정으로 정의하며 모든 관계를 제한과 위협으로 간주하는 개인주의가 있다. 역설적으로 이 개인주의는 우리가 그렇게 유일한 존재이고 싶어 함에도 결국 모든 것을 대체될 수 있는 존재로 만든다. 개성은 사랑과 안전이 넘치는 곳에서야 비로소 생기는 것이다.

새로운 질서의 선발대

하나님께서는 각각의 사람들 뿐 아니라 세력들도 화목하게 만들려 하시기 때문에 바울은 하나님을 따르는 목적을 공동체를 파괴하는 개인주의적인 경향들을 극복하는 것으로 묘사한다. 또 다른 까다로운 예를 들어보자. 아프가니스탄에서 탈레반이 무너진 후 해방자들은 지금까지의 모든 것들을 해체하는 대신 그 나라의 기존 구조들을 갖고 효과적으로 질서가 잡히도록 하려는 생각을 가졌다. 그렇게 되기 위해서는 모든 관리들과 기관들이 공익에 봉사하고 적법하게 선출된 대통령을 따라야만 한다.

> 하나님께서 나사렛 예수 안에서 우리 세상에 '상륙'하셨고 인간으로서 인간들 사이에서 세력들에게 말씀과 행동으로 도전하셨다.

혼돈으로부터 자유를 보장하는 질서에 이르는 길은 멀다. 그러나 시작은 이루어졌다. 하나님께서 나사렛 예수 안에서 우리 세상에 '상륙'하셨고 인간으로서 인간들 사이에서 세력들에게 말씀과 행동으로 도전하셨다. 이 세력들은 예수님께서 가져오셨던 자유를 오래 지속되도록 하지 않고 싸움을 받아들였다. 그리스도의 수난 속에는 이 세력의 모든 것들, 즉 돈과 정치와 국가 종교, 조종을 받는 대중의 피상성과 무관심이 드러난다. 비록 짧은 기간 이 세력들이 전체적으로 승리한 듯 보였으나 결국 이들은 실패에 빠지게 된다. 예수님은 이전 어느 때보다 더 강해지셔서 죽음에서 돌아오셨으며

몇 주 안으로 해방계획의 2단계를 시작하였다. 그리스도의 부활의 열매
는 바로 하나님이 자신을 드러내시는 그리스도인 공동체의 존재와 성장
과 삶이다.

> "하나님이 그들로 하여금 이 비밀의 영광이 이방인 가운데 어떻게 풍성
> 한 것을 알게 하려하심이라 이 비밀은 너희 안에 계신 그리스도시니 곧
> 영광의 소망이니라(골1:27)."

하나님 통치의 아주 많은 중심 가치들이 관계와 연관되어 있기 때문에
이것들은 개개의 사람들에게서가 아니라 그리스도인들의 공동체에서만
실제로 알 수 있다. 공동체를 찾고 만드시는 하나님처럼 예수님도 제자
들을 모으시고 세리와 죄인들과 같은 상에 앉으셨다. 성경적인 기독교적
세계상은 엄밀히 말하면 존재 '그 자체'로서가 아니라 오직 관계 안에서의
-하나님과 동료 인간과 창조와의- 존재이다. 나는 나 스스로에게 '속한'
것이 아니라 하나님께 속해 있고 동시에 다른 사람들에게 속해 있다. 신
학자인 게하르트 로횡크(Gehard Lohfink)는 자신의 책 '어떻게 예수님
은 공동체를 원하셨는가?'에서 교회를 '대조사회'란 개념으로 정의하였
다. 하나님께서는 세상을 지배하는 생활
방식이나 가치나 성격에 대한 뚜렷한
대안을 제시하시기 위해 한 민족을 모
으신다. 이미 유배시절의 대 선지자들은
흩어진 하나님의 백성을 새롭게 모으는
것을 민족들에 대한 하나님의 통치요구를 분명하게 보여주기 위한, 전
세계를 향한 강력한 표적으로 평가하였다. 예수님은 산상수훈에서 이것

> 복음은 그 결과가 천국에서야 유효
> 하게 될 죄사함에 대한 단순한 정보
> 이상의 것이다.

으로 말씀을 시작하신다. 복음은 그 결과가 천국에서야 유효하게 될 죄 사함에 대한 단순한 정보 이상의 것이다. 복음은 사람들을 철저하게 변화시킬 수 있는 능력이며 특히 출신이나 문화 혹은 성별의 모든 차이에도 불구하고 사람들을 하나의 거대한 가족으로 묶는 가운데 변화시킨다. '춤추는 아버지'로서의 하나님은 모든 민족들을 가로질러 다양한 무리의 사람들을 모두 입양하신다. 그들은 임무는 예수님을 그들의 모든 삶과 관련된 것들에서 반영시킴으로써 세상의 혼돈과 불의에서 절망하고 있는 모든 사람들에게 희망의 상징이 되는 것이다.

네트워크가 형성되다

하나님의 첩보원들에겐 정비된 통신이 필요하다. 그들은 제임스 본드가 홀로 세상을 구하는 것과 같은 각개 전투병이 아니라 여러 가지가 뻗어나간 스파이네트워크이다. 그들은 서로 돕고 위험할 때 지원하기 위해 서로에 대해 가능한 한 정확하게 알고 있어야만 한다. 함께할 때 비로소 그들은 진짜 강하다. 내가 알고 있는 대부분의 사람들이 어떤 한 그리스도인을 통해 믿음을 갖게 된 것이 아니라 알파그룹(Alpha-Group)이나 구역모임, 회사 안의 기도하는 사람들로 구성된 '혁명적인 세포'와 같은 그리스도인 공동체와의 교제를 통해 믿음을 갖게 되었다는 것은 이상한 일이 아니다. 내가 그 가지각색의 다양함을 볼 때 그곳에 나를 위한 자리도 있을

> 하나님은 공동체이시기 때문에 공동체 안에서 가장 잘 경험될 수 있다.

수 있겠다고 느끼게 된다. 하나님은 공동체이시기 때문에 공동체 안에서 가장 잘 경험될 수 있다. 하나님을 아는 사람은 또 자연 속에서나 고요

함 가운데 혹은 삶의 다른 많은 것들 안에서도 하나님을 만나게 될 것이다. 그러나 처음 알아갈 때에는 그 지역 그리스도인들의 활발한 공동체처럼 -그 공동체가 교회법적으로 어떤 위치에 있는가와 상관없이- 중요한 것은 없다.

우리 교회는 예배와 행사에서 돈이나 경력, 노년, 남성들이 상상하는 것, 고독이나 성취와 같이 특별히 일상적인 주제들을 가질 때 우리 친구들이나 친지들이 더 개방적이 된다는 사실을 발견했다. 이와 반대로 '종교적인' 주제들이 잘 먹힌 적은 거의 없었다. 재미있었던 것은 우리 그리스도인들도 이러한 일상의 주제들에 대해 그 누구도 불쾌하게 만들지 않으면서도 아주 분명하고 직접적으로 우리의 기독교적인 시각을 제시한다는 것이다. 반대로 대부분의 사람들이 진짜 불쾌하게 느끼는 경우는 그들이 진짜 관심 있는 것들에 대한 교회의 무관심이다. 혹은 우리가 그러한 주제들을 단지 흥미를 끌기 위해 피상적으로만 사용한 후 어설프게 '선교'하려고 할 때일 것이다. 다행이도 그리스도인들에게는 그러한 민망한 전략들을 세울 필요가 없다. 단지 충분히 정확하게 바라보기만 해도 성경 안에서 이에 대한 충분하고도 남는 소재들을 발견할 수 있다. 성경은 자신들의 절망적인 일상 속의 크고 작은 일들 가운데서 하나님을 만났던 여성들과 남성들의 수많은 훌륭한 이야기들을 제공한다.

개인주의 극복하기

그러나 오늘날의 우리들에겐 성경의

노동조건이 점점 더 불안정하고 불확실해 지며 일한 만큼 댓가를 얻기 힘든 경우가 더욱 빈번한 시대 안에서는 내게 댓가를 요구하지 않는 공동체가 있다는 것은 이루 말할 수 없이 가치 있는 것이다.

히브리적인 통합적인 사고가 아주 낯설게 되어버린 경우가 많다. 점점 더 심해지고 있는 우리 문화의 개인주의는 많은 그리스도인들조차도 자신을 공동체의 일부로 생각하지 못하게 하고 따라서 시간이 많이 드는 다른 사람들을 섬기는 일에 자신을 선뜻 내어놓지 못하게 한다. 그 대신 교회가 제공하는 것들을 단기적이고 직접적인 이익에 따라 문의하도록 ('이것이 내게 무엇을 가져다줄까?')만든다. 지속적인 관계와 의무를 피하는 일이 교회에서도 증가하고 있으며 교제는 더욱 더 이기적으로 이루어진다. 그러나 노동조건이 점점 더 불안정하고 불확실해 지며 일한 만큼 댓가를 얻기 힘든 경우가 더욱 빈번한 시대 안에서는 내게 댓가를 요구하지 않는 공동체가 있다는 것은 이루 말할 수 없이 가치 있는 것이다. 고독이라든지 부부관계와 가정의 파괴와 같은 커다란 개인적 어려움을 초래하게 되는 수많은 사회적 문제들은 우리 세대의 사고를 지배하는 극단적인 개인주의와 관계가 있다. 목적 없는 충동으로 나아가는 이러한 현상을 날카롭게 논평했던 리차드 제넷(Richard Sennett)은 이를 개선할 수 있는 유일한 희망은 사람들이 자신들 상호간의 종속을 인식하게 되고 다시금 공동체로서 자신을 경험하는 것이라 보고 있다.

> "나는 우리 가정의 쓰라리고 극단적인 과거를 통해, 변화가 일어날 때는 대중의 반란에 의해서가 아닌 작은 곳에서, 지역적으로, 행정구역들 안에서 단계적으로 진행된다는 것을 배웠다(Sennett, 인간, 203쪽)."

많은 그리스도인들이 형식상으로는 분명히 한 교회에 속해 있으면서도 기이하게도 거리를 두고 교회에 관해 이야기하는 경우가 많다. 특히 어떤 일이 잘 진행되지 않을 때 그가 하는 말들은 내면의 태도를 드러낸다. '우리'가 문제를 가지고 있는 것이 아니라 '다른 사람들'이나 '교회' 혹은 '책임자들'이 갖고 있다고 말한다. 그렇게 되면 많은 교회들도 또한 자신을 종교적-사회적 직무수행자로 이해하는 덫에 빠지고 하나님과 서로에 대한 헌신이 기초를 이루고 있는 살아 있는 공동체의 대안적 모델로 소비성향에 맞서는 대신 오히려 소비성향을 장려한다. 예수님께서 마태복음 18장 19-20절에서 체험된 공동체가 참으로 무한한 가능성들을 열며 영적인 능력을 방출한다는 것을 분명하게 알려주시는 것은 결코 우연이 아니다. 그 한 예는 공동의 기도이다.

> "진실로 다시 너희에게 이르노니 너희 중에 두 사람이 땅에서 합심하여 무엇이든지 구하면 하늘에 계신 내 아버지께서 저희를 위하여 이루게 하시리라 두 세 사람이 내 이름으로 모인 곳에는 나도 그들 중에 있느니라 (마18:19-20)."

우리 도시의 가장 큰 고용주의 중요한 계열회사가 몇 년 전 극심한 적자에 빠졌다. 기업경영진은 단호한 조치를 검토하였고 많은 사람들이 자리를 잃을까 두려워하거나 적어도 변화로 인해 의욕을 잃어버렸기 때문에 근무자들의 분위기는 뚜렷하게 나빠졌다. 이 시기에 침례교회에 다니는 한 책임자가 경영참여 근로자 대표협의회에 속해 있어서 사방에서 들리는 논쟁과 불만을 듣게 되었다. 그는 비판과 불평 외에 다른 가능성들이 있을 것이라 생각했다. 마침내 그는 동료들 사이에서 기도모임을 시작했다. 물론 각자가 스스로를 위해 기도할 수도 있었겠지만(그리고 또 그렇게 했다) 그것으로는 충분하지 않았다. 그들은 그 계열사의 최고 경영자에게 시간을 내달라고 하여 더 나은 작업분위기에 기여하기 위한 목적으로 회사 안에 근무자들을 위한 정기적인 기도모임을 둘 것을 제안하였다. 그 시기가 적절하였고 그 최고 경영자는 이 모임에 공식적인 공간을 마련해 주었다. 이 모임은 이때부터 정기적으로 근무자들 간의 분위기와 위협받고 있는 일자리의 안정과 경영자들의 지혜를 위해 기도했다. 오늘날 이 계열사는 전체 기업 중 가장 성공적이고 이윤을 많이 남기는 회사 중 하나가 되었다. 물론 이러한 성공을 이룰 수 있었던 요인은 한 가지 이상일 것이다. 그럼에도 하나님께 감사하는 것, 그리고 진정한 기대를 갖고 기도하는 것은 분명히 언제나 한 원인이었다.

하나님의 훈련캠프

당신은 신약의 많은 부분에서 형제 아니 더 정확히는 형제자매의 사랑의 의미가 매우 강조되고 또 어떤 곳에서는 이웃에 대한 사랑(그들이 교회의 일원이든 아니든 상관없이)과 심지어 원수에 대한 사랑이 참된 그리스도인 삶의 결정적인 표시처럼 보이는 것을 이상하게 생각해 본 적이 있는가? 언뜻 모순적인 것처럼 보이는 이것은 내적으로 연장선상에 있다. 교회는 우리가 세상 안에서의 일상적인 예배를 위해 필요한 것들을 배우는 훈련장이다.

> 교회는 우리가 세상 안에서의 일상적인 예배를 위해 필요한 것들을 배우는 훈련장이다.

사람들이 평범한 가정 안에서 수저를 사용해 음식을 먹는다든지, 친절하게 '감사합니다'라고 말하는 것, 다른 사람들을 존중하는 것, 구두끈을 매기나 자전거 타기, 신체관리 등등 여타의 필요한 행동방식들을 습득하여 후에 어디서든지 독립적으로 이를 자유자재로 사용할 수 있도록 하는 것과 마찬가지이다. 가정 안에는 이러한 일들을 설명하고 시범을 보이는 부모와 형, 누나들이 있다.

나는 우리가 어떻게 새로운 인간으로 사랑하고 사랑받아야 하는지를 인내심 많고 사랑이 넘치는 한 아버지 밑에서 배울 수 있기 때문에 교회를 이상적인 공간이라고 생각한다. 우리의 자연적인 가정 안에서처럼 사람들은 형제자매를 마음대로 고를 수 없고 형제 사랑에서부터 원수 사랑까지의 길은 너무난 먼 듯이 보여 때때로 소홀히 취급될 수 있다. 그러나 형제자매에 대한 사랑은 원수에게까지도 미치는 성숙한 사랑으로 가는 첫 단계이다. 우리는 이 단계를 건너 뛸 수 없으며 또 마찬가지로 이에 머물러서도 안 된다. 우리와 믿음의 견해를 같이 하고 같은 '냄새'를 풍기는 사람들만을 사랑하는 것으로는 충분하지가 않다. 그러나 용서가 자연스러운 일이고, 실수가 허용되며 실제의 모습보다 더 완전하거나 거룩하게 꾸밀 필요가 없는 교회 안에서는 다툼을 조정하거나 힘들고 호감이 가지 않는 사람들을 받아들이는 일이 더 쉽게 된다. 이렇게 되기 위해서는 우리가 교회를 개인들의 만남으로 이해하지 않고 하나님께서 우리에게 요구하시는 운명공동체로 이해하는 것이 전제되어야 한다. 그러므로 우리는 '나'라고 말하는 대신 더욱 더 자주 '우리'라고 말하는 것을 배우는 수밖에 없는 것이다.

> 우리와 믿음의 견해를 같이 하고 같은 '냄새'를 풍기는 사람들만을 사랑하는 것으로는 충분하지가 않다.

이때 사랑과 수용을 훈련하는 것 외에도 또 일련의 계속되는 하나님의 교과 과정들이 있다. 곧 기본가치들과 세계상에서의 새로운 생각, 경력을 결정할 때와 같은 경우에 건전한 자기평가, 성별과 세대 간의 화합,

자신의 충동과 감정의 조절, 돈과 소유를 사용하는 법, 건전하고 합법적인 국가질서에 대한 존중, 불의와 질병과 고통에 적절하게 반응하는 법 등이다. 이 모든 것들과 그 외에 더 많은 것들을 우리는 하나님의 가정 안에서 배울 수 있고 배워야 하며, 후에 우리가 일상 속에 흩어져 있을 때 적용할 수 있는 것이다. 내가 관찰한 바로는 우리 대부분의 사람들은 단번에 서로를 파악할 수 있는 작은 그룹 안에 속해있을 때에야 이 일을 해낼 수 있다. 감동적인 음악과 설교에 내가 감동했던 것에 관해 다른 사람들과 나눌 수 있는 가능성이 더해질 때에야 비로소 아주 중요하고 영감을 주는 크고 생동감 있는 예배들이 그 좋은 의도대로 실제가 되는 것이다. 반대로 아무도 다음 주에 그에 관해 더 이상 묻지 않으리란 걸 내가 안다면 모든 것은 여전히 그대로일 것이다. 큰 교회의 그리스도인들이 전부 한 곳에 모이는 일이 불가능하게 된 지 이미 오래다. 삶의 리듬들도 점점 더 차이가 나고 있다. 휴일근무와 교대근무, 출장, 주말의 연수, 어린이나 청소년들의 여러 활동들, 근무처가 바뀐 뒤의 주말은 다 모이는 것을 허락하지 않는다. 항상 누군가가 빠지게 된다. 작은 그룹들이나 구역모임, 미니그룹 혹은 그것을 무엇이라 부르든 이런 종류의 모임 없이는 연속적인 배움의 경험들을 가능하게 만드는 일이 점점 더 어려워질 것이다. 흩어짐을 위해서는 계획이나 조직이 필요하지 않다. 그것은 저절로 일어난다. 그러나 공동체에 꽉 붙어있기 위해

> 흩어짐을 위해서는 계획이나 조직이 필요하지 않다. 그것은 저절로 일어난다. 그러나 공동체에 꽉 붙어있기 위해서는 결단과 창의적인 아이디어들이 필요하다.

서는 결단과 창의적인 아이디어들이 필요하다. 그렇게 되면 외적인, 때로 불가피한 고립이 우리의 내면생활과 우리가 섬겨야 하고 또 섬김을

받는 사람들과의 관계들까지 수천 조각으로 흩어지도록 하지는 않을 것이다.

오늘날 총체적 삶의 방식으로 다시금 각광을 받고 있는 켈트인 그리스도인들은 대부분 활발한 공동체 형성의 중심지 역할을 했던 자신들의 수도원을 '하늘의 식민지'라고 불렀다. 대륙에 위치했던 로마 가톨릭의 수도원들과는 대조적으로 이 공동체들은 덜 규제를 받았으며 종종 결혼하지 않고 생활하는 여성들과 남성들이 다양하게 섞여 있었고 가정들도 포함되어 있었다. 또 대외적으로 엄격하게 구분을 짓지 않고 아주 개방적인 태도를 유지했다. 계속해서 작은 팀들이 파송되었고 다른 수도원이나 영주들로부터 사절단들이 방문했다. 켈트인의 수도사교회는 그다지 위계질서가 강하지 않았고 세부적으로 제시된 규정도 없었다. 수도사교회는 기도와 예배의 장소일 뿐만 아니라 예술과 교육, 사회복지와 병원의 장소이기도 했으며 여행자들에겐 환대의 오아시스였다. 이 장소들이 사람들을 끄는 엄청난 힘을 갖게 된 것은 이상한 일이 아니다. 이러한 영적인 힘의 중심들 없이는 이교도의 나라인 아일랜드에서나 이후 민족이동 후 게르만민족이 지배한 유럽에서도 기독교는 살아남지 못했을 것이다. 그렇게 아일랜드 사람들은 유럽에서 복음이 주목을 받으며 컴백하는 일을 성공시켰다. 그렇기 때문에 디트리히 본훼퍼(Dietrich Bonhoeffer)조차 새로운 형태의 수도원제도 안에서 교회의 희망을 보았다고 말하는 것이 놀라운 일은 아니다. 이때 이 수도원제도의 특징은 독신이나 수도사 복장, 예배의식들 같은 것이 아니라 산상수훈의 지침에 따라 그리스도를 따르는 공동의 삶이 될 것이다. 형태와 모델은 아주 다양하다. 그러나 근본적인 것은 변함없다.

느헤미야 요소

당신은 교회로서 서로를 위해 아주 많은 것들을 할 수 있다. 당신이 속한 곳에서 첫 취업에 나서는 사람들이나 경력을 쌓는 초년생들을 지원하거나 상담할 수 있는 멘토들을 찾을 수 있다. 당신은 가장 중요한 직업그룹들을 모아 항목별로 또 정기적으로 대화의 장을 제공할 수도 있다. 그러나 이것은 또 다른 일정을 덧붙이는 것일 수도 있고 많은 사람들에게는 그리 간단하게 이루어질 수 있는 일이 아니다. 아마도 그 첫 걸음으로 설교와 예배를 구성함에 있어 주일 보다 월요일을 더 많이 생각하는 것, 즉 (일하는) 일상에 대한 성경내용의 적용을 의식적으로 끼워 넣는 것이 의미 있을 것이다. 우리는 이에 대한 한 예로 아주 간단한 설문지를 교인들에게 나누어주고 그들이 어떤 주제와 문제들에 당면해 있는지 물었다. 그리고 그로부터 설교시리즈를 개발했으며 후에 그것이 이 책을 탄생시켰다. 이를 위한 많은 전제들이 존재한다. 몇 년 전 나는 회사 안에 기도모임을 창설했던 교회 멤버들로부터 회사식당으로 점심 초대를 받았다. 이어서 나는 제품 생산실들과 개인들이 일하고 있던 다양한 사무실들도 둘러볼 수 있었다. 정말 멋진 경험이었다. 적어도 나는 잠깐 그 환경을 보고 그 분위기를 맛보았다. 그리고 나서 그들과 그들의 일에 대해 이야기했을 때 나는 더욱 명확한 개념들을 가질 수 있었다.

그러나 당신은 명시적으로 '일'이라는 주제에 관하여 말하지 않더라도 모든 면에서 일과의 연관성을 찾을 수 있다.

나는 우리가 일터에서도 우리의 모든 잠재력을 하나님을 위해 사용하는 법을 배운다면 모든 교회가 양적으로 질적으로 성장하리라고 확신한다.

성령의 은사를 한 번 생각해 보자. 바울이 '그 은사들이 교회를 세우는 일에 쓰인다' 말할 때 이것을 전통적이고 좁은 의미에서 '덕을 세우는 것'으로 해석하거나, 또 교회는 예배 이상의 것이기 때문에 하나님께서 우리 개인이나 공동체에게 주시는 은사들과 함께 우리를 예배와 그룹모임 외에서도 사용하시기 원하신다고 결론내릴 수도 있다. 나는 우리가 일터에서도 우리의 모든 잠재력을 하나님을 위해 사용하는 법을 배운다면 모든 교회가 양적으로 질적으로 성장하리라고 확신한다. 병자들을 위해 기도하거나 비그리스도인 동료들을 위해 예언자적인 말들로 올바르게 변호하는 일은 어느 정도 특별한 경우에 사용되는 반면 지휘나 조직 혹은 지혜와 같은 많은 은사들에서는 여러 삶의 영역에서 적용하기가 쉽다. 그렇지만 훈련이 필요하다. 예배나 구역모임은 좋은 훈련장이다. 그러나 진짜 '시합'은 일상 가운데 치러진다. 다른 말로 하면 이 책의 처음으로 돌아가서[주] 우리에겐 성전뿐만 아니라 도시가 필요하다. 나는 우리 교회들이 강직하게 자부심을 갖고 삶의 도전들 안으로 들어갈 수 있도록 우리가 서로를 지원하고 격려하는 장소가 될 수 있다고 믿는다.

 느헤미야는 우리에게 방향을 제시해 준다. 그는 자신의 동족들이 거축 현장에서 자신의 자리를 찾도록 -그리고 더불어 자신의 소명을 찾도록- 겸손하고 끈질기게 그들을 도왔다. 그는 또 압도적인 대적들과 내부적인 갈등 그리고 화를 내는 반응들에도 용기가 꺾이지 않았다. 그는 자신의 시선과 소망을 굳게 하나님께 향하며 기도의 사람이 되었다. 그는 만연

[주] 원본인 독일어 책에서는 다음에 이어지는 2장이 앞에 나왔으나, 앞부분에서는 보다 이론적인 이야기들이 다루어지므로 독자들에게 더욱 직접적으로 책의 내용을 전달하고자 저자와의 협의 하에 실제적인 부분을 다룬 2장을 앞으로 두어 순서를 바꾸었습니다. 즉 이 책의 처음은 2장의 1단원 '성전만으론 충분하지 않다' 입니다. - 역자 주

해 있는 무관심을 깨뜨리고 운동의 창시자가 되었다. 하나님은 그를 통해 역사를 쓰셨으며 2400년이 지난 지금 우리는 그것을 읽고 있다. 그리고 또 다른 한 사람이 이 역사를 이어서 쓰셨다. 예수님은 갈릴리의 언덕에서 '산 위의 도시'라는 비전을 우리에게 주셨다. 그것은 가난한 자들에게 속해 있으며 수많은 사람들이 위로를 얻는 곳이고, 의에 주리고 목마름이 폭력으로 변질되는 대신 평화로 이끌고 긍휼이 차가움을 쫓아내는 곳이며 그 어떤 분열된 동기로도 하나님을 향한 시선을 가로막지 못하는 그런 곳이다.

"그의 얼굴을 볼 터이요 그의 이름도 저희 이마에 있으리라 다시 밤이 없겠고 등불과 햇빛이 쓸데없으니 이는 주 하나님이 저희에게 비춰심이라 저희가 세세토록 왕 노릇 하리로다(계22:4,5)."

제 2장
Mit Gott im Job

사고의 틀 바로잡기

··· Ganzheitlich leben – Gott am Arbeitsplatz begegnen

12. 그리스도인들이 일상을 새롭게 발견해야 되는 이유
(성전만으론 충분하지 않다)

> 우리가 이방에 있어서 어찌 여호와의 노래를 부를꼬?
> 시137:4

> 직업이 그리스도인들에게 가치 있는 이유는 그 안에서 하나님의 선하심을
> 체험하며 세상의 본질을 보다 진지하게 꿰뚫을 수 있기 때문이다.
> 디트리히 본훼퍼

황금 같은 휴가를 끝내고 첫 출근하는 날이었다. 아침에 클라우스는 아직도 신발에 남아 있는 아드리아 해변의 모래를 털어냈다. 10시에 면담이 잡혀 있었다. 그의 회사가 더 작은 경쟁사를 인수하게 되어 새로운 사원들을 영입하기 위해 재조직이 필요했던 것이다. 두 해 사이에 벌써 세 번째 있는 일이었다. 클라우스는 다시 자신의 자리에 앉아 그가 없는 동안 쌓인 200개가 넘는 이메일과의 용감한 싸움을 시작했다. 그리고

다행히도 제 때에 집에서부터 작성해 왔던 긴 쇼핑목록을 생각해 냈고 가게 문이 닫히기 전(독일에는 법으로 가게 문을 닫는 시간이 정해져 있다-역자 주) 슈퍼마켓에 도착할 수 있었다. 쇼핑한 물건들을 집에 갖다 놓기가 무섭게 클라우스는 곧바로 교회의 지도자 모임에 참석하기 위해 집을 또 나와야 했다.

교회모임은 그의 교회가 처한 현실을 깨닫게 해주었다. 게하르트는 출장 중이었고 이메일을 통해 재정보고서를 막 보내온 참이었다. 조금씩 숫자가 줄더라도 교회는 계속 유지될 수 있을 것이다. 그러나 정말 어찌해 볼 도리가 없는 것은 교회생활의 중요한 부서들을 위해 일할 일꾼들이 부족하다는 것이었다. 이 문제의 해결을 위해 휴가 전 그들은 꽤 의욕적으로 활동했다. 에릭은 예배에서 더욱 참여를 강조하는 설교를 했다. 그들은 교회에 힘을 실어줄만한 교인 층을 확보하려 노력했다. 그러나 그다지 용기를 북돋는 반향을 얻지는 못했다. 더 젊은 층의 지도자들은 -사회에서 경력을 쌓아가고 있는- 올바른 가정생활을 유지할 수 없을 만큼 힘을 잃고 있었다. 그들의 영적인 삶은 하루 중 겨우 몇 분의 묵상시간으로 축소되어 있었고 그들 중 두 명은 몇 달째 우울증을 겪고 있는 자신의 부인들을 돕느라 해야 할 일이 너무 많았다. 이런 상황이다 보니 많은 지도자들이 모범이 되기는커녕 그저 영적으로 살아남기만을 위해 안간힘을 쓰는 상황이었다.

따라서 오랫동안 구상해 왔던 새로운 선교전략에 대한 계획들은 곧 궁지에 몰렸다. 게다가 몇몇 교인들은 그 주제들과 표어가 너무 '세상적'이라고 느꼈다. 이 모임에서 가장 나이가 많은 칼이 다시금 그의 18번 주제인 '십자가와 헌신'에 대해 이야기하는 동안 - 레나테가 기도의 부족과 숨겨진 죄로 교회가 병든 것이 아닐까란 의견을 내어 잠시 중단되기는 했지만- 클라우스는 책상 너머로 에릭을 물끄러미 바라보았다. 클라우스는 6개월간 일을 놓고 쉬고 싶다고 발표하려 마음먹고 있었다. 그러나 문득 에릭이 너무 피곤하고 외로워 보여서 차마 그말을 꺼

내 에릭을 실망시킬 수 없었다. 교회를 유지한다는 것 자체가 점점 더 어려워졌다. 교회에 분명한 방향을 제시한다는 것은 더더욱 말할 나위 없었다. 목회자들에게는 어려운 시기였다. 그러나 정녕 목회자들에게만 어려웠던 것일까?

21세기를 맞이하여 우리들은 이미 오래 전부터 뚜렷한 중심 없이 붕괴하는 유럽의 기독교와 삶의 폐허 앞에 더욱 더 무력하고 계획 없이 서 있다. 믿음과 삶, 교회와 세상은 각자의 법을 갖고 있는 듯이 보이며 서로 더 이상 관계가 없고 영향력을 미칠 수도 없는 영역으로 나뉘고 있다. 하나님은 공적인 삶에서 아무 역할도 하지 않으며 그리스도인들은 자신들만의 문화 속으로 숨어들거나 익명으로 자신들의 사업을 쫓고 있다. 최소한 세상적인 것에 맞서보려 마음먹는 날들도 손에 꼽을 정도이다. 이미 오래전부터 상당수의 교회들이 자신의 직접적인 필요 이상은 보려하지 않은 결과, 아주 적은 공통점만을 갖는 다양한 프로그램이나 활동, 동류집단으로 쪼개어졌다. 어떤 사람들은 그리스도인들을 군대로 이야기하나 유감스럽게도 실제로 의미하는 것은 독일군대에 빗대어 축소된 사단의 힘이나 의욕 없는 지도력, 낙후된 장비, 빈 재정, 초라한 이미지 등으로 교회조직을 이야기하는 경우가 많다.

우리의 개인적인 삶 또한 겉으로는 자율적인 것처럼 보이는 영역들로 쪼개어진다. 일과 가정생활은 산업화 이후로 동떨어진 영역이 되었으며 점점 커지는 요구들과 더 빨라지는 변화들로 수많은

> 일과 가정생활은 산업화 이후로 동떨어진 영역이 되었으며 점점 커지는 요구들과 더 빨라지는 변화들로 수많은 사람들이 그 중심과 건전한 기준을 잃어버린 지 오래다.

사람들이 그 중심과 건전한 기준을 잃어버린 지 오래다. 이에 더해 여가 산업들은 우리의 주위를 돌리려고 백 프로 일상탈출보장이라는 달콤한 유혹을 미끼로 웰빙과 값비싼 휴양지 상품 따위를 내놓고 있다. 결국 점점 더 자주 나타나는 정신적인 장애들은 많은 사람들의 정체성이 내면에서 서로 줄다리기를 하고 있는 역할과 기능으로 조각나 있음을 보여준다. 영국에서는 성인의 1/4 이상이 항우울증제를 복용하고 있다고 보도되었고 전문가들에 따르면 독일국민의 20%가 살아가는 동안 우울증에 걸린다고 한다. 우울증은 40세 이하의 남성들의 두 번째 사망원인이 되고 있는 자살의 주원인이기도 하다. 세계보건기구는 큰 간격으로 일어나는 우울증을 오래 지속되는 건강장애와 생산력장애목록의 1위로 꼽았다. 전문가들에 따르면 가까운 관계 속에서의 평가절하, 굴욕, 손실의 경험을 통해 사람들이 우울증에 걸리기 쉽다고 한다.

  이러한 현상은 무리하게 더 많은 유연함을 요구하는 직업세계의 엄청난 변화에서 기인한다. 모든 것이 점점 더 단기화 되고, 무엇보다 개인화 되나 근본적으로는 더 교환이 쉬워진다. '슈퍼스타'라 불리는 사람들이 오락산업에 의해 제조되고 상품화되고 곧 다시 잊혀 진다. 우리의 일상생활을 전혀 다른 모습으로 분열시키는 부담스럽고 위험한 선택의 압박은 직장생활에서만 나타나는 것은 아니다. 문화비평가인 리차드 제넷(Richard Sennett)은 이러한 삶의 느낌을 'Drift(표류)'-목적 없는 분망함-라고 표현했다.

    "시간의 화살은 부러졌다. 끊임없이 바뀌며 정해진 일정 없이 단기적인 경제구조 안에서 더 이상 날아갈 길이 없다. 사람들은 지속적인 개인적 관계들과 계획의 부재를 느낀다. 'coca cola light'는 체중에 좋을지 모르나 'time light'는 마음에 좋은 것이 아니다"(Richard Sennett, 유연한 인간. 신자본주의의 문화, 131쪽).

유연한 노동시장의 목표물은 결국 관계에 덜 구속되는 싱글들이다. 이들은 어쩔 수 없는 외로움을 느낄 때, 언제라도 철회가 가능한 일정기간의 동반관계 속으로 피하며 익숙한 사람들과의 피상적인 관계들을 맺으며 살고 있다. 그러나 어디에서고 다시 원점에서부터 시작해야 한다. 역사는 더 이상 존재하지 않고 에피소드들만 있을 뿐이다 - 이러한 삶의 느낌은 영화와 문학작품 속에서 점점 더 많이 다루어지고 있다.

자신의 삶을 의미 있는 전체로 보는 것도 이렇게 어렵다면 다른 사람들에 대해 책임을 지며 전체의 행복을 위해 애쓰는 사람들이 점점 더 적어지는 것이 그리 놀라운 일은 아니다. 그렇지 않다면 사람들은 정욕과 권력욕에 따라 좌지우지되고 그러면서 또다시 근본적으로 자신의 이익만을 찾게 된다. 작가인 살만 루시디(Salman Rushdie)는 이러한 절망에 대해 다음과 같이 자세하게 묘사하였다.

> 역사는 더 이상 존재하지 않고 에피소드들만 있을 뿐이다 - 이러한 삶의 느낌은 영화와 문학작품 속에서 점점 더 많이 다루어지고 있다.

"현대의 자아는 누더기들과 교리들, 유년기의 상처들과 신문의 사설들, 우연히 알게 된 것들과 옛날 영화들, 작은 승리들, 우리가 미워하거나 사랑하는 사람들로 이루어진 흔들리는 건물이다"(Sennett, 인간, 181쪽).

또한 브리기테(Brigitte)라는 잡지가 위임한 한 연구조사에서는 1982년에 이미 다음과 같은 결론을 얻은 바 있다.

"……오늘날의 전형적인 환자는 더 이상 열등감으로 괴로워하지 않으며 오히려 공허한 느낌과 한 부류라 할 수 있는 끝을 모르는 무의미한 느낌에 ……실존적 진공상태에 시달린다"(Ulrich Beck/ Elisabeth Beck-Gernsheim, 아주 정상적인 사랑의 혼돈, 69쪽).

서구의 그리스도인인 우리들은 무력하게 이러한 현상에 내맡겨져 있다. 왜냐하면 이미 오래전부터 우리 삶이 서로 다른 이중적 분열에 익숙해져 있기 때문이다. 예를 들어 중세에서부터 쓰인 '영적지도자'와 '평신도', '영적인 삶(수도원에나 교회의)'과 '세상적인 일(자연적인 삶에 속한)'라는 단어들 자체가 이미 우리가 분열된 삶에 맡겨진 지 오래라는 것을 증명하고 있다. 하나님과 관계되었던 모든 것은 일방적으로 죽음 이후의 삶에만 연관되었기 때문에 교회는 자신의 지휘체계와 의식들을 갖고 필수불가결한 중계자 역할을 해야만 했다. 그 결과로 교회는 자연적이고 일상적인 일들 속에서 하나님의 현존을 강조하는 일에 그리 큰 관심이 없었다. 그리스도인이 아닌 사람들도 행했던 모든 일들은(일하고 가정을 갖고 문화와 정치를 이끄는 일) 영적인 것이 될 수 없었던 것이다. 오직 예배만이 '영적인' 영역으로 남아 있었는데 비그리스도인들이 이곳에 오는 일은 없었기 때문이다.

오늘날에도 그리스도인들은 해리포터에 대해 아주 격분하며 이같이 비교적 주변적인 주제들로 책과 잡지들을 채운다. 왜냐하면 그것이 상상속의 '마술'과 관련이 있기 때문에 '영적'으로 구분되는 것이다. 같은 이유로 많은 그리스도인들이 도시의 행정이나 시장을 위해서 기도하기 보다는 심령술가게에 대항하여 근본적으로 더 열심히 기도한다. 동시에 우리 중 아주 극소수만이 학교의 '세상적인' 교안에 관해 알고 있으며 극소수의 그리스도인 학생들만이 자신이 공부하는 과목의 성경적인 시각을 발전시킬 수 있고, 극소수의 사업가들만이 하나님께서 그의 일터에서 원하시는 것이 무엇인지에 관한 개념을 갖고 있다. 미친 세상, 그러나 더 미친 기독교가 아닌가?

계몽주의의 철학자들은 케사르의 '나누라 그리고 다스리라'는 입증된 원리를 인용하였다 ―다시금 지도상에서 보다 머릿속에 더 많은 것을 가지라는― 그리고 마찬가지로 저승의 하나님을 저승의 이상적인 개념들로 ―결국 그들의 이상적인 세상들이 산업화시대의 석탄먼지 속에서 경제지배자들의 착취의 수단으로 전락할 때까지 ― 대체시켰다. 뒤이어 150년 전 산업사회의 기본적인 역할유형이었던 생계를 위한 일과 가정을 위한 일의 분리가 일어났고 이로써 일하는 남성들과 '진짜 일을 하지 않는' 주부들이 분리된 일상의 세계로 보내졌다. 오늘날에는 남자와 여자의 역할모델뿐 아니라 우리의 복잡하게 균형을 이루었던, 거추장스러운 사회구조들(그리고 이와 함께 걱정 없고 예측 가능한 미래에 대한 꿈)도 깨어지고 있다. 매 월요일 아침이면 그리스도인의 무리가 후기산업사회의 제국으로 5일간의 유배생활을 위해 길을 떠난다. 그리고 타율적이고 무력하며 의미 있는 전망이 없다고 느낀다. 그들에게 그리스도인으로서의 자신의 정체성을 붙드는 일이 점점 더 어려워지는 것은 이상

> 이는 성경을 읽거나 기도하는 그리스도인들이 점점 줄어드는 나쁜 결과를 가져온다. 그 주된 원인은 그 내용이 일상의 삶과 관련이 있다는 확신이 사라지고 있기 때문이다.

한 일이 아니다. 런던의 '현대 기독교 연구소(Institute for Contemporary Christianity)'의 마크 그린(Mark Greene)은 그가 질문했던 모든 그리스도인의 절반만이 일을 주제로 한 설교를 들어본 적이 있다는 것과 예배에 참석하는 사람들 중 47%가 설교가 일상의 삶과 전혀 연관이 없는 것으로 생각하고 있음을 확인했다. 이는 성경을 읽거나 기도하는 그리스도인들이 점점 줄어드는 나쁜 결과를 가져온다. 그 주된 원인은 그 내용이 일상의 삶과 관련이 있다는 확신이 사라지고 있기 때문이다. 그러므로 '누가 이 책임을 스스로 지고, 할 수 있는 한 철저하게 새로운 방향으로 자신의 삶을 이끌 만큼 충분히 단호할 것인가?' 하는 질문에서 우리가 현재 직면하고 있는 '기독교적 정체성의 위기'를 극복할 수 있는 길이 결정된다.

비슷한 위기의 예를 성경에서 한번 찾아보기로 하자. 예루살렘이 바벨론사람의 손에 넘어가고 파괴되었을 때 유다의 많은 주민들이 유배지로 끌려갔고 낯선 땅, 낯선 문화 속에서 자신들의 정체성을 지키기 위해 싸웠다. 페르시아가 권력을 잡고 귀환이 가능하게 되었을 때에도 이 상황은 아주 점진적으로만 개선되었다. 이렇게 뿔뿔이 흩어진 가운데, 이러한 상황에 맞서서 책임을 미루지 않고 용감하게 달려드는 한 사람, 느헤미야와 함께 하나님은 일을 시작하신다. 느헤미야는 울고 금식하며 기도하고 계획을 세우고 담판을 벌인다. 그리고 하나님께서는 그가 요구하는 것을 주신다.

느헤미야는 유대지방에서 온 남자들에게서 예루살렘의 형편을 듣게 된다. 성벽과 탑은 파괴되었고 그곳에 다시

성전만으로는 아직 도시가 되기에 턱없이 부족했던 것이다. 한 민족의 삶의 중심으로서 성전은 충분하지가 않았다.

정착하여 살고 있는 유대인들은 위험할 뿐만 아니라 심한 어려움을 겪고 있고 수모를 받고 있다고 했다. 이러한 소식은 아마도 느헤미야에게 충격을 주었을 것이다. 어쨌든 유배생활은 100년 전에 끝났으며 성전은 이미 70년 전에 다시 건축되었고 예배도 다시 드려지고 있었던 것이다. 그럼에도 백성들은 재활하지 못하고 있었던 것이다. 귀환한 사람들 사이에 자신의 정체성에 대한 건전한 인식이 부족하였다. 사람들은 외부로부터의 위협을 받으며, 이방민족들의 멸시 가운데 자신들의 땅에서 마치 이방인들처럼 방치되고 규율도 없이 살고 있었다. 페르시아 왕궁의 고관이었던 느헤미야는 이러한 문제의 근원을 깨닫는 데 그리 오랜 시간이 걸리지 않았다. 성전만으로는 아직 도시가 되기에 턱없이 부족했던 것이다. 한 민족의 삶의 중심으로서 성전은 충분하지가 않았다. 물론 노래하고 기도하고 하나님의 말씀도 선포되었다. 그럼에도 한 나라가 자신을 주장할 수 있도록 해주는 근본적인 요소들, 견고한 성벽의 보호, 무역과 교육, 문화가 번성할 수 있도록 정의로운 행정으로 질서를 잡아주는 손이 빠져 있었다. 이러한 영역들에서 재건이 중지된 채 있었다. 삼 세대에서 사 세대를 지나면서 귀환자들은 과도기적인 상태로 만족해 버렸다. 그들의 숫자 자체가 충분하지 않았다. 유대인의 숫자는 이방민족들 가운데 가소로운 숫자였으며 유대인은 진심으로 자부심을 가질만한 그 아무것도 없었다. 느헤미야는 자기 민족의 심장이자 자부심인 예루살렘이 더 이상 대충 유지되는 폐허가 아닌, 진정한 민족의 도시로 거듭나야만 민족의 비상을 꿈꿀 수 있음을 알았다.

비전과 함께 재건이 시작되다

'하나님의 성(도시)'은 신약성경에서도 핵심적인 내용이다. 자신의 본래 목적을 다시 충족시킨 예루살렘에 대한 느헤미야의 비전은 곧바로 우리를 산 위에 있는 성(동네)에 대한 예수님의 비전으로 이끈다. 당시의 유대인들은 예수님이 말씀하시는 성이 그냥 어느 산 위의 어느 성이 아니라 예루살렘이라는 것을 분명히 알았다. 따라서 예수님은 제자들의 공동체가 자신들의 전 삶을 하나님의 뜻에 복종시킬 때 이 성의 약속을 상속받게 될 것이라 말씀하셨던 것이다. 이 공동체는 하나님의 거처가 될 것이며 하나님의 계시를 온 세계에 나타내는 장소가 될 것이다. 이미 이사야가 선포하였듯이 그곳에서 세계의 민족들이 하나님과 하나님의 유익한 명령을 구하게 될 것이다. 이 비전은 살아있고 역동적인 교회생활을 꿈꾸는 수많은 그리스도인들의 바람과도 일치한다.

계속 산상수훈을 읽어가다 보면 예수님은 그곳에서 아주 부수적으로만 예배와 성전에 대해 말씀하시며 주로 말씀하시는 것이 불의와 분쟁, 물질적인 소유들과 일상속의 진리들을 다루는 법, 결혼생활의 문제와 해결 등등, 인간의 삶과 밀접한 현실적인 문제에 대해서라는 점이 눈에 뜨인다. 여덟 가지 복을 말씀하시며 예수님은 의도적으로 자신의 자리를 타락한 세상 속에서 찾는 사람들을 묘사하신다. 이들은 혹독한 현실에서 깨끗이 분리되어 손을 더럽히지 않고 살고자 하는 사람들이 아니다. 이들은 병적으로 완전주의자처럼 생각하거나 다른 사람을 자신이 가진 이상형의 잣대로 재단하는 사람들이 아니다. 이들은 문제를 일으키는 모든 것들로부터 분리되지 않고 자신과 달리 포용력을 갖고 있는 사람들에게 손가락질을 하고

> 여덟 가지 복을 말씀하시며 예수님은 의도적으로 자신의 자리를 타락한 세상 속에서 찾는 사람들을 묘사하신다.

자 죄를 찾아 쿵쿵거리는 사람들이 아니다. 그들은 평화의 도구로써 어떠한 분쟁 가운데에라도 처하는 사람들이다. 산상수훈이 하나님 나라의 헌법이라면 팔복은 이 헌법의 서문이며 축제적인 서곡이다.

이로써 예수님은 정체성과 삶의 방식이 서로 떨어질 수 없는 것임을 분명히 하신다. 나 자신에 대한 나의 이미지와 나의 삶의 역사는 나의 자존감을 형성할 뿐만 아니라 다른 사람들에 대한 나의 행동에도 영향을 미친다. 그러나 내가 내 삶의 역사를 하나님의 세상과 하나님의 역사라는 큰 틀 안에서 이해하고 이야기할 수 있는 순간, 그것은 타인과 물질적인 것들을 대하는 나의 행동에도 직접적인 영향을 미친다.

그러므로 우리가 우리의 본래 목적을 이루고 우리의 참된 정체성 안으로 성장하기 원한다면 우리는 성전으로 만족할 수 없다. 우리는 성(도시)을 건축해야만 한다. 예배와 교회의 여러 다른 모임들로는 충분하지 않다. 물론 이 모든 것은 유익하고 중요하다. 그러나 이것이 실제로 우리 삶의 모든 영역을 형성할 수 없다는 것은 아주 명백하다. 적지 않은 교회들은 여전히 '후기기독교적 새로운 이방인들'이 자신들의 아름다운 예배로 몰려오기를 기다리고 있다. 그러나 성전이 잿더미 위에 있는 한 그곳으로 길을 잘못 들 사람은 없을 것이다. 동시에 소비숭배의 우상들이 오래 지배하면 지배할수록 영적인 배고픔 또한 점점 증가할 수밖에 없을 것이다.

매일 매일의 '흩어짐'

정체성은 내가 하는 일 안에서 표현되지만 그 안에서 온전히 드러나지는 않는다. 나는 물건을 사든지, 사무실에 있든지, 친구를 방문하거나 아

> 마찬가지로 그리스도인인 우리는 하루 24시간 동안, 우리가 함께 있든지 예수님이 말씀하신 소금처럼 잘 흩어져 있든지 교회이다.

내와 아이들과 함께 식탁 앞에 있든지 여전히 내 가족의 한 부분이다. 마찬가지로 그리스도인인 우리는 하루 24시간 동안, 우리가 함께 있든지 예수님이 말씀하신 소금처럼 잘 흩어져 있든지 교회이다. 우리는 학교에서나 슈퍼마켓에서 그리고 사무실에서도 교회나 축구장이나 술집 혹은 콘서트 장에서도 -또 찬양과 설교와 주기도문이 없어도- 우리는 여전히 교회이다. 우리가 예배나 구역모임에서 함께 있을 때, 그것은 물론 교회지만 사실 교회는 더 많은 것을 의미한다. 성찬은 이것을 놀라운 방법으로 표현하고 있다. 포도주는 수많은 포도송이로 이루어지며 빵은 수많은 곡식알들이 모여 만들어진다. 예수님은 공동의 축제 속에서 자신을 우리에게 주신다. 이 때 예수님은 우리의 한 부분이 되며 우리는 예수님의 한 부분이 되고 이 상태는 우리가 다시 일상 속으로 흩어질 때에도 여전히 변함없다. 어쩌다 우연히 예수님이 동행하시는 것이 아니다. 그곳-우리가 있는 곳-은 예수님이 실제로 계시고 싶은 그 장소이다. 그곳에서 로마서 12장 1-3절에 따른, 참된 '이성적인' 예배가 계속된다. 이 이성적인 예배가 '산 제물'인 까닭은 이 예배가 나눠진 것이 아니기 때문이다. 내가 하나님께 내 삶의 조각들만 제물로 바친다면 그 예배는 분리된 것이며 살아있는 것이 아니다. 그러나 내가 나의 전체 실존으로 하나님을 따른다면 상황은 다르게 나타난다. 그렇게 되면 더 이상 숨길 필요가 없는 삶의 방식이 싹트게 된다. 더 이상 모든 것을 영적인 일과 자연적인 일로, 하나님과 세상으로, 기도와 일로, 개인적인 관계와 사역적인 관계, 돈을 버는 일과 자발적인 봉사, 혹은 그 밖에 우리가 삶의 분열증을 앓게 만드는 그 어떤 것으로도 분리되지 않는, 하나님과 함께 하는 삶이 우리 중심에 놓이게 된다. 이러한 생활 방식은 우리가 모든 삶의 중심에서 예수님께 그분의 자리를 다시 돌려드리는 것이다. 아니, 예수님을 중심으로 인정하는 것이라고

> 세상에는 우리가 주의를 기울이지 않은 채 남아있는, 그러나 역시 예배의 장소가 되어야 하는 영역들이 수없이 많이 있다.

말하는 것이 더 좋을지도 모르겠다. 예수님은 우리와는 상관없이 항상 중심이시기 때문이다. 그런 다음 하나님은 돌연 교회 안에서의 임무를 위해서뿐만 아니라 회사나 시민단체의 설립을 위해, 어떤 특정한 곳으로 이사를 시키기 위해, 시의회의 의원이 되게 하시거나 문화 사업에 활발하게 참여시키기 위해 사람들을 부르셔서 우리가 그곳에서 하나님의 뜻을 행하고 하나님이 이 영역들에서 하시고 싶은 말씀이 무엇인지 발견하게 하신다.

세상에는 우리가 주의를 기울이지 않은 채 남아있는, 그러나 역시 예배의 장소가 되어야 하는 영역들이 수없이 많이 있다. 예를 들어 청각장애를 갖고 태어난 딸을 둔 우리 교회의 한 부부는 이를 하나님의 기회와 명령으로 이해하고 청각장애인들을 위해 일하고 있다. 이 부부는 상당수 그리스도인들이 종종 아무 생각 없이 권하는 것처럼 항상 '교회에 나올' 수는 없다. 그러나 이 시간에 그들은 듣지 못하는 자들과 함께 있는 교회이다. 여러 교회에 속한 몇몇 그리스도인들이 우리 도시 안에서 보호소를 운영하고 있다. 그들은 노숙자들이나 중독증 환자들, 도움이 필요한 사람들을 섬기는 가운데 이러한 사람들과 함께 있는 교회이다. 때때로 이들은 주일 예배에 참석 못하기도 한다(그리고 이를 유감으로 생각한다). 그러나 위탁받은 명령을 순종하고 있는 한 그들은 불참하고 있는

것이 아니라 그 가운데 있는 것이다. 나는 하나님께서 우리 모두에게 이러한 영역을 마련해 두셨다고 생각한다. 우리가 우리 빛을 비추어야할 장소 혹은 사람들의 모임 말이다. 그렇게 이 빛은 주일예배라는 말 아래에서는 결코 비출 수 없었던 사람들에게도 보이게 될 것이다.

오직 함께 할 때에만 가능하다

느헤미야로 되돌아가 보자. 현장을 둘러본 후 느헤미야는 이곳에서는 모든 사람이 함께 애를 써야만 발전을 내다볼 수 있다는 것을 깨달았다. 성벽은 여러 부분으로 세분되어졌고 각 지파에게 한 부분씩 맡겨졌다. 이것은 우리에게도 적용된다. 산 위의 동네(도시)는 각자가 자신의 자리에서 건축하고 동시에 이를 공동의 과제로 이해할 때에만 건설될 수 있을 것이다. 어떤 건축영역도 다른 영역과 경쟁하지 않으며 오히려 각자는 다른 사람들의 능력과 경험과 가능성들로부터 이익을 취한다. 주부는 매니저로부터, 목사는 청소년으로부터, 정보학 전공 대학생은 정신과의 간호사로부터 유익을 얻는다. 결국 우리는 똑같은 삶의 방식을 다양한 장소에서 습득하려고 시도하는 것뿐이다. 그렇기에 또 어느 누구와도 자신이 대체될 수 없는 것이다. 각자는 오직 자신의 고유한, 하나님으로부터 지정받은 지역 위에서만 건축할 수 있다. 오늘날까지 이 도시의 건축에 함께 했던 사람들의 이름이 성경에 보관되어 있다. 각 개인이 중요하고 필요하다는 것을 우리가 기억하도록 하기 위해서이다. 이러한 영적인 대가족은 오늘날에도 중요하다. 혼자서는 우리 모두

> 각자는 오직 자신의 고유한, 하나님으로부터 지정받은 지역 위에서만 건축할 수 있다.

에게 버거운 것이다.

그러나 연합된 능력으로도 이런 재건사업은 방해 없이 착착 진행되지 않는다. 연합은 늘 위협받는다. 느헤미야에게도 얼마 지나지 않아 벌써 저항세력이 내외부에서 일어났다. 내부에서는 의심과 체념이 나타났다. 사람들은 파괴된 예루살렘만을 경험했으며 당시에는 계획이나 청사진 같은 것들도 존재하지 않았다. 목표를 눈앞에 그려보는 일은 어려운 일이었다. 그 어떤 것도 실제 손에 잡히지 않았다. 그러나 폐허와 잔해들은 달랐다. 많은 사람들이 눈에 보이는 것들의 위력 앞에, 주위에 널려 있는 엄연한 증거들의 위력 앞에 굴복했다. 오늘날 우리에게도 이와 다르지 않을 때가 많다. "그냥 평범하고 좋은 교회(전통적인 의미에서)가 되자!" "모든 게 나쁜 것은 아니잖아. 좋은 성전도 아주 중요해. 또 우리 예배와 프로그램에도 개선할 일이 많이 있고." "그렇게 외부의 일에 신경을 쓰는 것은 장기적으로 너무 힘들어." "세상을 바꾼다고? 그렇게 큰 야심을 갖기보다는 우리가 갖고 있는 것을 잘 돌보는 게 나을 걸." 변화는 편한 것이 아니다. 많은 사람들은 이어온 기득권을 잃을 때 실패자로 느낀다. 또 다른 사람들은 새로운 상황을 능숙하게 자신의 이익에 이용한다. 희생자들은 이전이 훨씬 좋았다고 분노한다. 자신의 고통과 손실은 의심스러운 경우 항상 다른 사람들의 것보다 훨씬 크게 다가온다. 느헤미야의 경우처럼 짐을 공평하게 나누는 일에는 많은 지혜와 그에 해당하는 추진력이 요구된다.

> 물질주의 속에서, 시장의 고유법칙 앞에 굴복한 세계 안에서 우리는 먼저 느헤미야처럼 조롱을 예상해야만 한다.

깨어 있기

밖으로부터도 저항이 일어났다. 성전건축은 이웃민족들의 지도자들에게 별 문제가 되지 않았지만 성벽건축은 달랐다. 새로운 권력의 중심은 지배관계를 위협한다. 물질주의 속에서, 시장의 고유법칙 앞에 굴복한 세계 안에서 우리는 먼저 느헤미야처럼 조롱을 예상해야만 한다. 그렇게 허술하고 아마추어적인 성벽은 한 마리의 여우에 의해서도 무너지겠다고 느헤미야의 대적들은 비웃었다. 오늘날 우리는 먼저 세상에게 낯선 이상주의자들로 우습게 보이거나 뒤떨어진 촌놈들이라고 조롱을 받게 될 것을 목표로 삼아야만 한다. 느헤미야는 하나님께 탄식했지만 혼란에 빠지지는 않았다.

조롱에 이어 갑작스러운 침입이나 폭력적인 시위 등의 위협이 따랐다. 술책 또한 대적들의 전술에 속했다. 느헤미야를 안전한 성전에서 잠자도록 해서 법을 위반할 수밖에 없도록 만드는 함정이 만들어 졌으나 느헤미야는 깨어있는 면에서도 모범적이었다. 그는 한눈을 팔지도 되돌아가지도 않았다. 우리는 미혹될 필요가 없다는 것을 알고 있다. 우리가 예수님의 뒤를 따라 앞으로 나아갈 때 사장이 승진에 불리한 결과로 위협을 한다든지, 이웃에 이상한 소문이 나돌거나 아무 일도 아닌데 친척들과 불화가 생긴다든지 하는 일들을 뜬금없이 경험하게 될 수도 있다. 이런 냉정한 상황에서 우리는 느헤미야를 모범으로 삼아야 한다. 집중적으로 기도하고 깨어 있으며 하나님의 돌보심을 흔들림 없이 의지하는 것이다. 죽음을 이기신 예수님의 제자로서 우리는 하나님이 세상의 모든 권력자들 보다 더 강하시다는 것을 온전히 확신할 수 있다. 이 '대적들'의 가장 큰 우두머리는 우리의 두려움이다. 대적들에게 좋을 일을 절대 하지말자!

하나님이 일을 만드신 이유
(취미그리스도인에서 전업제자로)

클라우스는 앞으로 열흘 뒤, 박람회에 전시될 새로운 기계를 끌어안고 벌써 세 시간 째 끙끙대고 있었다. 기계를 작동할 때 나타나는 소프트웨어의 오류 원인은 쉽게 찾아지지 않았다. 부서 전체가 휴가를 반납한 채 아침 일찍부터 저녁 늦게까지 일하고 있었다. 클라우스는 커피를 가지러 자판기로 가면서-오후에 마시는 벌써 다섯 잔째의 커피다-오늘 구역모임에는 너무 늦을 것 같단 생각을 했다. 화요일 날 정시에 퇴근하지 못한 것이 벌써 세 번째이다. 지난주에 게하르트는 농담 반 진담 반으로 구역모임에서 이 프로젝트가 빨리 끝날 수 있도록 기도해야겠다고 제안했고 클라우스는 됐다고 손짓을 보냈었다. 하나님께서 이 일에 무슨 흥미가 있으시겠는가? 성경은 컴퓨터에 관해 아무것도 말하고 있지 않다. 더구나 어떤 그리스도인들은 이 지옥의 기계는 악마의 발명품이라고까지 말한다. 클라우스는 그렇게까지는 생각하지 않지만 그 또한 예수님을 노트북과 함께 상상할 수는 없었다.

처음에는 이 직업으로 받는 좋은 보수 때문에 흥분했었으나 첫 승진을 하고부터는 그저 참아내야만 하는 고통이 되어버렸다. 물론 월급도 많고 직장 분위기도 그리 나쁘지 않았다. 그러나 그가 저녁에 집에 와서 아이들과 함께 놀아줄 때나, 아내인 다니엘라와 함께 기도할 때, 주말에 좋은 책을 읽거나 예배에 참석할 때면 자신이 마치 다른 세계에 와 있다는 느낌을 떨쳐버리기 힘들었다. 학창시절 그는 많은 사람들에게 복음을 전하며 가슴 벅찬 일들을 경험하기 위해 '전임 사역자'가 되기를 꿈꾸었던 적이 있다. 그러나 시간이 지날수록 꿈꾸던 문들은 닫히고 첫 아이가 태어나자 곧 이성적인 판단을 해야만 했다. 결국 여기 모니터 앞에 앉아 있게 된 것이다. 클라우스는 마치 떨어져 나간 선로 위에 있는 느낌이었다. 하나님은 단지 휴가기간에나 만날 수 있었지만 이마저도 점점 적어졌다. 그가 18살에 예수님께 자신의 삶을 드렸을 때에 생각한 것은 이런 것이 아니었다. 그가 자신의 소명을 놓친 것일까? 하나님께서 그와 함께 무엇인가를 시작할 수 있으셨을까? 하나님은 대체 어디 계셨던 것일까? 클라우스가 허공을 응시하고 있을 때 화면보호기가 켜졌다. 게하르트가 지난주에 디스켓을 하나 주었었다. 파란 글씨의 오늘의 말씀 성경구절이 모티터 위에서 움직였다. 클라우스는 놀라 모티터 상에 뜬 것을 읽었다. 그것은 자신이 입교식 때 받은 말씀이었다.

"우리는 그의 만드신 바라. 그리스도 예수 안에서 선한 일을 위하여 지으심을 받은 자니 이 일은 하나님이 전에 예비하사 우리로 그 가운데서 행하게 하려 하심이니라(엡2;10)."

몇 년 전에 우리 가족은 산속의 펜션에서 휴가를 보냈었다. 우리는 멋진 산책을 하고 좋은 음식을 먹었다. 그러고 나서 당시 다섯 살이었던 아들에게 식탁을 치워달라고 부탁했다. 아들아이의 대답은 짧고 분명했다. "하지만 아빠, 아이들은 일을 하려고 있는 게 아녜요!" 나는 우선 이 꼬마 기피자가 일반적 원칙을 내세워 일을 피해보려고 하는 교활한 전술에 당황했다. 순간 내가 불법 착취자인 것만 같이 느껴졌다. 어린이들이 일을 위해 존재하는가? 일만을 위해 존재하지 않는 것은 분명하다. 그렇다면 우리 어른들은 어떠한가? 우리 또한 하나님의 자녀들이 아닌가?

취미기독교의 경향

많은 그리스도인들은 일이라는 주제를 즐겨 다룬다. 몇몇은 오해하여 일을 타락의 괴로운 결과로 보며 천국은 우주의 놀이공원 같은 것일 거라고 생각한다(얼마나 따분할까!). 최근에는 아담이 에덴동산에서 쫓겨난 후에 어쩔 수 없이 일을 해야만 했다는 견해를 다시 듣기도 했다. 모든 것이 다 엉터리이다.

실제로 일은 하나님과 분리됨으로 힘들고 좌절을 주기도 하며 때로는 헛수고가 되는 경우도 있지만 일은 이미 전부터 있었으며 따라서 원칙적으로 이렇게 제한하지 않고도 상상해 볼 수 있는 것이다. 상상을 하는 것은 많은 사람들에게 어려운 일이다. 그러나 우리가 일을 별로 인식한다면 우리의 직업 일상에서 결코 하나님을 만날 수는 없을 것이다. 많은 진지한 그리스도인들이 성실하고 정직하게는 일하지만 이것이 하나님과는 별 상관이 없는 삶의 영역이라고 느끼고 있다. 진짜 '영적인' 그리고 중요한 일들은 이곳에서 일어나지 않는다고 생각한다. 있다면 동료들과 전도하는 대화를

> 그러나 우리가 일을 별로 인식한다면 우리의 직업 일상에서 결코 하나님을 만날 수는 없을 것이다.

하는 정도이다. 하지만 이나마 이런 대화를 했던 때가 언제던가? 믿음과 같은 '사적인' 일들은 이곳에서 완전히 차단된다.

산업화와 함께 우리 삶은 점점 더 많이 개별적인, 완전히 분리된 조각으로 나뉘어졌다. 먼저 주거와 일이 공간적으로 분리되었고 이어서 활동들도 점점 더 전문화되었으며 전등이 발명된 이후 낮과 밤의 리듬 또한 점점 사라졌다. 현대의 커뮤니케이션 기술의 가능성을 제외하더라도 교통의 발달로 우리가 매일 이동해야 하는 거리는 점점 커졌다. 따라서 직장동료와 이웃, 가족과 스포츠회원이 서로 전혀 연관이 없는 아주 분리된 집단이 되는 결과를 낳게 된다. 동일한 인물이 아주 다른 역할을 수행하거나 드러나지 않는 다양한 기대와 경기규칙에 적응해야 할 때도 있다. 자신들의 역할묶음이 각각의 부분으로 쪼개지고 자신의 힘으로는 더 이상 이것들을 지탱할 수 없을 경우 점점 더 많은 사람들이 정신적인 문제를 갖게 되는 것은 그 누구도 놀랄 일이 아니다.

그렇다면 하나님은? 하나님은 중요한 문제들 밖으로 밀려나셨다. 우리는 일상의 넓은 영역에서 더 이상 하나님의 임재를 실제적으로 경험하지 못한다. 또한 하나님께 일상적인 일들을 맡기려고 더 이상 노력을 기울이지도 않으며 다른 힘들에게 주도권을 내어준다. 이로 인한 실제적인 결과는 많은 그리스도인들이 깨어 있는 상태에서 보내는 대부분의 시간을 자신의 믿음과 연결시키는 데 어려움을 겪는 것이다. 그리스도인들은 그저 '사적인' 가치들만 돌보며 점점 더 사회 안에서의 의미와 영향력을 잃고 있다. 그리스도인으로 산다는 것은 균형을 유지하며 스트레스에 지친 영혼을 다시 정돈하는 취미가 되어간다. 다른 사람들이 낚시를 하거나 극장에 간다면 우리는 경건한 단체 활동을 영위한다. 직업일상을 건드리지 않는 한 각자 자신의 일을 하는 것이다. 이따금 부지중에 하는 말로 '하나님을 일터로 모셔가고 싶다'는 야심찬, 그러나 정말 순진한 소원을 접하기도 한다. 아니, 하나님 자신도 그곳에 별로 계시고 싶지 않으신 듯 보인다. 정말 그럴까? 혹 하나님이 우리보다 이미 오래전부터 그곳에 계셨던 것은 아닐까?

함께 뛰어드는 사장님: 하나님이 친히 일하시는 이유

고대 이방 신들의 행동은 동양의 군주들이 흔히 그랬던 모습과 같이 묘사되었다. 신들은 자신의 권력영역을 감독하나 자신의 손을 실제로 더럽히지는 않는다. 신들은 부자와 복된 사람들의 삶을 이끌었다. 일은 신의 품위 아래 존재하는 것으로 더 낮은 영들이나 천한 백성들의 것이었다. 이와 반대로 아브라함과 이삭과 야곱의 하나님은 끊임없이 오늘날까지도 일하고 계신다. 하나님은 창조의 일곱째 날로부터 쉬고 있기만 하는 분은 아니다. 그 반대이다. 하나님은 깨어 계시고 세우시며 예비하시고 위로하시고 도우시고 고치시며 새로운 것을 창조하신다. 시편 121편이나 127편을 읽어보라. 하나님은 일초라도 주무시지 않는다. 하나님은 손을 더럽히는 것을 마다하지 않으시며 게으른 총독같이 시중을 받으실 필요가 없다. 바울이 적절하게 표현한 대로 그의 작품인 우리 각자가 이에 대한 증거이다.

우리의 정하신 바는 하나님의 형상이 되는 것이며 또한 하나님의 일에 참여하는 것이다. 그러므로 성경에서 일을 기피하려는 사람이 항상 엄격하게 벌을 받는 것은 이상한 일이 아니다. 잠언에서는 자신이 해야 할 일을 미루고 끊임없이 변명을 늘어놓는 게으른 자에게 개미를 본받으라고 말하고 있다 (잠6:6). 비록 신약성서는 여러 다른 경

> 우리 인간들은 하나님께서 창조 가운데 시작하신 일을 하나님과 함께 나누는 목적을 갖고 있다.

우에서 덜 엄격하게 판결하고는 있지만 이곳에서도 건전한 일의 태도는 너무도 당연한 것이다. 데살로니가후서 3장 6-12절에서 바울은 일을 기피하는 신자에 대한 방지책으로 '일하지 않는 사람은 먹지도 말라'고 분명히 말하고 있다. 세상에, 바울은 마리아와 마르다에 관한 이야기도 알지 못하는가? 우리 그리스도인들은 구원을 받았고 일이 더 이상 필요하지 않다는 것을 그는 알지 못했는가?

바울은 이를 적절한 근거와 함께 다르게 보고 있다. 우리 인간들은 하나님께서 창조 가운데 시작하신 일을 하나님과 함께 나누는 목적을 갖고 있다. 항상 우리 일의 열매를 빼앗는 타락도 이러한 하나님의 의도를 변화시키지는 못했다. 타락한 세상에서의 하나님의 사정을 찬찬히 살펴보라. 우리가 처한 그것과 다르지 않음을 발견할 수 있을 것이다. 하나님의 창조세계는 매일같이 어마어마한 양이 파괴되고 있다. 하나님의 진리는 교활한 책략가들에 의해 마음대로 조종되고 왜곡되며, 치유적인 관계의 삶을 위한 하나님의 사랑의 계명들은 그 재앙적인 결과들과 함께 경시되고 있다. 하나님께서 인간에게 마련해 주셨던 은사들은 이기적인 목적으로 오용되거나 단지 사소하고 순간적인 즐김을 위해서 낭비된다. 이때 우리에게도 때때로 똑같은 일이 일어나는 것은 너무도 당연할 것이다. 그러나 무산된 계획들과 깨어진 약속들에 대한 절망 가운데 있다 할지라도 우리는 하나님 가까이에 있을 수 있다. 그 누가 이를 하나님보다 더 잘 이해할 수 있을 것인가?

우리의 위치를 나타내는 말: 선한 일

이 모든 것은 하나님의 일과 (오늘날에도 역시) 우리 모두의 '선행'을 위해 필요하다. 선행은 신학적 전통 속에서 항상 악평을 받았다. 실제로 선행은 우리가 하나님이나 다른 사람들에게 능력으로 두드러져 보이고 싶어 하거나, 다른 나쁜 행동들을 감추기 위해서 오용하거나 명예욕 때문에 서로 경쟁할 때 문제가 된다. 이것이 바로 선한 존재가 되려고 하는 원래는 올바른 일이 변질되는, 중단되는 순간이다. 그러므로 나는 내가 벌어들인 모든 것으로 한번쯤은 거만하고 인색하거나 다른 사람들에게 거칠게 대할 권리가 있다고 말할 수 없는 것이다. 마틴 루터와 다른 개혁주의자들은 이러한 '선한' 일의 오용을 비판했지만 동시에 우리가 선한 일을 할 때 하나님께서 당연히 기뻐하시며 하나님의 영이 인간의 마음을 어루만지시고 변화시키실 때 이러한 일이 아주 부지중 일어난다는 것을 전혀 의심하지 않았다.

그러므로 바울은 아주 당연하게 하나님께서 우리에게 선한 일들을 준비하셨다는 것을 전제하고 있는 것이다. 이것은 하나님의 선한 일들이며 따라서 우리는 그 일들을 가지고 자랑할 수 없는 것이다. 그리고 이 일들 모두는 선한 것이다. 선한 일들 가운데 '더 좋은' 것은 없다. 사랑으로 하나님과 이웃에게 행한 것은 그저 선한 것이다. 그 일이 숨겨져 있든 아니면 눈에 띄어 인정을 받든 그것은 전혀 중요하지 않다. 비용이 많이 들었건 적게 들었건 그것도 중요하지 않다. 그것이 수백만의 예산을 가진 구호기관의 설립과 같은 큰 결과를 낳았든지 지친 친구에게 건넨 한마디 말로 단지 순간만 반짝였든지 간에 모든 것은 자신의 자리가 있으며 어느 한 쪽이 다른 쪽과 겨룰 수 없는 것이다. 이는 우리가 우리 행위의 결과를 전혀 내

> 선한 일들 가운데 '더 좋은' 것은 없다. 사랑으로 하나님과 이웃에게 행한 것은 그저 선한 것이다.

다볼 수 없기 때문에 그렇기도 하다. 이 순간 자신이 무슨 일을 했는지도 모르는 채 어떤 사람들은 한 마디 말로 나의 인생에 영향을 미친다. 신학자이며 작가인 리차드 볼스(Richard Bolls)는 이를 다음과 같이 나타냈다.

> "이는 마치 때때로 우리의 전 존재가 이미 새로운 인생의 문턱에 기대감으로 떨며 서 있는 것과 같아서 더 깊은 충족의 영역으로 들어가기 위해서는 아주 작은 자극만이-때로 그저 한마디 말만- 필요한 것과 같다." (Richard Nelson Bolles, 꿈의 직업으로 나아가기, 130쪽)

'일자리' : 하나님이 준비하심

지금부터 매일매일은 새로운 발견을 위한 여행과 같을 것이다. 오늘은 하나님께서 선행을 하도록 어떤 가능성들을 마련해 두셨을까? 어떻게 하면 내가 이렇게 마련된 일들을 알아볼 수 있도록 큰 의욕을 갖고 깨어서 하루를 시작할 수 있을까? 어떻게 이 세상의 나의 일 가운데 나의 삶에 대한 하나님의 본래의 생각들이 드러날 수 있을 것인가? 어떻게 하나님께서 고통스러운 경험들로부터 선한 것이 자랄 수 있게(롬8:28) 하시는가?

인간이 하나님 없이 직업에서의 성공과 부부관계, 성생활이나 먹는 행위 속에서 충만을 얻으려고 노력하면 할수록 공허함은 더욱더 커진다.

예수님께서는 우리가 생명을 더 풍성히 얻게 하기 위해 자신이 오셨다고 말씀하셨다(요10:10). 이것은 우리에 대한 하나님의 본래 의도를 회복하는 것에 관한 말씀이다. 양에 있어서 '더 많이'

가 아닌 질의 도약을 말씀하신다. 타락의 한 결과가 바로 이러한 충만함의 손실이었다. 파괴된 하나님과의 관계를 통하여 우리 삶은 일과 다른 사람들과의 관계, 깊은 내면의 즐거움에서 불만족스럽게 되었다. 인간이 하나님 없이 직업에서의 성공과 부부관계, 성생활이나 먹는 행위 속에서 충만을 얻으려고 노력하면 할수록 공허함은 더욱더 커진다. 하나님께서는 늘 이 삶의 충만함을 열어주시려 하신다. 바울은 에베소서에서 이 개념을 되풀이하여 언급하면서 존재하는 모든 삶의 영역들을 바라본다. 우리의 일도 당연히 이에 속해 있다.

따라서 하나님께는 범죄에 관한 일을 제외하곤 '나쁜' 일이란 없다. 심지어 교인 중 적지 않은 수를 차지하고 있었던 노예들에게도 바울은 불의한 노동조건에도 불구하고 이러한 관점을 전해줄 수 있었다. 물론 이것이 당시나 오늘날의 착취를 정당화하는 것은 아니다. 그것은 불의이다. 오히려 이 관점은 자신의 자유를 착취당했던 사람들에게 그들의 존엄성을 돌려준다. 그리스도인들도 불의에 대항해 싸울 수 있고 싸워야만 한다. 더 나은 노동조건과 임금을 요구하거나 직장을 바꿀 수 있다. 영원한 가치를 지니는 선행은 심지어 가장 불우한 조건에서도 가능하다. 그리고 그 선행 안에서 하나님은 자신을 나타내신다.

그러므로 '진짜' 영적인 사람들이 선교사가 되고 '덜' 영적인 사람은 목사가, 그리고 하나님이 어떻게 하실 수 없는 '나머지들'이 일하러 가는 것이 아니다. 그리스도인들은 어떤 회사나 공적인 사업주로부터 월급을 받든지 혹은 교회로부터 사례를 받든지 아니면 누구한테도 돈을 받고 있지 않든지 원칙적으로 '전임 사역'을 하고 있다. 언

> '세속적인' 직업을 가졌다는 이유만으로 자신의 소명에서 빗나간 사람은 아무도 없다.

어의 사용에서도 우리 시대의 유배지 기독교(Exilchristentum)의 분리된 사고구조가 반영되고 있어 마치 교회의 일만이 좁은 의미에서 하나님과 인간에 대한 봉사인 것처럼 이야기 된다. '세속적인' 직업을 가졌다는 이유만으로 자신의 소명에서 빗나간 사람은 아무도 없다. 한 친구가 이런 말을 한 적이 있다. "유일하게 세상적인 일은 죄이다." 어떤 활동이 '영적'인지 아닌지를 결정하는 것은 장소나 고용주나 동료들의 신앙색깔이 아니다.

최근에 나는 어떤 사람이 왜 예배시간에 전 교인들 앞에서 45분의 교회학교 수업을 위해서는 자신을 축복해 주면서 그가 선생으로 매주 수업하고 준비하는 45시간을 위해서는 축복해 주는 일이 없느냐고 묻는 글을 읽었다. 우리의 신학논문들이 무엇을 주장하든 상관없이 구체적인 교회의 실제생활은 우리가 진짜 믿는 바를 너무도 분명하게 드러낸다. 그리스도인들은 하나님께 노동인력 그 '이상의 존재'들이다. 하나님은 우리를 하나님의 개인적인 상대로서 하나님의 일에 편입시키신다. 하나님의 일터는 전체 창조세계이며 항상 그래왔다. 그러므로 그 시작을 살펴보는 것은 하나님께서 일을 어떻게 이해하시는가에 대한 흥미로운 내용들을 제공해 줄 것이다.

14. 나의 행위를 의미 있게 만드는 법
(아담의 동물들과의 생활)

창세기에서 우리는 원래 하나님께서 우리의 일에 대해 어떤 생각을 갖고 계셨는지-타락이 모든 것을 아주 복잡하고 힘들게 만들기 전에-알 수 있는 아주 적합한 설명을 발견하게 된다. 나는 하나님께서 오늘날까지도 이 본래의 의도를 견지하고 계시며 인간으로서 우리의 목적이 어떠한 것인지 아담으로부터 배울 수 있다고 믿는다.

전체는 아주 독창적이며 단순했다. 인간은 동물들에게 이름을 지어주라는 과제를 받았다. 아담의 첫 번째 직업-그는 원예가요 동물학자였다-은 모든 형태의 일에 적용될 수 있는 아주 전형적인 세 가지 측면을 갖고 있다.

a) 창조적으로 일할 것

이름을 짓는다는 것은 인간에게 단어를 만드는 것을 의미한다. 나라면 기꺼이 그 자리에 있었을 것 같다. 비록 아무것도 이해할 수 없었겠지만 말이다. 그 장면을 한 번 상상력을 한껏 동원해 그려보자. 아마도 아담은 자신의 목소리가 내는 음향을 갖고 실험했을 것이다. 조합의 가능성은 거의 무한대로 다양하다. 아담은 얼마동안 깊이 생각했을까? 아니면 모든 것이 즉흥적이고 직관적으로 일어났을까? 나는 그렇게 생각하지 않는다. 왜냐하면 아담은 모든 새로운 단어들을 기억해야만 했을 것이고 아직 글을 쓸 수는 없었을 것 아닌가!

하나님의 형상인 우리 인간은 창조적으로 행동할 수 있는 능력이 있다. 하나님은 세상을 무로부터 창조하셨다. 우리는 하나님께서 우리에게 맡겨주신 것으로부터 새로운 것을 창조한다. 그리고 하나님에게서와 비슷하게 우리 존재도 우리가 창조하는 것 안에서 표현된다. 모든 일은 작은 초상화이다. 우리가 무슨 일을 하는가와 무엇보다도 어떻게 그 일을 하는가는 우리에 관해 많은 것을 말해준다.

> 그리고 하나님에게서와 비슷하게 우리 존재도 우리가 창조하는 것 안에서 표현된다.

b) 정리하기와 '다스리기'

이름을 준다는 것은 또 '질서를 세운다'는 것과 관계가 있다. 무엇인가를 명명할 수 있을 때 사람은 그것을 생각으로 그리고 개념적으로 정리할 수 있고 그렇게 함으로써 이미 '지배하기' 시작한 것이다. 혼란을 주었던 다양성은 점점 자리가 잡혀 간다. 동물들 간의 유사점들이 개념적으로 정착되고 연관성들도 단번에 생각하고 표현할 수 있게 된다. 내 생각으로는 우리가 삶의 모든 일들(우리 직업이나 자녀들의 교육, 학문, 경제적 상태 등)을 긍정적인 의미에서 '다스리는' 것이 하나님의 의도인 것 같다. 예를 들어 우리가 자연과학에서 사물들에 영향을 주고 그것들을 의미 있게 사용할 수 있기 위해서는 먼저 그 연관성들(즉 사물의 질서)을 이해해야만 한다. 모든 일은 특별한 기술들 그리고 특정 지식과 경험을 전제로 하고 있으며 우리가 더 이상 배울 것이 없는 지점에 도달하는 일은 드물다.

c) 섬기기

우리가 당장 제거해야만 하는 또 한 가지 오해가 있다. '다스리라'는 '복종시키라'는 것을 의미하지 않는다. 우리 인간의 일은 위임된 일이다. 하나님께서 우리에게 주셨으며 우리는 하나님께 책임을 져야 한다. 하나님께서 자신의 창조물에 대해 단지 창조주일 뿐 아니라 항상 돌보시는 봉사자이신 것처럼, 아담 또한 그렇게 하나님과 함께 창조된 것들을 섬겼고 모든 인간의 일 또한 이렇게 항상 섬기는 측면을 갖고 있어야 한다. 즉 '만물을 정복하라'는 말씀이 자연을 착취하고 파괴하는 일의 허가서로 이해되어서는 안 된다는 의미이다. 이러한 물질주의의 결과는 성경에 근거한 것이 아니라 사람들이 유럽의 계몽주의 철학에서 하나님을 실제적으로 계시지 않거나 무관심하신 존재로 해석한 것에서 기인한다. 이러한 해석에 따르면 하나님은 이 세상을 기계적인 시계와 같은 것으로 창조하여 태엽을

> 우리 인간의 일은 위임된 일이다. 하나님께서 우리에게 주셨으며 우리는 하나님께 책임을 져야 한다.

감아 놓으시고 이제는 그저 관망자로 계신다. 이로써 자연은 인간이 마음대로 사용할 수 있는 죽은 객체로 강등된다.

  이 세 가지 측면에서 우리의 일은 하나님의 일에 부합한다. 기억을 돕기 위해 이것을 삼위일체에 연결할 수 있다. 모든 창조적인 일의 근원으로서의 아버지 하나님, 하나님의 메시아로서 새로운(혹은 본래 의도되었던) 질서를 세우고 평화를 주시는 예수님, 공평한 겸손으로 섬기면서 자신의 명예나 이익을 구하지 않는 성령님. 하나님을 지적으로는 존재하시도록 하면서 삶은-적어도 일에 관한 한-하나님 없이 극복해보려 하는 일상의 실제적인 무신론에 빠지지 않기 위해 나는 아주 개인적으로 다음과 같은 질문을 스스로에게 해 볼 수 있겠다.

  - 하나님은 만들어갈 수 있는 어떤 활동영역과 어떤 창조적인 가능성들을 내게 주셨으며 나는 그것을 어떻게 사용하는가? 이 말은 분명 최소한의 '규정에 따른 봉사'를 의미하진 않는다. 나는 많은 사람들이 그 활동영역들을 이미 볼 수 없게 되었으며 한계만을 느끼고 있다는 인상을 받는다. 그들의 생각은 그들이 그리스도 안에서의 생명의 전염력 있는 신선함과 자유를 많이 잃어버리고 이러한 적대적인 '견고한 진'(고후10:5 비교) 사이에 내몰려서 살 수밖에 없도록 좁은 궤도에서 움직인다. 프란츠 카프카는 이러한 삶의 느낌을 한 작은 우화에서 다음과 같이 묘사했다.

    "아아" 하고 쥐는 말했다, "세상은 날마다 더 좁아져. 처음에는 아주 넓어서 두려움을 가졌었지. 나는 계속 달렸고 행복했지. 나는 멀리 좌우에 벽이 있는 것을 보았는데 이 긴 벽은 점점 빨리 좁아지더니 나는 이미 마지막 방에 있는 거야, 그 구석에는 내가 뛰어든 함정이 있고."
  "너는 달리는 방향만 바꾸면 되었어."라고 고양이는 말하며 쥐를 잡아먹었다.

만약 우리가 '어쩔 수 없는 상황들'만 보고 있다면 아마도 생각의 방향을 바꾸어야만 할 것이다. 실제로 창조적인 가능성들이 몹시 제한되었을지 모르지만 그것은 본래 항상 존재한다. 모세가 가

> 실제로 창조적인 가능성들이 몹시 제한되었을지 모르지만 그것은 본래 항상 존재한다.

나안 땅으로 보냈던 정탐꾼들을 생각해 보라(민13,14장). 여호수아와 갈렙은 그 땅의 풍부함과 하나님의 무한한 가능성을 보았다. 그들은 스스로 이 땅을 정복하라고 하나님께서 과도히 요구하셨음에도 두려워하지 않았다. 나머지 백성들은 오직 거인들만 보았고 이 거인들을 결코 이길 수 없다며 위험과 불가능에 관하여만 이야기했다. 그리고 결국 애굽으로 돌아갈 계획을 세웠다.

하나님은 하나님과 함께 하나님의 뜻이 이 땅에 관철되는 것을 위해 싸우도록 우리를 만드셨다. 우리의 무기는 압박이나 강요가 아니라 용기와 창의력, 강인한 성격과 기도이다. 만약 당신이 넓고 비옥한 당신 일상의 땅을 차지하기 원하면 우선 끊임없이 "시간이 없어!", "너무 비싸!", "어차피 안 돼!", "진짜 그런 위험을 감수할거야?", "대체 누구를 위해 견디고 있는 거야?"라고 외치며 모든 창의적인 생각을 죽이는 거인들을 머리에서 차단해야만 한다.

스탠포드 대학의 심리학자인 미첼 레이(Michael Ray)는 다음과 같이 확증하고 있다.

"나는 일을 할 때 되풀이하여 사람들이 관습적이지 않은 생각들을 웃음거리로 만드는 것을 경험했다. 이것은 심지어 어떤 표지가 되기도 한다. 당신에게 어떤 좋은 생각이 떠올랐을 때 사람들이 당신의 아이디어를 비난하면 확신을 가져도 좋다. 당신이 그 생각을 조금 더 발전시키면 사람들은 그 생각이 그리 새로운 것이 아니라고 말한다. 그리고 당신이 더욱 일을 성사시키면 그들은 결국 그것이 그들의 아이디어였다고 말한다(Daniel Goleman/Paul Kaufman/Michael Ray, 창의성 발견하기, 155,156쪽)."

단순한 일이나 별로 재미있지 않은 일(가사일과 같은)도 상상력을 발휘하면 더 많은 것을 이루게 된다. 여기 스트레스 많은 어머니들(그리고 아버지도)을 위한 좋은 소식이 있다. 양육과 관련된 모든 일은 높은 수준의 창의적인 일이다. 어떻게 아이에게서 최악이 아닌 최선의 것을 자극하여 나오게 할 수 있을 것인가? 아이의 특별한 장점과 개성은 어디에 있는가? 스스로를 넘어 자라가도록 이를 어떻게 -의도적인 칭찬으로 혹은 아이의 마음을 움직일 다른 작은 관심들을 통해- 격려할 것인가? 이것은 기본적으로 사장들과 그의 동료들에게도 동일하게 적용된다. 그리고 반대로 말하면 우리도 다른 사람들 안에 숨겨진 잠재력을 발견하고 이를 칭찬과 격려, 기도 등을 통해 밖으로 이끌어내는 가능성을 갖고 있다. 많은 회사에는 개선점들을 찾고 때때로 실천에 옮길 수 있는 가능성이 있다. 그리고 다른 삶의 영역들에서 우리는 어쨌든 스스로 결정한다.

심리학자인 아브라함 머슬로우(Abraham Maslow)는 "오직 망치 하나

우리도 다른 사람들 안에 숨겨진 잠재력을 발견하고 이를 칭찬과 격려, 기도 등을 통해 밖으로 이끌어내는 가능성을 갖고 있다.

만 다룰 수 있는 사람들은 모든 문제를 못으로 간주한다."고 말했다. 창의적이 된다는 것은 길들여진 사고방식을 극복하는 것을 전제로 한다. 1895년만 해도 켈빈 경(Lord Kelvin)은 다음과 같은 굳은 확신을 갖고 있었다. "공기보다 무거운 비행체를 만드는 일이란 불가능한 일이다." 오늘날에는 그 반대임을 어린이도 알고 있다. 믿음의 눈으로 보는 것을 배우는 사람은 더 이르건 늦건 간에 그 어떤 것도 현재 그대로 있을 필요가 없다는 것을 확인하게 된다. 켈빈 경의 말은 몇 년이 채 지나지 않아 반증되었다.

내 경험으로는 이를 위해 사람들에게 어느 정도의 한가로움과 일상의 문제들로부터의 내면적인 간격이 필요하다. 우리는 창의적인 생각을 위해 의도적으로 휴식을 계획에 넣음으로(그리고 그 계획을 지킴으로) 그리고 이 휴식을 오락으로 채우지 않는다면 너무 바쁠 때가 많은 삶 속에 우리의 작은 섬들을 만들 수 있다. 그리고 때때로 한 시간 이상 물러나 있는 것도 중요하다. 떨어져 있을 때 사람들은 갑자기 각각의 경험들이 하나의 전체로 짜 맞추어지고 하나의 의미를 갖게 되는 것을 보게 된다. 왜냐하면 에피소드가 모여 이야기가 되기 때문이다. 여전히 생사가 달린 것처럼 중하게 보이거나 깊이 몰두하고 있는 (종종 고통스러운) 경험들도 그다지 격렬하지 않은 것으로 드러난다. 기억 속에서 뒤엉켜 있던 일들도 다시 의식하게 된다. 얼마 후에는 꿈꾸는 일이 다시 이루어지기도 한다.

창의적인 생각을 촉진시키는 그 다음 요소는 한계 너머로 시선을 향하

> 떨어져 있을 때 사람들은 갑자기 각각의 경험들이 하나의 전체로 짜 맞추어지고 하나의 의미를 갖게 되는 것을 보게 된다.

는 호기심이다. 때로는 상황들이 이를 경험하게도 한다. 이번 주에 나는 계획에도 없이, 그래서 투덜거리며 아들을 치과에 데려다 주게 되었다. 그런데 전혀 뜻밖에도 대기실에서 내가 작업하고 있던 주제에 아주 요긴한 잡지의 기사를 읽게 되었다. 그래서 몇 시간의 작업시간을 줄일 수 있었다. 돌아서 간 길이 더욱 유익했던 셈이었다. 나는 또 의도적으로도 눈을 열고 낯설거나 익숙하지 않은 일들에도 주의를 기울이는 것을 연습한다.

　스스로 머릿속에 비판의 제어장치를 가동할 수 있는 한, 내가 새롭게 발견하거나 꿈꾸는 모든 것을 하나님의 자녀로서 목적에 얽매이지 않고 한동안 갖고 놀 수 있다. 이것이 무언가에 유용하거나 적용할 수 있는지는 후에 나타난다. 나는 혼자 또는 친구들과 아무 격이 없이 공상하는 것을 좋아한다. 기껏 나빠 봤자 재미있었다는 것이고 종종 대단히 창의적인 생각들이 나오기도 한다. 때로는 말장난과 개념 바꾸기 놀이를 한다. 아주 객관적이고 체계적인 사람들에게는 어떤 생각을 표현하기 위해 그림을 그리거나 그림이나 상징을 사용하는 것이 도움이 된다. 이때 그들은 계산적이고 확실한 것을 생각하는 좌뇌를 사용하면서 우뇌의 능력을 실험에 이용한다.

　- 어떻게 하나님의 선한 질서를 나의 직업영역에서 증진시킬 수 있을까? 현대적인 회사 안에서도 성경적 가치와 원칙들이 적용될 수 있다. 간부들이 함께 동참하지 않더라도 나의 개인적인 책임영역에서 이를 시작할 수 있고 내가 신실하게 살아가면 시간이 지남에 따라 나의 영향력도 커질 수 있을 것이다. 나는 정의 편에 서서 불이익을 당하는 자들을 도울 수 있다. 나는 잘못된 타협을 하지 않고도 모든 참여자들에게 이익이 돌아가

도록 갈등을 풀어 가는데 기여할 수도 있다. 그러면서 나는 인격적으로 성숙하고 성장할 수도 있을 것이다.

내 분야에 있어서도 새로운 능력과 지식을 습득함으로 과제를 더 잘 수행할 수 있어야 한다. 하나님께서는 나의 일을 통해 어떤 질문을 하고 계시며 나는 어떻게 적절한 대답을 할 수 있을 것인가? 나는 하나님을 나의 원래의 고용주로 보고 내 일의 주인으로 인정하고 있는가? 예를 들어 일의 지배를 받는 일중독자는 평균 이상의 성과를 낼지라도 자신의 일을 다스리는 것이 아니라 일이 그의 우상이 된 것이다. 모든 다른 우상들과 마찬가지로 일도 보람을 주지 않고 무자비하고 불의하며 (다른 사람들에게 축복이 되는 대신)그것에 빠지는 자에게 파괴적인 저주가 된다. 사람들은 내면적으로 소진된다. 그들은 그것을 놓아버리지 못하는 것 때문에 힘들게 쌓아온 것을 파괴한다. 그들은 가족 간의 관계들을 파괴하거나 친구들을 잃어버린다. 일은 우리의 정체성을 만들기 위해 고안된 것이 아니다. 우리는 하나님의 상대자라는 우리의 정체성을 갖고 있다 - 아니면 헛되이 우리 정체성을 찾아 헤매고 있던지!

> 일은 우리의 정체성을 만들기 위해 고안된 것이 아니다. 우리는 하나님의 상대자라는 우리의 정체성을 갖고 있다

항상 우리는 우리의 일을 통해 우리 능력과 성과의 한계까지 가도록 도전을 받는다. 그것은 좋은 일이다. 심리학자인 미할리 칙첸트미할리(Mihalyi Csikszentmihalyi)는 이에 관해 다음과 같이 서술한다.

"최상의 순간들은 주로 한 인간의 몸과 영혼이 무언가 어렵고 가치

있는 것을 얻으려고 자발적으로 노력하면서 그 한계까지 뻗어갔을 때에 형성된다…… 그러나 이런 경험이 꼭 즐거운 것만은 아니다…… 삶을 조절한다는 것은 결코 쉬운 일이 아니며 때때로 몹시 고통스럽기도 하다. 그럼에도 긴 안목으로 보면 최상의 경험들은 자신을 조절하고 있다는 느낌을 준다 - 이는 삶의 의미를 형성하는 그 무엇인가를 견고하게 만드는 일을 했다는 느낌이라고 표현하는 것이 더 나을지도 모른다- 그리고 이 느낌은 우리를 사람들이 흔히 행복이라고 말하는 것에 마치, 언제라도 도달할 수 있을 것 같이 가깝게 만든다. (Mihalyi Csikszentmihalyi, 몰입, 행복의 비밀, 16쪽)."

'다스리는' 것에는 그에 맞는 능력 외에도 나의 분야를 점점 더 잘 이해하는 것을 배우는 것이 포함된다. 물론 교육을 받거나 전공으로 공부하는 것이 이 목적에 도움이 되지만 우리 교육기관의 실제적인 무신론은 사람들이 자신의 일의 의미에 관하여 물을 때 당면하게 되는 많은 문제들을 전혀 제기하지 않는다. 이 책은 21세기의 우리 삶과 우리 일에 대한 성경적인 관점들을 다루고 있다. 직업에 따라 수많은 주제들이 이에 더해질 수 있을 것이다. 교육학자, 심리학자, 의학자들은 성경적이고 기독교적인 인간상에 관하여 물을 것이다. 정치가, 법률가, 은행가와, 바라기는, 판매와 마케팅에 종사하는 사람들은 매일같이 정의가 무엇이며 어떻게 이를 실천할 수 있는가 하는 문제를 대하게 된다. 산업은 맡겨진 자원들을 책임 있게 사용해야만 하며 모든 기업의 지도자들은 하나님이 생각하시는 권위와 힘이 무엇인지에 대해 답변이 필요하다.

> 하나님은 우리를 한계로 이끄시기도 하시지만 과도한 요구를 하시지는 않는다.

또 다른 흥미로운 국면은 내가 어떤

일을 다스려야겠다고 생각하고 있는 그 순간에 하나님이나 어떤 사람이 새로운 과제를 줄 때가 있다는 것이다. 예수님은 이것을 맡겨진 달란트 비유에서 적은 것에 충성한 사람에게 더 큰 것이 맡겨진다고 설명하신다. 우리의 일상세계에서는 게으르고 무능한(혹은 변화를 싫어하는) 사람들이 승진을 하기도 한다는 차이가 있다. 그러나 다행스럽게도 하나님은 우리를 근본적으로 더 잘 알고 계신다. 하나님은 우리를 한계로 이끄시기도 하시지만 과도한 요구를 하시지는 않는다.

- 나는 진정 누구를 섬기고 있는가? 소프트웨어를 만드는 클라우스는 아주 표면적으로 봤을 때 직업 가운데 아마 사장이나 회사를 섬기고 있을 것이다. 그러나 실제로는 언젠가 이 소프트웨어를 사용하게 될 사용자를 섬기고 있다. 모든 것이 잘 진행된다면 이 소프트웨어는 사용자들의 일을 엄청나게 덜어 줄 것이다. 회의론자들은 그렇게 되면 사장이 노동자들에게 즉시 더 많은 일을 떠안길 것이라 말할 것이고 그 말이 맞을 때가 많다. 하지만 이런 면만 있는 것이 아니다. 아마도 일하는 사람은 새로운 기계 앞에서 미소를 짓게 될 것이다. 그가 저녁에 집에 돌아올 때면 전보다 덜 지치고 피곤할 것이고 이것을 그의 부인도 알아차리고 기뻐할지 모른다. 그 반대의 경우도 우리 모두는 잘 알고 있다. 시간과 데이터의 손실, 끝이 없는 헛수고, 수리와 관리에 들어가는 높은 비용, 짜증과 사생활까지도 악영향을 미치는 지겨움. 회사는 손해를 보고 일자리는 삭감된다. '나는 내 일의 부족함에 대한 불평과 지적을 싫어하는가, 아니면 더 잘 일하도록 도와주는 모든 정보를 기

> 섬기는 것은 다른 사람의 관심을 우선순위에 놓는 것이다.

뻐하고 있는가?'라고 자문할 수 있기 위해서는 사용자의 일상을 한번쯤 눈앞에 입체적으로 그려봐야 할 것이다.

섬기는 것은 다른 사람의 관심을 우선순위에 놓는 것이다. 우리가 우리 봉사의 수혜자들을 하나님의 사랑의 눈으로 바라보고 그들에 대한 하나님의 열광을 느끼는 것을 배운다면 이 일이 더 쉬워질 것이다. 다른 사람들이 이러한 태도를 알아차리기까지는 오랜 시간이 걸리지 않을 것이다. 쇼핑이 내게는 가장 좋은 예이다. 판매자가 나를 파트너로 보고 좋은 조언을 해주며 나에게 단순히 가장 비싼 제품만을 들이대지 않으면, 나는 그를 신뢰하고 기꺼이 다시 올 것이다. 그가 나를 자신의 약탈 대상으로 여겨 한번이라도 속인다면 나를 다시 보지 못할 것이다. 최근에 한 로마풍의 거리카페를 저녁에 방문했던 내 친구에게 이런 일이 일어났다. 웨이터가 메뉴판에 적힌 낮은 가격의 음식은 점심시간만을 위한 것이라면서 더 높은 가격을 요구한 것이다. 전 세계에서 오는 관광객들이 일생에 한 번쯤만 지나가는 장소에서는 이런 상술이 통할지도 모른다. 그렇지 않은 곳에서는 이런 상술은 어림없는 것이다.

섬김은 각 개인이 대체될 수 있고 홀로 헤쳐 나가야 하는, 지속되는 관계가 없는 사회 안에서 대중적인 개념이 아니다. 전에는 '섬김'이라 할 때 일반적으로, 바로 이해했다면, 차이가 나는 역할에도 불구하고 양편 모두의 의무와 충성이 전제된 개인적인 태도를 의미했다. 우리 시대에서처럼 개인의 독립성이 최고의 가치로 양식화되면 섬김은 구속과 종속을 연상시키기 때문에 심지어 가장 불쾌한 태도가 된다. 리차드 세넷(Richard Senett)의 글은 이것을 명확하게 표현한다.

"새로운 질서의 격언에 따르면 종속은 죄다······현대의 회사들 안에서 '섬김'은 자신의 명예로운 자리를 잃어버렸다. 그 단어 자체가 그저 앉아서 자신의 시간을 보내고 있는 사람의 마지막 도피처를 떠오르게 한다. (Sennett, 인간)"

여전히 아주 사적인 삶에서는 성인들 간의 상호 종속이 아주 건전하고 성숙한 삶의 태도라는 것을 우리는 잘 알고 있다. 비록 이것이 많은 사람들에게 점점 더 어려운 일이 되고 있지만 말이다. 이곳에서는 어떤 봉사의 일도 서로 계산에 넣거나 보상할 수 없다. 초기 근대사회에서는 누군가에게 다른 사람이 필요하다는 인식은 좋은 사업관계의 기초였다. 무역을 통해 지속적인 관계들이 생성됨으로 야만적인 풍습들이 저지되기도 했다. 다른 선택은 _불신과 형식적인 관계이다. 경력 상담자인 리차드 볼즈(Richard Bolles)는 상사나 동료들로부터 칭찬이나 인정 혹은 감사 같은 것을 기대할 수 있는 일자리를 찾는 것은 점점 더 어렵게 될 것이라 말한다. 전문적인, 아무 의미를 갖지 않는 친절이 이러한 태도들을 종종 대신하고 있다.

눈에 띄게 다른 프로필을 내보일 수 있는 그리스도인들에게는 얼마나 큰 가능성인가! 당신이 섬기는 모든 사람들의 명단을 한 번 작성해 보라. 그 사람이 당신의 자녀들이거나 직장동료라고 가정해 보자. 잠깐 동안 시간을 내어 기도하면서 각 사람들에 관하여 깊이, 그러나 긍정적으로 생각해 보라. 이 사람들을 혼동할 수 없도록 만드는 특성들은 무엇인가? 하나님께서 그들을

> 지금까지의 자신의 일과 함께 행복했던 사람, 그리고 그 일을 하나님의 눈을 갖고 봉사로 보고, 그 일을 창조적으로 해나가며 지배하는 법을 배운 사람은 또 다른 새로운 곳에서도 출발의 장점을 누리게 될 것이다.

그분의 사랑 안에서 바라보신다면 어떻게 생각하고 느끼시겠는가? 그들은 무엇이 될 수 있을 것인가? 하나님께서 자신의 고유한 각각의 피조물들에 대해 마음에 품으시는 열광(요1:47, 스3:17 비교)의 한 부분을 당신이 느낄 때까지 상상 속에서 꿋꿋하게 그림을 그려보라. 이 일이 끝나면 이제 이 사람들의 점수나 욕구, 잘못에 대해서도 생각해 볼 수 있다. 그러면 이것을 먼저 생각할 때 보다 그들의 잘못이 훨씬 덜 힘들게 느껴진다. 그리고 무엇보다 생각의 방향이 올바르므로 당신은 문제의 해결에 더 다가간다.

어떤 사람들은 끊임없이 이상적인 직장을 찾지만 결코 찾지 못할 것이다. 그들이 만약 불만과 과도한 요구를 갖고 직장을 바라본다면 직장은 이상적인 상태를 멈추게 된다. 또 다른 사람들은 스스로는 전혀 다른 일을 찾아보려는 생각을 하지 못한다. 이들은 단기적인 새로운 노동시장에 그리 잘 적응하지 못한다. 이들 중간쯤을 건전한 태도라 볼 수 있을 것이다. 지금까지의 자신의 일과 함께 행복했던 사람, 그리고 그 일을 하나님의 눈을 갖고 봉사로 보고, 그 일을 창조적으로 해나가며 지배하는 법을 배운 사람은 또 다른 새로운 곳에서도 출발의 장점을 누리게 될 것이다. 위에서 제기된 질문들에 곧바로 답변하지 않을 이유는 없다. 그 반대이다. 그럼에도 하나님께서는 나를 다른 곳으로 부르실 때 내가 '숙제'를 끝낼 때까지 기다려 주신다.

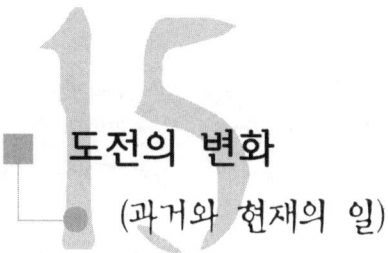

도전의 변화
(과거와 현재의 일)

> 노동력은 그에 대한 책임이 외부의 '공급자'
> 에게 있는 자원일 뿐 그 이상은 아니다.
> 수잔네 프랑크스(Suzanne Franks)

다행스럽게도 일에 대한 성경적 시각은 지극히 현실적이다. 하나님은 우리에게 구원이 필요하며 우리가 매일매일 한계에 부딪히고 있음을 알고 계신다. 이것은 스스로에게 빚을 지고 있는 각서라고도 말할 수 있을 것이다. 하나님은 우리가 고통과 실망을 통하여 다른 무엇보다도 하나님을 찾도록 하기 위해 일속에서 완전한 충족과 무제한적인 성공을 이루지 못하게 하신다. 그러므로 창3:17-19에서는 다음과 같

> 하나님은 우리가 고통과 실망을 통하여 다른 무엇보다도 하나님을 찾도록 하기 위해 일속에서 완전한 충족과 무제한적인 성공을 이루지 못하게 하신다.

이 말하고 있다.

> "땅은 너로 인하여 저주를 받고 너는 종신토록 수고하여야 그 소산을 먹으리라. 땅이 네게 가시덤불과 엉겅퀴를 낼 것이라 너의 먹을 것은 밭의 채소인즉 네가 얼굴에 땀이 흘러야 식물을 먹고 필경은 흙으로 돌아가리니"

그러므로 아담은 자신의 일에서 괴로움을 겪어야만 한다. 땅은 본래의 소산보다 더 적은 양을 내어준다. 잡초가 소산의 일부분을 없애고 가시와 엉겅퀴는 고통을 주며 뜨거운 날씨는 일을 더 힘들게 만든다. 사람이 이런 요소들에 노출되어 있다면 경력이나 성공은 정말 계획한다고 되는 일이 아니다. 결국에는 아담 자신도 죽게 되며 썩어서 땅의 일부분이 되고 이 땅에서 그의 후손들이 또 수고를 하게 된다. 우울하게 만드는 시각이지만 우리 모두가 경험하는 것이기도 하다. 이미 말했듯이 하나님은 이러한 점에 있어서도 우리를 아주 깊이 이해하고 계신다. 그리고 그리스도 안에서 우리의 일도 그 안에 포함되어 있는 회복의 역사를 시작하셨다. 우리가 이러한 계획을 잘 알면 알수록 부정적인 측면들을 더 잘 다룰 수 있게 된다. 그러나 무엇보다도 우리는 하나님과 함께 이 저주를 깨뜨리고 영생을 얻게 될 뿐만 아니라 이미 지금부터 영원히 의미를 갖는 일들을 행하게 될 것이다.

물론 모든 사람이 이러한 문제들을 하나님을 찾는 자극으로 이해하는 것은 아니다. 주위에는 '일에' 지쳐 집에 돌아와서는 손가락도 까딱하지 않는 사람들이 있다. 이런 전형적인 사령관스타일의 사람은 자신의 서류가방을 구석에 세워놓고는 TV 앞에서 맥주와 실내화를 가져다주기를 기다린다. 그의 머릿속에선 '일'이 지불되는 일에 한정되어 분명하게 분리되어 있다. 가정의 나머지 일은 그의 욕구에 맞추어져야만 하고 때때로 이 체계는 잘 '작동하기'도 한다. 이러한 '종(種)'에 해당되는 사람들은 귀찮은 아이들 양육문제는 아내에게 맡겨놓고 신문에 코를 박고 있는 아버지들과 같은 사람들이다. 다행이도 이러한 인종은 이제 서서히 멸종하고 있다. 그러나 다른 측면들에서는 동일한 사고방식이 예수님의 제자들 사이에서도 여전히 아주 깊이 뿌리박혀 있다. 예를 들면, 어떤 사람들은 교회 일에 전혀 참여할 수 없는 이유를 그들의 가정적 책임에 갖다 붙인다. 그런 다음 위의 사령관들 같이 까다로운 태도로 예배에 앉아 예배 진행자들이 뭔가 잘못이라도 하면 불평을 하거나 헌금에 인색하게 군다. 또 다른 사람들은 교회 밖의 사람들과는 좋은 관계를 맺으려 노력할 필요가 없다거나 사회정치적 문제들에 관심을 가질 필요가 없다고 생각하면서 '기독교적' 활동들에 얽매여 있다. 마지막으로 몇몇 사람들은 항상 '전임 사역'을 꿈꾸면서 그렇게 되면 지금 하고 있는 일보다 모든 것이 더 재미있고 단순하며 '영적일' 것이라 착각하고 있다.

　이러한 태도들 중 어느 것도 하나님 앞에 올바르지 않다. 우리의 삶은 나눌 수 없는 전체이며 이것은 '선한 일'에 대한 하나님의 명령에도 해당된다. 그러므로 성경적 의미에서의 일은 그 누구에게도 생계를 위한 일의 영역에 한정되지 않는다. 그 영역이 시간적으로나 수고하는 면에 있어 큰 부분을 차지하고 있더라도 말이다. 그 대신 우리 모두는 여러 역할과 기능 속에서 일을 갖고 있다. 만약 우리가 이 영역을 처음부터 제한한다면 예수님과

> 성경적 의미에서의 일은 그 누구에게도 생계를 위한 일의 영역에 한정되지 않는다.

의 관계에서 성장할 수 있는 소중한 기회를 단념하는 것이다. 더욱이 분리된 생각과 두 종류의 기준 때문에 걸려 넘어지고 외부에 대해서는 신뢰성과 설득력을 잃게 되는, 본의 아닌 위선자가 될 위험까지 있다.

그밖에도 일에 대해 간략하게 소개된 내용을 숙고하는 것이 좋은 다른 이유들도 있다. 구약성경과 신약성경 속의 노동조건들은 오늘날 우리의 일과는 많은 면에서 아주 다르다. 그러므로 그 이후로 기술의 발달을 통해, 또 이에 따른 사회의 발전을 통해 무엇이 변화되었고 또 변화하고 있는지 간략하게 살펴보도록 하자.

a) Just-in-time-노동자

많은 전문가들은 오늘날의 삶과 노동조건의 변화의 정도가 18세기 후반의 산업혁명시기와 거의 맞먹을 정도로 크다는(때로는 충격적이라는) 점을 지적한다. 과거에는 증기기관의 발명으로(그 이후에는 전기의 발명으로) 대규모의 분업이 가능한 공장들이 생겨났다. 따라서 복잡한 사회적 관계들을 가진 대가족 제도에 가깝게 기능했던 수공업기업들로부터 어렵고 복잡한, 비싼 기계들의 도입으로 훨씬 더 익명적인 생산 장소들이 생겨났다. 활동들은 요구수준이 낮고 단조롭게 변했으나 더 빠르고 저렴한 물건들을 생산할 수 있게 되었다. 철도를 통해 이 상품들은 최단기간에 전 유럽으로 운반될 수 있었다. 그러나 더 엄청난 변화는 무엇보다도 이와 함께 진행된 삶의 세계와 일의 세계 간의 공간

> 많은 전문가들은 오늘날의 삶과 노동조건의 변화의 정도가 18세기 후반의 산업혁명시기와 거의 맞먹을 정도로 크다는(때로는 충격적이라는) 점을 지적한다.

적인 분리였다. 경영의 대가(Management-Guru)인 윌리엄 브릿지스(William Bridges)는 이렇게 적고 있다.

> "일터의 새로운 세계는 사회적인 권리와 의무들을 규정했던 관계의 옛 형태를 파괴하였다. 이 세계는 전통적인 수공업을 필요 없는 것으로 만들었다……그리고 사적인 삶과 일의 삶의 자유로운 시간배분을 없애버렸다." (William Bridges, 자신의 일에 대한 경영. 어떻게 새로운 노동시장에서 기반을 잡을 것인가, 55쪽)

도시들은 급격히 성장했고 시골에서는 더 이상 미래가 없으므로 도시에서 일자리를 구하는 사람들의 가난 또한 도시와 함께 커졌다. 그 결과는 엄청난 사회적 긴장이었다. 초기에는 변화로부터 이득을 얻는 계층이 아주 작았기 때문이다. 어느 정도 시간이 지나고 나서야 노동자들이 조직화되고 새로운 법률들이 생겨나고 벌어들인 이익들이 더 공정하게 분배되었다. 수백 년이 지난 후에는 마치 작은 복지기관과 같은 기능을 하며 모든 사회적인 혜택을 제공하는 거대기업들이 생겨났다.

오늘날 경제의 세계화와 유동성은 다시 극적인 변화를 일으키고 있다. 지난 세기의 마지막 20년간 이러한 기업들 중 다수가 도산을 하고 살아남기 위해 노동자들의 수를 현저하게 삭감하지 않을 수 없었다. 복지혜택은 최소한으로 축소되었다. 일자리는 경이적인 속도로 감소되거나 불안정하고 일시적인 고용관계로 전환되었다. 소위 'McJobs'라 불리는 아주 저임금의 일들로 이루어진 새로운 장이 생겨났다. 동시에 '1인 기업(Ich-AG)'이 새로운 이상형으로 설명되고 있다. 위험을 스스로 부담하는 유동적이고 마음대로 할 수 있는 가장 작은 기업가이다. 그는 일을 스스

> 많은 사람들이 안전과 비교적 높은 수입을 위해 긴 노동시간과 잦은 출장 혹은 이사라는 대가를 지불하고 있다.

로 찾아내고 자신의 서비스를 제공하므로 자기책임 하에 자신의 노동력을 상품화한다. 경직된 지휘체계는 언제라도 주어진 임무에 따라 다르게 구성될 수 있는 유동적인 팀들에게 길을 내어주어야 한다. 이들은 세계시장이라는 요동치는 바다 위에 떠있는 작은 섬들과 같다. 그러나 전형적인 직업들은 '아웃소싱'과 '다운사이징'의 열기 속에서도 완전히 사라지지는 않는다. 생존에 필수적인 일정 수의 노동자들은 대부분의 기업 안에 남게 된다. 이러한 권력의 육지에서도 공기는 점점 희박해진다. 많은 사람들이 안전과 비교적 높은 수입을 위해 긴 노동시간과 잦은 출장 혹은 이사라는 대가를 지불하고 있다. 언제라도, 주말이나 휴가 중에라도 연락이 닿을 수 있어야 한다는 점이 많은 직업에서 당연한 일이 되고 있다. 직원들은 여전히 그 악명 높은 '주주가치(Shareholder Value)'를 최고 기준으로 알고 있는 기업수뇌부의 비현실적인 지시들 때문에 큰 압박을 받는다. 특혜를 누리지 못하는 시간제 임시직 노동자들의 비율이 점점 더 늘어나는 유동적인 팀들은 표면적으로 더 큰 자유를 갖고 있는 것처럼 보이지만 실제의 사정은 그렇지 않다. 경영자들의 입장에서 보면 유동적인 팀들에게는 수행과 적응에 대한 압박은 늘릴 수 있으면서도 고통스러운 결정을 할 때는 책임을 미루거나 감추는 것이 쉽기 때문이다. 이와 반대로 간부들과 최고 경영자들의 급료는 최근의 위기 때에도 많은 경우 계속 올라갔다.

저널리스트인 수잔네 프랑크스(Suzanne Franks)는 앞으로는 고정된 노동과 임금관계는 40%인데 반해 나머지 각 30%는 임시직과 시간제 일자리가 차지하게 될 것이라 내다보고 있다. 이미 지금도 한 노동자가 지속적으로 고용은 되어 있지만 그가 실제로 일한 시간만큼만 급료를 받는 0시간-계약이 존재한다. 그러므로 일은 바로 지금 새롭게 쪼개어지며 다른 방식으로 분배된다. 그리고 그 누구도 이것이 앞으로 십 년 간 어떤 영향을 미치게 될지 정확히 말할 수 없다. 단지 더 이상 30년 전의 모습과 같지는 않을 것이라는 점만 명백할 뿐이다. 여가 연구가인 호어스트 오파쇼브스키(Horst Opaschowski)는 "평범한 일의 형태는 죽었다(Horst W. Opaschowski, 독일 2010. 우리는 내일 어떻게 살고 있을 것인가-우리사회의 미래에 대한 학문의 예견, 23쪽)."고 확언하였다. 분명한 것은 이러한 전복들이 우리 중 어떤 사람들에게는 생존을 위협하는 일이 될 것이며 또 다른 사람들에게는 적어도 극복해야만 하는 큰 불안을 의미할 것이라는 사실이다.

"실업과 가난의 경계는 점점 더 모호해 질 것이다. 이때 가난은 물질적인 궁핍과 포기뿐 아니라 사회적인 고립을 의미하기도 한다." (Opaschowski, 독일 2010, 22쪽)

이곳에서 작용하고 있는 또 하나의 큰 변화가 있는데 성별 간의 달라진 과제의 분담이 그것이다.

b) 아내의 일-남편의 일-일이 아님?

공장이 생겨나면서 산업사회는 남자와 여자의 일상세계 또한 서로 분리시켰다. 전형적인 생업은 집안일이 다른

남자들의 일은 시장가치에 따라 지불되고 계약에 의해 규정되는데 반해 가정일은 보수 없이 애정과 충성의 법에 따라 행해진다.

사람에 의해 처리되어야 한다는 것을 전제로 하고 있다. 이것이 '가정주부'가 태어나는 순간이었다. 오늘날에도 농부들에게 그 잔재가 남아 있는 산업화 이전의 결혼과 가정의 일과 경제공동체는 분해되었다. 남자들의 일은 시장가치에 따라 지불되고 계약에 의해 규정되는데 반해 가정일은 보수 없이 애정과 충성의 법에 따라 행해진다. 부인들은 흔히 말하듯이 남편들의 '부담을 없애주어야' 한다. 사회학자인 울리히 벡(Ulrich Beck)은 이러한 과제의 분담 안에 산업사회를 가능하게 했던 기초가 있다고 보며 따라서 이 사회를 '현대의 계급사회'라고 부른다. 왜냐하면 이제는 어떤 사회적 신분이 아닌 성별이 삶의 여정에 근본적인 핸디캡을 주기 때문이다.

  일은 새로 생겨난 형태인 보수를 받는 일, 생계를 위한 일과 그냥 동일시되었다. 당연한 결과로 가정주부는 '일'을 갖고 있지 않았으며 따라서 가정주부는 공식적으로 일을 하는 것이 아니었다. 1881년에는 가정일이 공식적으로 비생산적인 것으로 취급되었으며 가정주부의 활동은 일로 평가되지 않았다. 당시 자신의 역할이 아주 좁게 사적인 부분과 작은 가정에 한정되었던 여성들이 이로 인해 괴로움을 겪었을 것은 자명하다. 오늘날 양육휴가를 얻은 아버지들에게서도 '가정주부 증후군'이 나타난다. 이런 현상은 집에 고립됨으로, 일의 '불가시성'으로 그리고 인정받는 일의 결핍으로 나타나며 이것은 자신의 위치를 나타내는 대상으로 보수를 받는 일을 끝없이 추구하는 것보다도 더 자존감을 손상시킨다. 작가인 제임스 레이쓰(James Leith)는 많은 손님이 모인 어느 우아한 저녁식사 모임에서 가정주부남편으로서 참석했던 경험을 다음과 같이 묘사하고 있다.

"사람들은 이러한 정보를 어떻게 다루어야 할지 전혀 몰랐습니다. 저는 그들에게 제가 설사로 고생하고 있다는 것 역시 잘 이야기할 수 있었을 것입니다. 이렇듯 전례 없는 무례함에 직면하고 그들은 '재미있군요'란 쌀쌀한 말 한 마디조차 입 밖에 내지 않았습니다. 그들 모두도 아이들과 부엌과 더러운 양말들과 씨름을 하고 있을 텐데도 말입니다." (Suzanne Franks의 인용, 평등에 관한 동화, 여성, 남성 그리고 일의 미래, 149쪽)

지난 50년간 여성의 역할이 아주 많이 변한 것은 사실이다. 교육의 기회에 있어서는 여성들이 이미 남성들을 따라잡았고 법적으로도 평등은 이미 많은 진보를 이루었지만 유독 기업의 간부층과 가정에서만 그 발전이 뒤처지고 있다. 여성들은 이제 더 이상 결혼과 함께 일을 그만두지 않으며 자녀들이 태어날 때까지 일을 계속하고 가능한 한 빨리 직업으로 되돌아온다. 여성들은 현재의 높은 이혼율에서도 보듯 이미 남편이 평생 동안 보살펴 주리라는 것만 의지할 수는 없게 되었다. 한 명의 수입으로는 가정의 소비욕구를 채우는 일도 점점 더 어려운 실정이다. 대부분의 부부들과 가정들은 어떻게 두 개의 직업을 유동이 많은 직장의 요구들과 연결시킬 것인가 하는 갑작스런 문제에 맞닥뜨리게 된다. 이에 자녀라도 더해지면 어머니들에게 이 문제는 더욱 더 어려워진다.

> 대부분의 부부들과 가정들은 어떻게 두 개의 직업을 유동이 많은 직장의 요구들과 연결시킬 것인가 하는 갑작스런 문제에 맞닥뜨리게 된다.

아버지가 되는 것과 직업에 종사하는 것이 결혼한 남자들에게 문제가 되는 경우는 매우 드물다. "아버지가 되는 것은 여가활동이 더해진다는 것을 의미한다. 이것은 신나는 남자들에게 부분적 취미이다(Franks, 동화 128쪽)." 연구에 따르면 결혼한 남자는 결혼 10년 후 같은 나이의 독신보다 1/5까지도 더 많은 수입을 얻는다. 어려운 질문을 하자면 누가 이것을 가능하게 해 주었는가? 물론 그 이면에는 수많은 남성들이 혼자 가정의 생계를 책임져야 하는 자신들의 역할로 직장에서 힘들게 일하며 온갖 트집들을 참아내고 정신적 육체적으로 착취당하고 있을 것이다. 사장이 자신의 가정을 위해 새집을 짓겠다고 하면 누가 거역할 수 있겠는가? 따라서 남편은 일보다 오래 살기 위해 후퇴의 가능성으로서의 조화로운 가정에 더욱 더 투자해야만 할 것이다. 그런데 그곳에 위기가 닥쳐오면 그는 완전히 설 곳을 잃어버린다. 울리히 벡은 남편이 자신의 근본적인 면들과 "자기 자신을 다루는 능력을 아내에게 위임하고 있다(Beck/Beck-Gernsheim, 혼돈, 35쪽)."고 말한다. 말하자면 직업을 가진 사람으로서의 남성은 자기의 생존에 중요한 다른 영역들로부터 자신을 거의 전부 제외시켰다.

그리고 역시 남성들의 일터에서 직업적으로 '윗자리'까지 오른 여성들 사이에서도 경각심이 커지고 있다. 일반적으로 그들은 직업의 성공을 위해 자녀를 포기하는 대가를 치루고 때로는 만족스런 파트너와의 관계도 포기할 때가 많다. 남성들은 -자신의 역할관념들을 통해 강화되어- 일반적으로 돈을 위해 시간을 희생하는 일에 더 많이 준비되어 있다. 왜냐하면 돈이 지위와 명예를 보장하기 때문이다. 적어도 커다란 자동차는 동료들이나 이웃들에게 행복한 부부생활 보다 눈에 띄게 더 큰 인상을 주지 않는가! 노동조합의 남성들은 보수는 그대로 받으면서 더 적은 노동시간을 위해 투쟁하는 반면 여성들은 돈은 좀 적어지더

> 남성들은 -자신의 역할관념들을 통해 강화되어- 일반적으로 돈을 위해 시간을 희생하는 일에 더 많이 준비되어 있다. 왜냐하면 돈이 지위와 명예를 보장하기 때문이다.

라도 더 많은 시간을 갖는 것에 만족한다. 2003년 여성들은 시간제 일의 약 85%를 차지했으며 이와 함께 더 요구가 많은 활동들(이 일에 자격이 있음에도!)과 더 많은 보수, 더 나은 사회보장제도들을 포기했다. 계산이 너무 단순할 수도 있지만 '우리가 1948년도의 생활수준으로 만족한다면 사람들은 하루에 4시간만 일해도 될 것이다!'란 계산은 우리 생각을 밝혀주기도 할 것이다.

그러므로 그리스도인들이 -마땅히!- 가정의 가치를 강조한다면, 그리고 정상적인 기능을 하는 가정이 빠르게 침식함으로 따라오는 높은 사회적 비용들을 한탄한다면, 이를 단순히 여성들만의 부담이 되도록 놔두어서는 안 된다. 만약 정말로 시계를 되돌려 놓기 원하는 것이라면 논리적으로 여성에 대한 교육도 제한해야만 할 것이다. 산업사회의 분업모델은 어쨌든 지나갔다. 지금 여성과 남성에게 보다 요구되는 것은 일과 가정을 서로를 위해 다시 일치시키려고 함께 노력하는 것이다. 이것은 한편으로 개인적인 관점의 문제이며 다른 한편으로 기업의 조직의 문제 그리고 동시에 결국 정치사회적인 여건의 문제이기도 하다. 직접적으로 내가 영향을 미칠 수 있는 영역은 위의 세 영역 중 첫 번째 뿐이다. 그러나 이 '마이크로 경제'의 요소들에 또 중간 경제적인 힘들이 더해진다. 여러 명의 결단한 사람들은 한 중소기업에 지속적으로 영향을 미칠 수 있다. 시간이 지나면 이러한 방법들은 일반적으로 정치와 공개적인 토론을 통해 마크로 경제적인 요소들, 즉 우리의 경제체계에 영향을 주게 된다. 만약 아무 일도 일어나지 않는다면, 모든 것을 스스로, 혹은 배우자와 함께 처리해야 하는

> 큰 연구소들의 확언에도 불구하고 보수를 받지 않는 명예직의 일은 도처에 흔한 조기 퇴직자와 높은 경제수준에도 대중적이 되지 못했다.

개인의 압박이 점점 더 증가하게 된다.

c) 자원봉사

사회적인 가치와 조건을 위한 노력들은 보통 보수를 받지 않는다. 정당이나 협회의 아주 적은 고위부서들만 '프로들'을 갖고 있다. 큰 연구소들의 확언에도 불구하고 보수를 받지 않는 명예직의 일은 도처에 흔한 조기 퇴직자와 높은 경제수준에도 대중적이 되지 못했다. 그 반대로 어떤 직업에서는, 특히 대중매체나 의사라는 직업에서는 많든 적든(대부분 적게) 자원봉사의 일이 경력을 쌓기 위해 어쩔 수 없이 하는 일이 되고 있고, 그래서 일을 찾게 되면 그 열성은 거의 모든 사람에게서 순식간에 사그라진다. 리차드 세넷은 자신의 고향인 미국 뉴욕의 리버 윈드 카페(River Wind Café)에서 퇴직당한 IBM프로그래머들의 예를 들어 이런 변화를 겪은 많은 사람들은 사적인 생활에 집중하는 것을 선호하며 지방정치나 학부모위원회에는 등을 돌린다는 것을 보여 주었다. 흥미로운 것은 -이 문제는 우리가 앞으로 다룰 것이다- 그들이 자신들의 교회에는 여전히 충성하며 심지어 더욱 활발히 활동한다는 것이다. 그럼에도 사람들이 낯설다는 느낌이 들 때 더 이상 '그 도시에 최선의 것'을 구하지 않는다면 성경적인 시각으로 볼 때 대단한 손실이 아닐 수 없다. '그 도시에 최선을 구하는 것'은 흐름을 거슬러 대항하는 것을 의미한다.

> "일은 돈이 주인을 바꿀 때에만 일로 인정된다. 경제학을 전공하는 학생들은 모두 첫 학기에 살림을 꾸리는 부인과 결혼한 남자는 총생산액을 낮춘다는 것을 배운다. 부인이 정확하게 동일한 과제를 수행할지라도 그녀의 경우에 있어 그것은 더 이상 일에 속하지 않는다(Franks, 동화,

164쪽)."

이와 마찬가지로 가정 안에서 병자나 노인을 돌보는 일도 똑같이 취급되며 결국 우리사회에 절대 없어서는 안 되는 다른 무보수의 수많은 활동들에도 적용되는 결과를 낳는다.

> "돈이 전혀 들지 않은 일은 전혀 가치가 없었다 -이것은 오늘날까지 여전히 그대로이다. 이런 결점을 갖고 돈을 버는 일을 하지 않는 사람들은 고통을 겪는다. 돈을 벌지 않았던 그들의 시간은 무슨 가치가 있단 말인가?(Opaschowski, 독일 2010, 183쪽)."

이 얼마나 위험한 정신분열증인가! 그러므로 우리는 전통적이고 남성적인 '직업'의 모델이 허용하는 일과는 다르게 일을 이해해야 하는 과제 앞에 서 있다. 일을 다르게 이해하게 될 때 우리는 다른 사람들이 나쁘게만 보는 곳에서도 의미 있는 일을 찾게 될 것이다.

16 올바른 자리를 찾는 방법
(소명과 직업)

> 사람이 삶의 목표에 대해 알지 못하면 못할수록
> 더욱 더 삶의 속도를 가중시키게 된다.
> 빅토르 프랑클(Vikor Frankl)

독일어에서는 '직업'이라는 개념이 종교적인 것을 연상시키므로 이중적인 해석으로 문제가 될 때가 많다(직업을 뜻하는 독일어 단어 Beruf는 소명을 뜻하기도 한다-역자 주). 한편으로 이 개념은 부당하게 경시되었던 '세상적인' 삶을 다시 수도원 수사들의 '영적인' 삶의 방식과 같은 수준으로 끌어올린 종교개혁자들의 관심을 반영한다. 다양한 삶의 형태들이 동등하게 가치 있는 것으로 간주되었다. 그러나 이러한 시각의 발전은 많은 그리스도인들이 자신들의 고용주나 사장에 대한 충성을 하나님에 대한 순종과 혼동하고 마침내 더 이상 두 가지를 구분할 수 없게 되는 부작용을 낳았다. 그러므로 일에 무슨 문제가 생기면 하나님에게서

도움을 찾지 않는다. 하나님은 사장의 편에 계시기 때문이다. 그렇기에 또 하나님은 성과에만 관심을 갖는 분이 되신다. 만약 사람들이 실업자가 되면 그들은 자신들의 소명에서 실패한 것이며 또 그렇게 받아들인다. 그들이 퇴직을 하게 되면 하나님은 그들과 더 이상 아무것도 시작하실 수 없다. 이렇게 느낀다면 하나님이 문제를 본격적으로 악화시키신다고 말할 수도 있을 것이다.

a) 소명을 전체적으로 이해하기: 내 삶의 역할

성경에서 말하는 소명의 개념을 모두 충족시킬 수 있는 직업은 극소수인 것이 사실이다. 자신의 소명을 발견하는 첫 걸음은 내 삶과 일 그리고 개인적인 발전까지 아우를 수 있는, 넓고 전체적인 시각을 확보하는 것이다. 이런 전체적이 시각을 가질 때야 비로소 최상의 직장이나 직업에 관하여 의미 있게 물을 수 있다. 이때 잘못된 판단을 피하기 위해서는 지속적으로 네 가지 영역들에 대해 조망하는 것이 필요하다.

1. 나에게는 나를 개인적으로 발전시키고 건강하게 유지할 책임이 있다. 이를 위해서는 소모되는 것들도 많고 -우리가 솔직하다면- 자신과의 작업이 필요하다. 나는 운동을 하고 올바른 음식을 섭취함으로 건강과 활력을 위해 투자한다. 나는 책을 읽으며 정신을 함양하고 생계를 유지하기 위해 애써야만 하며(이런 면에서 이곳에서의 직업의 역할이 있다), 영적인 훈련과 예

나의 삶의 질은 근본적으로 내가 나의 개인적인 발전에 대한 책임을 우선시하고 진지하게 받아들이는가에 달려있다.

배와 기도를 통해 하나님과의 관계를 견고하게 한다. 거의 모든 생계를 위한 일은 나를 피곤하게 만들고 항상 직업에 관계된 더 급한 일들만 생각하게 하거나 끊임없이 다른 사람들이 나의 힘과 시간을 사용한다는 느낌으로 나를 맥 빠지게 하면서 위에 언급한 활동들을 제일 먼저 삼켜버리려는 것처럼 보인다. 나의 삶의 질은 근본적으로 내가 나의 개인적인 발전에 대한 책임을 우선시하고 진지하게 받아들이는가에 달려있다. 그렇지만 이것은 삶의 질에 관한 문제일 뿐 아니라 경솔한 남용으로 나의 신체적 정신적 저장물들을 해쳐서는 안 되는 수행능력에 관한 것이기도 하다. 여기에서는 무엇보다도 건전한 습관이 결정적인 역할을 한다. 내가 개인적으로 좋아하는 것은 3년 전부터 다시 시작한 규칙적인 달리기이다. 달리기에는 좋은 신발 외에 특별히 요구되는 장비가 없고 장소도 구애받지 않는다. 그 이후로 나는 몸무게가 감소되었고 병에 걸리는 일도 드물었을 뿐 아니라 달리는 동안 아주 많은 아이디어를 얻기도 했다. 달리기가 '습관이 되기'까지는 수 주일이 걸렸지만 수고할 충분한 가치가 있었다.

  2. 우리 각자는 생물학적 가정이든 (독신의 경우처럼) 친밀하고 돈독한 친구들의 모임이든 하나의 가족을 갖고 있다. 이 깊은 개인적인 관계들은 투자와 돌봄을 필요로 한다. 이런 필요는 교육이 더해지는 순간 다시 한번 껑충 뛰어오른다. 가계에는 가정 안에서 자신에게 분담되는 많은 일들이 쌓인다. 가정주부는 산업사회의 창조물이었다. 비록 남성들이 아이를 낳거나 젖을 먹일 수는 없고 많은 여성들이 남성의 직업세계로 뛰어드는 것을 당연히 머뭇거린다 할지라도 말이다. 성경 어디에도 남성들이 요리를 할 수 없다거나 세탁기나 식기세척기 같은 기술적인 놀라운

발명품들을 사용할 수 없다거나, 잠들기 전 이야기를 읽어주거나 숙제를 도와주지 말아야 된다는 말씀이 없다. 가정의 일은 남성과 여성 공동의 과제이지만 아직도 변화된 상황에 자신을 맞추고 새로운 형성가능성을 찾는 작업이 많이 필요하다. 그러나 다른 사람들과 함께 그 해결책을 찾을 수 있는 가능성이 있다. 19세기와 20세기의 '소가족'은 어쨌든 너무 오랫동안 -본래 갖고 있던 대가족과 마을공동체와의 연관성 없이- 고립되어 존재하려 해왔다. 기독교적 공동체의 연결망은 이러한 부족을 메울 수 있는 잠재력을 갖고 있다. 내가 그것을 받아들이고 이러한 관계에 시간과 힘을 투자할 준비가 되어있다면 말이다.

3. 하나님의 가족의 한 부분으로 그리스도인인 나는 보통 한 지역교회에 소속되어 있다. 그곳의 사람들에 대해서도 나는 책임이 있고 나의 은사와 능력과 수단을 교회를 세우는 데 투입하도록 요구받는다. 어떻게 그 일이 진척될지는 각자의 창의성에 맡겨진다. 대부분의 경우에 있어 너무 많은 것을 계획하거나 떠맡아서 기쁨을 잃어버리거나 소진하는 것보다는 한 가지의 과제를 성실하게 맡고 돌아볼 수 있는 범위 내에서 관계들을 지속적으로 유지하는 것이 더 낫다. 그러나 '그런지 아닌지'는 진짜 토론할 것이 아니다. 여기가 아니면 그 어디에서 내가 직업적으로 시류에 역행하거나 더 많은 시간과 더 적은 돈(과 경력)을 위해 삶의 결정들을 내릴 수 있도록 지지와 힘을 얻을 것인가?

4. '직업'이라는 주제는 사회에 대한 우리의 책임과 연결할 때 진짜 중요하

내가 정치권에 미치는 영향은 제한적이지만 그럼에도 진리와 정의의 편에 설 의무가 있다.

게 된다. 나는 내가 살고 있는 도시와 나라와 세계의 사회적 문화적 경제적 삶에 기여한다. 내가 정치권에 미치는 영향은 제한적이지만 그럼에도 진리와 정의의 편에 설 의무가 있다. 때로 교회들은 공동으로 이런 일들에 앞장서기도 하고 처음에는 한 개인으로 시작되기도 한다. 이 개인이 우리의 지지를 기대할 수 있을까? 자원봉사자로 참여하는 것은 항상 유익하다. 도시나 공공단체가 잘 된다면 나도 개인적으로, 내 가족과 함께 또 교회에서도 그로부터 이익을 얻기 때문이다.

다시 말해서 이 각각의 영역에서 중요한 것은 요구들을 해결하고 창의적이 되며 다른 사람들을 섬기는 것이다. 그리고 하나님께 대한 우리의 봉사는 멀리 동떨어진 영역이 아니라 바로 이 일들의 한 가운데서 이루어지는 것이다. 하나님은 모든 것에서의 중심이시다. 강조점은 각 삶의 단계에 따라, 학생에서 직장인으로 '가정에 속한 여성'으로 그리고 다시 재교육으로 또 계속 직업 활동의 새로운 단계로 변화한다. 그러나 이것이 다른 영역들은 더 이상 아무 역할을 안 한다든가 그곳에서 우리 책임을 다른 사람들에게 떠넘기거나 소홀히 해도 된다는 의미는 아니다. 선한 사마리아인 이야기에 나오는 제사장과 레위인에게 그랬던 것처럼 어떤 한 삶의 영역에서의 선행이 우리가 다른 영역들과 완전히 결별해도 된다는 허가서가 아니다. 오직 이렇게 일을 이해할 때에만 성경이 우리에게 가르치고 있는 다른 모든 일들도 참으로 의미를 갖는다. 이럴 때에만 우리는 잃어버린 혹은 위협받고 있는 삶의 질을 되찾을 수 있다.

그러므로 현명한 삶의 시각은 이러한 측면들 중 어느 것도 진짜 포기할 수 없다. 이러한 시각은 직업에서의 최고의 자리를 찾는 일이 끝없는 좌절이 되는 것을 막아주는 최선의 방책이다. 왜냐하면 이 중 어느 한 역할만으로 나의 모든 꿈과 욕구가 충족되지 못하리라는 것을 내가 알기

> 나의 직장은 나의 삶에서 하나님의 소명이 실현되는 많은 장소들 중 하나일 뿐임을 알게 될 때, 자신을 소진하거나 다른 사람 마음대로 하게 놔두거나 문제에 부딪혀 좌절하지 않을 충분한 간격을 갖게 된다.

때문이다. 이러한 시각은 또 경력을 위해 가정을 희생하는 것과 같이 소홀해진 영역들에서 종종 좌초에 부딪히게 하는 잘못된 열심도 막아준다(물론 의식적으로 그러지는 않겠지만 이미 때가 늦어버린다면 그게 다 무슨 소용인가). 나의 직장은 나의 삶에서 하나님의 소명이 실현되는 많은 장소들 중 하나일 뿐임을 알게 될 때, 자신을 소진하거나 다른 사람 마음대로 하게 놔두거나 문제에 부딪혀 좌절하지 않을 충분한 간격을 갖게 된다.

b) 성령의 인도하심

직업선택의 문제에 있어-오늘날의 사회에서는 삶에서 한번 이상 겪게 되는 일이다-나는 그리스도인들 사이에서 모든 종류의 태도를 경험했다. 내가 아는 한 사람은 아버지의 전철을 따라 직업을 선택하였는데 가족이 이를 당연하게 여겼고 큰 자부심으로 여겼기 때문이다. 그러나 그는 너무 늦지 않게 기술을 배우는 도중 실패를 경험했고 직업을 바꾸기로 결심했다. 그가 선택한 직업도 때때로 그를 힘들게 하지만 그래도 그는 자신이 올바른 결정을 했다는 것을 알았다. 비록 그 당시 다른 사람의 꿈을 자신의 것으로 삼으려 했다는 것을 깨닫는 것은 가슴 아픈 경험이었지만 말이다. 다른 친구는 근본적으로 더 큰 '현실주의'적 생각을 갖고 일에 착수했다. 그는 가정에서 직업을 선택할 때 가장 중요한 것은 확실함이라고, '수지가 맞아야'한다는 것을 항상 주입받았다. 그래서 그는 사회적으로 충분히 인정받는 가능한 한 안전한 직업을 찾았고 공무원이 되었다. 그러나 자신의 일에 한 번도 큰 열정을 느끼지 못했다. 어떤 사람들은 잘못된 전망만 믿고 유행하는 직업을 준비하다 나중에는 길에 나앉기도 한다. 그 예측이 빗나갔기 때문이다. 또 다른 사람들은 아주 유망한 길에서 겁을 먹고 물러나기도 한다. 동일한 예측들이 어두운 전망을 낳기 때문이다. 이 모든 접근방식의 문제는 결정의 기준이 자기 자신과 전혀 상관이 없이 다른 사람들의 기대라든가 사회적 경향, 수입이나 이미지에 대한 기대 혹은 심한 경쟁에 대한 낙담 등 외적인 요소들에만 맞추어졌다는 것이다.

내가 얼마 전 알게 되었던 학생의 경우에서도 비슷한 문제가 나타났다. 처음부터 나는 어떻게 그가 학업과 특히 이후의 직업에 대한 생각들을 다루고 있는지 자문했었다. 때때로 학생들은 자신의 삶을 졸업 이후까지 계획하지 않고 공부를 끝내고서야 그들이 도착한 곳이 사실은 전혀 가고 싶은 곳이 아니었다는 것을 깨닫는 놀랍다면 놀라운 능력을 갖고 있다. 그러나 이 경우에는 사정이 좀 더 달랐다. 어느 날 이 학생이 자기는 고향에 있는 교회의 두 명의 그리스도인이 자기를 위해 기도했는데 그들이 하나님께서 이 공부를 하기 원하신다고 말씀하신다고 해서 이 공부를 시작한 것이라고 나에게 털어 놓았다. 그래서 내가 스스로도 이 과목을 공부해야겠다는 열망을 느꼈냐고 물었더니 그는 머리를 흔들었다. 여기에서 두 명의 좋은 의도를 가진, 그러나 그리 지혜롭지는 않은 동료 그리스도인이 하나님께 조언을 구했었다는 사실은 직업 선택의 동기가 역시 외부에서 왔다는 것과 전혀 다를 바가 없다. 이것은 다른 경우에서와 마찬가지로 충분한 것이 아니다.

빅토르 프랑클은 이를 이렇게 설명했다.

"언젠가 아인슈타인은 자신의 삶에 의미를 느끼지 못하는 사람은 불행할 뿐 아니라 거의 살아갈 수 없을 거라 말했다…… 더욱이 중요한 것은 이것은 내가 아우슈비츠와 다카우로부터 집으로 가져올 수 있었던 교훈, 즉 자신의 삶에 의미를 갖고 있는 사람들이 그렇게 심한 한계상황도 극복할 만큼 가장 능력 있었다는 것이다. 그런 사람들이란 미래를 향하고 있었던, 그들을 기다리고 있던 과제와 그들이 실현하고자 했던 의미를 향하고 있었던 사람들이다 (Viktor Frankl, 의미를 찾는 인간. 심리치료의 재인간화에 관하여, 21쪽)."

성령의 인도에 관해 다룰 때에는 극단을 피하는 것이 필요하다. 그리스도의 십자가와 기독교적 자기부인에 관한 잘못된 이해는 사람들로 하여금 우리에게 되도록 많은 고난과 고통이 손짓할 때 그것이 하나님이 인도하시는 표지라고 믿게 만들기도 한다. 그것이 배우자나 직업의 선택에 관한 것이든 교회에서의 '올바른' 봉사에 관한 것이든 상관없이 올바른 것은 고통스러운 것이라 믿는다. 암암리에 적지 않은 사람들이 그렇게 생각하고 있다. 또 다른 극단은 더 흔하게 볼 수 있다. 재미있는 것만이 하나님께로부터 올 수 있다는 생각이다. 이 경우에는 꿈의 직업이 절대적으로 고통이 없는 자아실현이라 생각한다. 모든 부당한 요구의 배후에는 기도로 물리쳐야만 하는 악마가 숨어있거나 아니면 갈등의 해결을 쉽지 않게 만드는 나쁜 사람들이 숨어 있다고 믿는다. 이러한 현실과 동떨어진 이상이나 악몽은 많은 그리스도인들로 하여금 하나님의 뜻을 찾지 못하도록 방해한다.

> 이러한 현실과 동떨어진 이상이나 악몽은 많은 그리스도인들로 하여금 하나님의 뜻을 찾지 못하도록 방해한다.

우리의 일이나 우리 삶 전체와 마찬

가지로 우리는 하나님의 말씀과 인도를 전체적으로 보는 법을 배워야만 한다. 하나님께서는 많은 일들을 통해 말씀하신다. 비록 그 일들이 모두 분명하거나 확실한 건 아니라 할지라도 말이다. 이곳에서도 그 유명한 '열린 문'과 같은 외적인 표지들은 그다지 쓸모가 없다. 상황 자체는 일반적으로 애매하다. 대부분의 경우 우리에게는 다양한 문들이 열려 있다. 다른 한편으로 하나님은 우리를 어떤 정해진 길로 보내실 때에라도 종종 이해할 수 없는 장애물들을 허용하시며 우리는 그 길을 헤쳐 나가야만 한다. 우리는 우리가 어디로 가려는지 이미 알고 있을 때에만 이를 악물고 나아갈 것이다.

그러므로 하나님의 말씀을 어느 한 가지 '통로'로 좁혀서는 안 되며 특히 하나님께서 이미 행하신 일을 함께 연결하여 생각해야 한다. 이것에는 나의 출신과 이력, 나의 특성(아주 특별한 가치들이 나에게 만들어 준), 나의 은사들과 능력이 해당된다. 이것들은 하나님께로부터 왔으며 내가 지녀야만 하는 뭔가의 이유가 있다. 그리고 나의 그저 인간적인 꿈처럼 보이는 것들도, 그것들이 그저 주위의 기대나 유행을 모방하는 것이 아니라면 나에 대한 하나님의 목적에 대한 좋은 지침이 될 수 있다. 이렇듯 우리가 올바른 자리에 관하여 물을 때 결코 제로에서 시작하지는 않는다. 이것은 자아실현의 문제만은 아니며 무엇보다도 나만의 고유한 것으로, 하나님께 가장 영광을 돌릴 수 있으며 세상에 가장 많이 유익이 되는 곳에 기여할 수 있다는 문제이다. 인위적으로 자신을 낮게 이야기하고 낮추는 잘못된 겸

> 이것은 자아실현의 문제만은 아니며 무엇보다도 나만의 고유한 것으로, 하나님께 가장 영광을 돌릴 수 있으며 세상에 가장 많이 유익이 되는 곳에 기여할 수 있다는 문제이다.

손은 이곳에 전혀 맞지 않는다.

윌리엄 브릿지스(William Bridges)와 같은 인정받는 경력전문가들은 한번쯤 자기 자신을 면밀히 살펴보라고 조언한다. 그의 낙관적인 선언인 '모든 것에는 시장이 있다'에 전적으로 동의하지 않는 사람이라도 소원이나 능력, 기질과 개인적인 자산(영어로는 Desires, Abilities, Temperament, Assets, 요약하면 'DATA')같은 자신의 기본조건들을 살펴보는 것은 아주 의미 있다. 이것은 어렵고 불확실한 1인 기업(Ich-AG)을 시작할 마음이 없는 사람에게도 필요하다고 리차드 볼즈(Richard Bolles)는 강조한다. 만약 그가 수많은 사람들로 하여금 삶의 과제를 놓치도록 만드는, 지루하고 불만족스러운 일의 원인에 관해 묻고 있다면 더욱 더 필요하다.

> "안타깝게도 한 번도 철저하게……생각해 보지 않았던 사람들이 너무도 많이 있다. 그들은 일과 친구들과 여가활동들로 분주하며 그들이 자기만의 어떤 독특한 능력들을 소유하고 있으며 세상에 그것을 줄 수 있을 것인가에 대해 진지하게 생각하는 시간을 갖는 법이 없다."
> (Bolles, 꿈의 직업, 132,133쪽)

볼즈는 관계를 맺는 능력이나 정신적 신체적 능력들의 집중적인 재고조사와 함께 자신의 꿈과 기호들을 분석해 볼 것을 조언한다. 지역과 활동영역, 과제와 노동조건, 가치관과 관련하여 자신이 선호하는 것들이 일단 명확해지면 결국 일자리를 찾을 때 짧은 시간에 실망을 덜 하고 좋은 결과를 얻을 수 있도록 범위를 좁힐 수 있다.

이러한 질문들과 숙고를 통해 단련된 자각은 모든 직간접적인 하나님의 말씀에 대한 멋진 공명판을 형성한다. 이러한 철저한 숙고는 우리 삶에서 어떤 연관성을, 우리 삶에 방향을 주는 주제나 모토를 발견할 수 있도록 해주기도 한다.

내게 최근에 이런 일이 일어났다. 할머니께서 얼마 전 양로원으로 이사를 가셨다. 할머니가 사시던 집을 청소하면서 나는 할아버지의 가족문장을 발견했다. 할아버지는 1945년 전쟁 막바지에 발칸반도에서 실종되셨고 나는 할아버지를 본 적이 없다. 그리고 어머니도 전쟁 때문에 할아버지와 보낸 시간이 거의 없었기에 내가 할아버지에 대해 알고 있는 것은 극히 적었다. 그러나 나는 나의 능력과 특히 기질 중 어떤 것은 우리 부모님으로부터 오지 않았다는 것 또한 알고 있었다. 물론 부모님으로부터 수도 없이 많은 좋은 점들을 물려받았고 배운 것은 틀림없지만 말이다. 실종되신 할아버지의 가족문장에서 나는 '항상 앞으로'라는 짧은 글귀를 발견했다. 그것은 나에게 마치 내가 이미 항상 꿈꾸고 예감하고 느꼈던 것에 대한 하나님의 확증과도 같았다. 나의 삶의 많은 선들이 이미 수세대 이전에 확정된 것이라는 것을 말해주는 것 같았다. 수년 동안 사람들이(때로는 전혀 모르는 사람이) 따로따로 나에게 아주 비슷한 내용을 말해주었던 많은 예언적인 말들은 이 두 단어에 귀결되었다. 나는 즉시 그 작고 눈에 잘 띄지 않는 그림을 잘 싸서 내 작업실의 잘 보이는 곳에 두었다.

기독교적 현실주의

이성과 객관성을 유지하려는 납득할 만한 노력 가운데 많은 그리스도인들이 일상 속의 결정적인 요소로서의 하나님을 제외시킨다. 그들은 우

| 기독교적 현실주의는 실제로 불가능한 것을 가능하게 만드셨고 또 다시 가능하게 만드실 수 있는 하나님에 기초하고 있기 때문에 그 결과에 있어 훨씬 더 낙관적이다. | 리의 타락한 세상의 현실을 진지하게 받아들이기는 하지만, 또 원인과 결과와 같은 삶에서의 어떤 법칙들의 현실 또한 받아들이지만 그들의 현실주의는 희망을 점점 더 작게 만든다. 최근에 이런 글을 읽었다. |

"현실주의자는 낙관주의자보다 사물들을 더 정확하게 본다. 그러나 낙관주의자가 더 많은 기쁨을 갖고 있으며 훨씬 재미를 느끼는 듯 보인다 (Bolles, 170쪽)."

기독교적 현실주의는 실제로 불가능한 것을 가능하게 만드셨고 또 다시 가능하게 만드실 수 있는 하나님에 기초하고 있기 때문에 그 결과에 있어 훨씬 더 낙관적이다. '안 된다'는 것은 없다. 무엇이 가능할까에 대한 질문은 더 적고 그 보다는 오히려 하나님께서 이 순간 이 자리에서 무엇을 하기 원하실까 하는 질문이 많다.

우리가 의식적으로 시간과 돈은 충분히 있기 때문에 전혀 문제가 되지 않는다고 상상해 보면서 우리의 '거룩하지 않은 현실주의'의 브레이크를 놓아버린다면 이 질문에 대한 답변들이 더 쉬워질 때가 있다. 로저 메릴(Roger Merrill)은 '본질에 이르는 길'(Steven R. Covey/A. R. Merrill/Rebecca Merrill, 본질에 이르는 길, 100쪽)이란 책에서 그는 토목기사가 되려고 하는 한 젊은이에게 위와 같은 상상에 자신을 맡겨보라고 제안한 뒤 이제 그 일이 가능하다면 무엇을 하겠느냐고 묻는 장면을 보고하고 있다. 톰이라 불리는 이 젊은이는 즉시 환한 얼굴로 대답하였다. 그라면 연장들을 사고 차고에 가구작업장을 만들어 동네의 청소년들과 함께 가구와 소품들을 생산하겠다고 했다. 계속된 질문을 통해 이 젊은이는 별 다른 열정 없이 그저 이 직업에서 돈을 잘 벌 수 있다는 이유 하나만으로 공과대학 공부를 참아내고 있는 것으로 드러났다. 그러나 사람들이 그가 열성적으로 묘사했던 것과 같은 어떤 활동을 위해 대가를 지불해야 된다는 것은 그가 아직 깨닫지 못한 점이었다. 자신의 장점을 발휘할 수 있고 진짜 열광할 수 있는 활동에 이르는 길은 사람들마다 차이가 나게 오래 걸리거나 어려울 수도 있다. 이 장소에서도 가시와 엉겅퀴가 나타나겠지만 우리는 이것들을 더 여유 있고 침착하게 참을 수 있을 것이다. 무감각하고 침묵하는 우상이 아니신 하나님은 우리에게 말씀하시며 우리를 인도하신다. 하나님의 목적은 우리의 삶과 우리의 일이 그분의 삶과 그분의 일 속에서 자리를 잡는 것이다. 이 자리는 하나님께서 우리를 위해 비워놓으셨으며 다른 어느 누구도 대신 채울 수 없는 것이다.

그럼에도 모든 자리와 모든 직업에는 힘든 기간과 문제들이 있게 될 것이며 이 문제들을 해결하는 것 또한 항상 쉽지는 않을 것이다. 견딤을 위한 일반적인 구호('곧 다시……될 것이다')로는 더 이상 충분하지 않게 된다. 그러나 자신의 꿈을 갖고 그 꿈을 굳게 붙드는

> 그럼에도 모든 자리와 모든 직업에는 힘든 기간과 문제들이 있게 될 것이며 이 문제들을 해결하는 것 또한 항상 쉽지는 않을 것이다.

능력은 적어도 이곳에서 도움을 줄 수는 있다. 아라비아의 로렌스로 역사 속으로 사라졌던 로렌스(T. E. Lawrence)는 이것을 다음과 같이 표현했다.

"Those who dream by night
in the dusty recesses of their minds
wake in the day
to find that all was vanity;
but the dreamers of the day
are dangerous people,
for they may act their dream with open eyes,
and make it possible."

먼지 앉은 생각의 한 켠에서
밤에 꿈을 꾸는 사람들은
낮에 깨어나
모든 것이 헛것이었음을 확인한다.
그러나 낮에 꿈꾸는 자들은
위험한 사람들이다,
그들은 눈을 뜨고 자신들의 꿈을 실천하며
그 꿈을 가능하게 만들기 때문이다.

17 이 세상에 대한 하나님의 계획
(괴물과 인간에 관하여)

> 그들은 기계를 상황에 맞추었다고 당신에게 말한다.
> 그러나 그들은 기계가 허락하는 한 지속적으로 기계에 자신을 맞출 수
> 있을 뿐이라는 것을 당신은 알아차릴 것이다.
> 마틴 부버(Martin Buber, '나와 너' 중에서)

    우리가 직장에서 매일 부딪혀야만 하는 구체적인 문제들로 들어가기에 앞서 지금까지 이야기한 내용을 다시 한 번 복음에 기초하여 면밀히 살펴볼 필요가 있다. 그것은 우리에게 지정된 좌표와도 같은 것이다. 어디로 가야할 것인가를 확실히 안다면 당연히 우리는 길을 잃지 않을 것이다.

    복음을, 아니 세상과 인류를 이해하고자 하는 사람은 '하나님 나라'를 이해해야만 한다. 그리스도인들은 세상과 동떨어진 망상가와는 다르며 또 체념한 조소주의자와도 아주 특징적으로 구분된다. 그 이유는 그리스

도인들이 하나님과 세상을 함께 바라보기 때문이며 양쪽 중 어느 한 곳도 간과하지 않기 때문이다. 이렇게 하는 것이 그리스도인들에게 이미 지금 무언가가 변화될 수 있다는 -저 세상에 가서야 변화되는 것이 아니라 (많은 다른 종교들이 약속하는 것과는 대조적으로- 희망을 포기하지 않으면서도 현실의 혹독함을 이길 수 있도록 해준다. 그렇게 되면 결정적인 질문은 혹시(될까 안 될까)가 아닌 어떻게 실제적인, 지속적인 변화를 이룰 수 있을 것인가이다.

> 결정적인 질문은 혹시(될까 안 될까)가 아닌 어떻게 실제적인, 지속적인 변화를 이룰 수 있을 것인가이다.

노벨문학상 수상자인 존 스타인벡(John Steinbeck)은 그의 소설 '분노의 포도'에서 약간 변화되기는 하였으나 오늘날의 우리도 여전히 속박당할 수밖에 없는 권력의 관계를 시대를 초월해 아주 적합하고 생생하게 묘사하고 있다.

어떤 지주들은 친절했다. 왜냐하면 그들이 행했던 일들은 어쩔 수 없이 행했던 것이었기 때문이다. 그리고 어떤 지주들은 화를 냈는데 잔인해지는 것이 싫었기 때문이다. 또 어떤 지주들은 냉담했는데 그들은 이미 오래 전부터 냉담하지 않고는 지주가 될 수 없다는 것을 알고 있었기 때문이다. 이들 모두는 그들 자신 보다 더 큰 무엇인가에 사로잡혀 있었다. 그들 중 어떤 이들은 그들이 쫓기고 있는 숫자들을 증오했고, 어떤 이들은 두려워했으며 또 어떤 이들은 숫자들이 생각과 감정을 피할 수 있는 도피처를 제공해 주었기에 숫자들을 숭배했다. 은행이나 금융조합이 땅을 소유했을 때 왔던 남자들은 이렇게 말했다. "은행-혹은 조합-은 마치 자신이 타락시켰던, 생각과 감정을 지닌 괴물인 것처럼 원하고-필요로 하고-명령하고-가져야만 합니다." 그리고 이렇게 말했던 사람들은 은행이나 조합들에 대한 책임을 지려고하지 않았다. 왜냐하면 은행은 기계인 동시에 주인이었던 반면 그들은 인간이고 노예들이었기 때문이다.

 … 그리고 지주들은 그들보다 더 강한 괴물의 생각과 일을 설명하였다. 생계를 유지하고 세금을 낼 수 있는 남자는 땅을 보유할 수 있다. … 그러나 아는가, 은행이나 조합은 이것을 할 수 없다, 왜냐하면 이 피조물들은 숨을 쉴 수도 고기를 먹을 수도 없기 때문이다. 이것들은 이윤을 들이 마시며 돈의 이자를 섭취한다. 그들이 이것을 얻지 못하면 마치 당신이 공기와 고기 없이 죽듯이 죽고 만다. 이것은 슬픈 일이지만 그냥 그렇다. 그냥 그런 거다. … 트랙터를 움직이는 한 남자는 12명이나 14명의 가족들을 대신할 수 있다. 그에게 그의 임금을 주라 그러면 그가 추수를 다 할 것이다. 우리는 이렇게 해야 한다. 우리는 기꺼이 이렇게 한다. 그러나 괴물이 병들었다. 무슨 일이든 괴물에게 일어나야만 한다.

 물론, 소작인들은 소리쳤다, 그러나 이것은 우리 땅이다. 우리는 이 땅을 측량하고 일구었다. 우리는 이 땅에서 태어났으며 이 땅에서 죽임을 당했고 그 위에서 죽었다. 그것이 좋은 일이 아니더라도 이것은 역시 우리 땅이다. …

 유감스러운 일이지만 우리가 그런 것이 아니다. 그것은 괴물이다. 은행은 인간과 같지 않다. 그렇다, 그러나 은행도 인간들에 의해 만들어졌을 뿐이다.

 아니다, 당신은 틀렸다, 아주 틀렸다. 은행은 인간들과는 아주 다른 것이다. 은행 안의 모든 사람은 은행이 하는 일을 증오한다. 그럼에도 은행은 이 일을 행한다. 은행은 인간들의 존재 이상의 것이다. 이것을 나는 당신에게 말한다. 은행은 괴물이다. 인간들이 은행을 만들었으나 은행을 조정할 수는 없다.

이와 비슷하게 기괴한 괴물들이 성경의 계시적인 문장들에 등장한다.

> 이곳에서 초인적인 그러나 결코 '저 세상'에만 속한 것은 아닌 권세들이 인간의 삶에 엄청난 영향을 미치며 개개인들이 이 권세들에 무방비상태로 노출되어 있다는 것은 분명하다.

이들은 충격적인 그림과 비전들로 명료하게 묘사되어 있다. 예를 들어 다니엘 7장에는 한 꿈속에 네 개의 세상왕국이 이러한 괴물로 나타난다. 마지막에는 그러나 하나님께서 세상에 대한 권세를 맡기신 한 인간의 형상이 나온다. 그런 다음 그의 통치가 하나님의 이름으로 영원히 계속되리라고 그에 관해 말하고 있다. 이미 다니엘 2장에서 하나님께서 세상왕국의 멸망을 계획하시고 준비하신다는 것을 말하고 있다. 당시에도 사람은 이러한 권세들을 개인이 무력하게 대면하고 있는 괴물로 느꼈었다. 계시록 13:4에서도 사람들이 엎드려 짐승에 관하여(이 짐승은 다니엘의 네 짐승들을 모두 포함하고 있다) "누가 이 짐승과 같으뇨 누가 능히 이로 더불어 싸우리요?" 라고 말할 때 이 무력함의 울림이 나타난다.

짐승이나 괴물에 대한 비유는 이곳에서(존 스타인벡의 소설에서처럼) 어떻게 인격적인 특성들과 비인격적인 특성들이 특이한 방식으로 연결되는가를 잘 요약하고 있다. 이곳에서 초인적인 그러나 결코 '저 세상'에만 속한 것은 아닌 권세들이 인간의 삶에 엄청난 영향을 미치며 개개인들이 이 권세들에 무방비상태로 노출되어 있다는 것은 분명하다. 인간들은 너무도 작게 보인다. 인간들이 일단 이러한 권세의 소용돌이에 한 번 빠지면 그저 그 흐름을 따라갈 수밖에 없다. 이것은 단지 중립적인 '구조들' 그 이상의 것이다. 이러한 구성물이나 시스템은 인간의 고유의 삶을 변형시키고 자신이 살아남기 위해 심각할 경우 거의 모든 것을 희생시킨다. 아주 미약한 저항의 길을 가는 것 외에는 다른 가능성을 보지 못하기 때문에 많은 사람들이 이 권세들의 목적을 위해 구속당하고 있다. 위협받는다고 느끼면 사회정치적 시스템은 일반적으로 어린아이와 똑같이 자기중심적이고 완고하며 무절제하고 근시안적으로 행동한다. 이런 면에서 보자면 시스템은 그들이 야기하는 비인간적인 부작용들에도 불구하고 놀라우리만큼 인간적인 특징을 갖고 있다.

유대교에서는 하나님께 대한 이러한 정치적, 경제적, 종교적 권세들의 대항을 이스라엘과 언약을 맺고 있는 선하신 창조주에 대한 신앙에 참을 수 없는 도전으로 간주하였다. 따라서 예수님과 동시대를 살았던 많은 사람들은 이스라엘이 로마제국 속에서 느헤미야 시대처럼 유배적인 형태의 삶을 살고 있으며 하나님께서 다시 권세를 잡으실 때 이로부터 해방시키실 것이라 생각했다. 또한 하나님께서 보내시는 한 사람이 당시의 상황에서는 엄청난 경제적 군사적 권세를 붕괴시키리란 기대도 이에 상응하게 큰 것이었다. 사람들이 예수님의 입으로부터 하나님께서 오시며, 자기 백성과의 언약을 새롭게 하시며, 유배생활을 끝내시며 하나님의 해방시키는 통치를 행하시리라는 말씀을 들었을 때 어떤 기분이었을지는 상상할 수 없을 정도이다. 이사야와 예레미야와 에스겔 선지자의 위대한 약속들이 그들의 눈앞에 펼쳐진 것이다. 예수님은 나사렛의 회당에서 이사야서 61장에 대한 첫 공적 설교를 행하셨을 때 아주 의도적으로 이 약속들을 언급하셨다. 메시지는 짧고 명료했다.

오늘날의 우리에게도 어떻게 우리가 존 스타인벡의 소설 속 캘리포니아 농장노동자들의 은행과 비슷하게-그러나 결코 은행만은 아니다- 불의나 고통을 허용할 뿐 아니라 때때로 생산하기까지 하는 상황 속에서 어떻게 대처해야하는지에 대한 질문이 제기되고 있다.

"이 글이 오늘날 너희 귀에 응하였

느니라(눅4:21)."

물론 예수님은 이 기회에 얼마 전 시험하는 자에 대항해 주장하셨던 메시아역할에 대한 자신의 완고한 해석도 암시하셨다. 시험하는 자는 예수님께 대중들의 기대하는 바들을 제공하며 명예와 권세를 미끼로 예수님을 꾀었다. 이에 대항하여 예수님은 이 인과응보의 측면(대중들이 사랑했던, 거만한 자들이 불쾌하지 않게 받아들였던 그리고 권세에 굶주린 자들은 포기할 수 없는 것으로 간주했던 측면)을 완전히 무시하셨다. '언제 이스라엘에 대한 하나님의 통치가 마침내 회복될 것인가' 라는 옛 민족적 논리에 입각한 질문이 오갈 때, (행1:6), 예수님의 제자들은 복수에 대한 포기 그리고 정당한 요구를 폭력적으로 관철하는 것에 대한 포기의 모든 귀결을 부활사건 이후에도 완전히 이해하지 못했다. 그리고 오늘날의 우리에게도 어떻게 우리가 존 스타인벡의 소설 속 캘리포니아 농장노동자들의 은행과 비슷하게-그러나 결코 은행만은 아니다- 불의나 고통을 허용할 뿐 아니라 때때로 생산하기까지 하는 상황 속에서 어떻게 대처해야하는지에 대한 질문이 제기되고 있다.

이는 우리의 일에서 우리가 항상 '괴물들'과 연관되어 있으며 이 괴물들로부터 많은 사람들을 괴롭히는 '어쩔 수 없는 제한들'이 발생한다는 것을 뜻한다. 이것은 회사나 부서 안의 불신과 부정직함의 풍조에서 시작될 수도 있고 부유한 나라들과 가난한 나라들 간의 커다란 불의에서 끝날지도 모른다. 그리스도인인 우리 또한 다른 모든 사람들과 마찬가지로 이러한 조건에 노출되어 있다. 그러나 세상 사

그러므로 이것은 또 다시 옛 행동양식을 깨트린 개인 혹은 소수로 시작된다.

람들과 다른 우리 그리스도인들의 차이는 이러한 조건들을 대하는 태도에 있다. 우리는 이들의 외견상의 강대함에 굴복할 필요도 없으며 그저 반응만 하거나 결국엔 상처 입은 혁명가로 끝나기 위해, 분노에 사로잡혀 전망 없는 싸움 속에 자신을 소진시키는 실수를 하지 않아도 된다. 하나님의 나라가 온다. 즉 나는 내 권리를 스스로 주장하거나 옛 도구들을 갖고 뚫고 나갈 필요가 없다는 뜻이다. 우선 먼저 우리는 하나님의 도움으로 내적으로 이러한 권세들의 작용(지배)으로부터 해방될 수 있다. 이것은 만연된 두려움의 분위기 속에서 적극적으로 신뢰하며 혹은 모두가 굴복하는 탐욕대신 후하게 베푸는 것, 비방하지 않고 다른 사람들을 의식적으로 칭찬하고 존경하는 것 또는 드러내어 인정해 주는 것을 의미한다. 그러므로 이것은 또 다시 옛 행동양식을 깨트린 개인 혹은 소수로 시작된다. 이로써 우리는 다른 사람들도 만연해 있는 권세들로부터 자유롭게 되기 위한 전제조건을 형성한다. 당신은 (아마도 일생에 처음으로) 다르게 살 수도 있다는 것을 보게 될 것이다.

시간을 미룸

한편으로 예수님은 말씀하신 비유들 속에서 하나님께서 세상 안에서 하나님의 구원의 통치를 관철시키시기 위해 일어나셨다는 것을 확증하셨다. 즉 구원의 통치는 인간의 행복을 위함이다. 예수님은 치유하시며 귀신을 내어 쫓는 것을 통해 자신이 하나님이 보내신 자로서 빈 약속의 말만 잔뜩 갖고 있는 것이 아님을 강렬하게 증명하셨다. 예수님은 또 하나님의 역사가 인간의 마음속에서 시작되며 본래의 원수는 로마의 권좌에 앉아 있는 것이 아니라 화목 되지 못한 인류의 마음속에 있다는 것을 많이 말씀하셨다. 따라서 권세의 능보(성 외벽의 끝이나 중간에 배치돼있는 작은 탑-역자 주)를 정면공격하는 것은 정치적이거나 경제적인 불의 체제를 다른 것으로 대체하는 것 밖에는 안 될 것이다. 최근의 역사가 우리에게 가르쳐주고 있는 것이 있다면 아마도 새로운 불의로 대체되지 않으면서 불의한 정부를 폭력으로 제거하는 것은 거의 불가능하다는 사실일 것이다. 한 그리스도인을 대통령이나 최고 간부로 선출하는 것도 충분하지 않다. 그러므로 예수님은 그의 나라가 이 땅으로부터 오지 않는다고 말씀하실 수 있었던 것이다. 그 나라는 순수하게 저 세상의 나라가 아니며, 그렇다고 현존하는 체제와 이 세상의 기관들을 단순히 대체하는 것도 아니며 뚫고 들어가 그것들에게 안으로부터 혁명을 일으키는 것이다.

즉 참된 변화를 위한 전투는 다르게 진행되어야 한다. 이것은 정사와 권세들을 극복할 수 없는 것처럼 보이게 하는 생각 속의 견고한 진(고후 10:4-5)에 대항한 싸움이다. 정세와 권세들은 외적인 압박을 통해서 뿐 아니라 영적으로, 즉 내면으로부터 작용한다. 사람들은 빛 아래 비추어 보았을 때는 잘못되었다고 생각하게 될 어떤 일들을 자유롭게 행하는 것처럼 보인다. 그러나 그들이 전혀 알아채지 못하는 기운이 다스리고 있다. 이러한 권세집단은 영적으로 작용하기 때문에 또한 영적인 권세들로 간주된다. 그렇다고 이것이 이러한 기관이나 운동들 그리고 권력구조들과 별개로 존재하는 어떤 귀신들이 그들의 '뒤'나 '위'에서 끈을 조종하고 있는 것을 의미하지는 않는다. 이런 생각은 대중적인 교화소설에나 적당한 것이다.

하나님의 주된 관심은 이러한 권세들을 다시 그들의 올바른 위치, 즉 하나님의 통치를 위해 섬기며 더 이상 스스로 다스리려 하지 않는 위치에 놓는 것이다. 우리에게는 국가적 사회적 질서, 무역과 산업, 교육과 문화가 필요하다. 만약 이 세계의 문화와 문명의 유산이 하늘의 예루살렘에서 받아들여진다면 아마도 이 모든 것들은 영원의 세계에서도 존재할 것이다. 바울은 예수님의 부활이 스스로 높아진 세상의 권세들을 조롱거리가 되게 하였으며 그들의 가장 나쁜 무기인 멸절과 죽음으로 위협하는 것을 빼앗아버렸다고 쓰고 있다.

> "정사와 권세를 벗어버려(혹 폐하여) 밝히 드러내시고 십자가로 승리하셨느니라(골2:15)."

비록 이 권세들이 우리 주위에서 여전히 엄청나게 적극적이며 생생하게 작용하고 있을지라도, 이제 그리스도인들은 자유 가운데 두려움 없이 혹은 양심의 가책 없이, 다른 권세들이 마음과 생각을 주장하는 일 없이 살 수 있다. 이 권세들의 시간은 제한되어 있으며 그들의 운명은 결정되어 있기 때문이다. 예수님과 유대교에서 통용되는 기대들 간의 특징적인 차이는 새로운 것이 옛 것을 그저 교대하여 완전히 대체하는 것이 아니라 새로운 시대, 하나님의 새로운 세계질서가 옛 것 안에 이미 시작되었다고 하는 것이다. 항상 그렇듯이 옛것과 새 것이 서로 만나면 극심한 긴장을 불러 일으킨다. 바울은 이러한 과정을 출산 전의 아픔과 비교한다. 아이가 태어난다. 아이는 아직 보이지 않지만 전혀 의심할 여지없이 이미 '현존하여' 있다.

예수님과 유대교에서 통용되는 기대들 간의 특징적인 차이는 새로운 것이 옛 것을 그저 교대하여 완전히 대체하는 것이 아니라 새로운 시대, 하나님의 새로운 세계질서가 옛 것 안에 이미 시작되었다고 하는 것이다.

이렇게 세상은 새로운 창조의 등장을 그 중심에서 고통스러운 것으로, 힘든 것으로, 때로는 거의 생명을 위협하는 것으로 경험한다. 어머니들이 아이가 태어나는 것을 기뻐하며 고통이 끝나리라는 것을 알기에 이러한 고통을 견디듯이 그리스도인들도 작고 큰 일 가운데 매일 그들을 둘러싸고 있는 권세들이 흔들리게 될 때 침착할 수 있다. 그리스도인들은 흔들림 속에서 고통 외에 약속도 또한 볼 수 있다. 그리스도인들은 (언젠가는 전부 받게 될) 새로운 삶의 제 1회 불입금으로 성령을 받았기 때문이다.

우리는 옛 영겁의 논리를 따르는 사회와 경제체제 속에서 이를 똑같이 당연하게 여기는 사람들에 둘러싸여 살고 있다. 그러므로 우리는 옛것과 새것 사이의 긴장을 또 어디에서나 만나게 된다. 아담 이후로 일이 재앙이 되었으며 결과는 실망스럽다는 것을 모든 사람들이 경험하는 반면 이러한 긴장은 새로운 세계의 '시민'들만 겪고 있는 그 무엇이다. 이것은 매번 심한 갈등과 논쟁을 불러올 수 있다. 우리가 이런 상황들 속에서 어떤 태도를 취할 것인가에 관해서는 다음 장들에서 이야기 되고 있다. 여기에서 다루는 것은 우선 이러한 갈등들이 생기는 것은 우리가 무엇을 잘못했기 때문(만)이 아니라 우리가 하나님의 눈으로 볼 때 바르게 행동하기 때문일 때가 많다는 것을 이해하는 것이다. 즉 진리를 말하고 약자를 보호하며 약속을 지키고 복수하지 않으며 자신의 이익을 모든 힘을 동원하여 관철시키지 않는 행동들이다.

폭도들의 침입

이제 우리가 죄의 옛 시대와 은혜의 새로운 시대가 어떻게 겹치는지 이해했다면, 하나님은 결코 창조세계를 최후의 폭음과 같은 형태로 멸망시키려고 계획하신 적이 없으며 오히려 창조세계를 회복시키려하신다는 것 또한 단번에 분명해질 것이다. 신약성경에 따르면 이 세상의 시간이 끝을 향해 가고 있지 이 땅이 끝을 향해 가고 있는 것은 아님이 개념적으로 명확하게 구분되고

> 신약성경에 따르면 이 세상의 시간이 끝을 향해 가고 있지 이 땅이 끝을 향해 가고 있는 것은 아님이 개념적으로 명확하게 구분되고 있는데 대부분의 성경번역들에서는 이 차이를 명확하게 드러내지 않는다.

있는데 대부분의 성경번역들에서는 이 차이를 명확하게 드러내지 않는다. 비록 옛 시대의 멸망에 강렬한 비유들이 사용되었긴 하지만 이것은 엄청난 변혁을 상징화하기 위한 장치일 뿐이다. 비슷하게 베드로도 성령강림 시 선지자 요엘을 인용할 수 있었으며 약속의 성취를 확언할 수 있었다. 그곳에 기술되었던 하늘의 계시록적인 징조가 문자 그대로 나타나지 않았을지라도 말이다. 그러나 근본적인 것, 즉 극단적으로 새로운 성령의 도래는 늘 있어왔다. 예수님과 창조도 이와 마찬가지인 것이다. 이것은 이미 이러한 해방을 갈구하며 우리 인간들이 밀어 넣은 파괴상태에서 괴로워하는 세상의 회복에 관한 것이다. 일반적으로 지금은 우리에게 닫혀있는 세상의 아름다움과 가능성들의 충만함을 하나님의 새로운 세계질서 속에선 만끽할 수 있을 것이다. 그때까지 하나님은 우리가 단지 이따금씩만 완성된 창조의 방향을 흘깃 볼 수 있도록 해 주신다. 이는 우리가 싸움에 지치고 체념하여 뒤로 물러서거나 세상을 끝이 날 것 같아 보이지 않는 혼돈 속에 그냥 내버려 두지 않도록 하기 위함이다.

그런 다음 우리는 더 긴 분석에 들어가야만 한다. 미래에 관해서는 주사위는 이미 부활절에 던져졌지만 저항은 많은 곳에서 여전히 고집스

> 미래에 관해서는 주사위는 이미 부활절에 던져졌지만 저항은 많은 곳에서 여전히 고집스럽게 계속되고 있다.

럽게 계속되고 있다. 이 상황은 자주 2차 세계대전의 경과와 비교되어 졌다. 늦어도 연합군의 노르망디 상륙 이후, 그러니까 소위 D-Day라 불리는 1944년 6월 6일에 전쟁은 근본적으로 결정이 났지만 그럼에도 나치 독일의 항복(V-Day라고도 불리는)이 확정되기까지 수개월 간 큰 궁핍 속에 싸움을 계속했어야만 했다. 예수님 자신도 달라스 윌라드가 적절하게 표현하듯 하나님 통치의 첫 '교두보' 였다(Dallas Willard, The Divine Conspiracy, Rediscovering Our Hidden Life In God, 34쪽). 연합군과는 반대로 예수님은 엄청난 병력과 함께 상륙하시지 않고 홀로 상륙하셨다—옛 체제의 저항이 스티븐 스필버그 감독이 '라이언 일병'에서 묘사했던 것 보다 덜 격렬하거나 덜 절망스러웠던 것이 아님에도. 최근의 사담 후세인의 통치 아래 이라크에서와 마찬가지로 당시 나치 독일에서는 무너진 정부의 프로파간다가 최후까지 여전히 기능했던 것이었다. 이것은 제 삼의 관람자의 입장을 혼란스럽게 만든다. 그러나 우리는 관람자로 부름 받은 것이 아니라 비폭력적인 저항으로 함께 싸우는 자로 부름 받았다. 예수님은 이 통치가 도입되도록, 그 통치가 아직 인정되지 않고 있는 모든 영역들에, 사적인 삶과 공적인 삶에 도입되도록 기도하라고 가르치신다. 그러므로 우리의 경우 싸움은 인간들을 대항하는 것이 아니라 태도와 사고방식, 불신앙과 불신, 이기주의와 탐욕의 분위기, 여러 '괴물들'의-그것이 경제적이나 정치적인 성격의 것이든 종교적인 성격의 것이든- 공격에 대항하는 것이라는 사실이 중요하다. 마음은 외적인 압력으로 변화되지 않고 하나님의 사랑을 만남으로써 변화된다. 다른 통치를 받고 있는 영역에서 하나님의 '대리자'인 우리의 목적은 그 예속된 자들을 탈영하도록 만드는 것이다. 이 일은 단지 도래하는 통치자가 지금까지의 통치자보다 더 좋다는 것을 우리에게서 읽을 수 있을 때에만 가능하다. 왜냐하면 그분은 복종이나 멸망이 아닌 '정복된 지역'의 재건을 생각하고 계시기 때문이다.

파괴적인 섬김

마음으로 사람들을 섬기는 것이 분명 결정적인 요소이다. 예수님은 자신의 활동과 세상 권세자들의 권력욕을 날카롭게 대비시키셨고 제자들에게 이 모범을 따르라고 촉구하셨다. 하나님의 나라에서는 왕 자신도 온전한 주권 가운데 섬기는 자가 되었기 때문에 섬기는 자 이상으로 더 높이 오를 수 없다. 섬김은 통치하시는 하나님의 방식이라고도 말할 수 있을 것이다. 각자가 서로 대항하고 모두 자기 자신을 위해 싸우는 세상에서는 자신을 돌아보지 않는 섬김이 파괴적인 행위가 된다. 이것은 혁명적인 행동이며 이 행동은 타락한 권력구조의 기둥들을 무너뜨린다. 섬김 -이것은 행동 속의 사랑과 결코 다르지 않다- 은 우주의 가장 큰 힘을 계산에 넣는다. 하나님의 통치, 이것은 사람들이 언젠가 '하늘나라에 간다'는 것이라기보다 예수님 안에서 하늘나라가 사람들에게 온다는 것을 의미한다. 섬김의 삶은 예수님이 몸소 보여주셨고 성자라 불리는 몇몇 소수의 사람들이 실천했다. 아시시의 성자 프란시스코도 그 소수의 사람에 속한다. 특별한 존재가 되려고 그렇게 한 것이 아니라 그저 이것을 예수님의 제자의 당연한 생활양식으로 여겼었기 때문이다. 그와 동시대 사람이었던 교황 이노센트 3세는 권력을 가장 잘 자각하고 있던 중세 지배자 중 한사람이었다. 오늘날에도 역사가가 아닌 사람들에게서도 이노센트의 이름은 회자되지만 크게 존경하여 말하는 경우는 드물다. 그러나 프란시스코는 당시에도 이미 수천 명의 젊은 남성들을 열광시켰다. 유럽의 최고 두뇌들 중 몇몇은 그의 운동에 동참했고 빛나는 경력을 보장하는 전망들을 포기하였다. 몇 년이 못 되어 그들은 유럽의 거의 모든 도시에서 발견될 수 있었다. 프란시스코 자신도 거룩한 땅까지 여행을 했고 전쟁터를 횡단했으며 이슬람국의 황제인 술탄을 만났다. 전혀 다른 성격의 십자군으로서 그는 예수 그리스도에 대한 증인으로 그곳에 깊은 인상을 남겼다. 이렇게 위대한 그리스도인들이 더 있었더라면 세계의 역사는 아마도 다르게 흘러갔을 것이다. 프란시스코가 오늘날에도 수많은 젊은이들과 나이 든 사람들을 열광시키는 것은 이상한 일이 아니다.

"그는 역사에 등장했던 가장 강력한 예수님 중심의 사람이었다(Walter Nigg, 위대한 성자들, 47쪽)."

옛 세상-새로운 인간

정의는 하나님 나라의 일정표 맨 위에 있다. 그리고 이것은 우리 죄인들이 죄를 용서받았다는 것과 같은 정신적인 형태로 뿐만 아니라(이것도 물론 포함이다) 하나님의 실재, 하나님과 화목됨 그리고 하나님의 뜻에 적극적으로 헌신하는 것을 반영하는 생활양식의 형태로 존재한다. 이것이 한 개인에게서 어떻게 나타날 수 있는가에 대해 예수님은 산상수훈에서 설명하셨다. 복수와 보복을 포기하고 자신의 권리를 비폭력적으로 옹호하고 분노와 화를 제어하며 원수를 사랑하고 여성과 남성 간에 정절을 지키고 존경하며 물질적인 안정으로부터 자유하며 어떤 종교적 성과를 통해 하나님과 다른 사람들을 조종하려는 것을 포기하고 또 피상적인 것들을 근거로 다른 사람들을 정죄하지 않는 것과 같은 것들이다. 이러한 생활양식은 예수님께서 자신의 제자들에게 요구하시는 '더 나은 정의'이다. 더 낫다는 의미는 그것에 대해 자부심을 느낄 수 있다는 의미가 아니라 사람이 자신의 정체성과 자리를 하나님 안에서 확신하게 될 때 그 어떠한 세상적인 비교나 판단 등이 더 이상 필요치 않기 때문에, 즉 절대적으로 더 낫다는 뜻이다. 또 이 더 나은 정의는 타락한 세상의 옛 질서로 생각하지 않고(이 질서는 모든 규칙들의 결점을 타진하고 다루려 한다) 성령을 통하여 새로운 생각을 할 수 있도록 자유를 주고 우리가 하나님의 기준에 따라 실제로 선하고 아름답고 올바른 것(롬12:1-3)을 새롭고 명백하게 깨닫도록 만든다. 하나님의 질서가 새롭게 시작되는 것이다.

바울도 또한 어떻게 새로워진 사람이 옛 시대 속에서 정의롭게 살 수 있을 것인가에 대해 아주 자세한 생각을 갖고 있었다. 에베소서 6장에서 그는 어떻게 이 싸움이 사회적인 차원과 그 사회의 정신적 경향들(일반적인 의미에서 우리의 일의 세계)의 차원, 그리고 이곳저곳에서 불의를 계획하고 행하는 다른 사람들과 대면(특별한 의미에서 나의 일의 세계),에서만 치열한 것이 아니라, 무엇보다 우리 각 개인의 마

> 그러므로 이것은 악을 피하거나 방해하는 것에 관한 것뿐만이 아니라 온힘을 다해 하나님께서 우리를 통해 모든 상황에서 이루실 수 있고 또 이루시기 원하는 선을 구하는 것에 관한 것이다.

음과 태도에서도 치열하다는 것을 묘사하고 있다. 나 자신이 싸움터가 될 것이며 하나님의 도움과 보호가 없이는 부정적인 외부의 영향들이 언젠가 우위를 차지하게 될 것이다. 일반적으로 이 영향들은 강요나 협박보다는 술책과 속임수를 통해서 우위를 차지하게 된다. 우상들인 돈(맘몬), 섹스(아프로디테) 그리고 권력(황제숭배)은 더 강한 힘이 보이지 않을 때 자신들의 영향력을 늦추는 법이 거의 없다. 이에 대항하여 바울은 조정하는 힘의 큰 소용돌이 안에서 견고한 입장을 유지하기 위해 일련의 적극적인 대항방법들을 권하고 있다. 즉 진리와 정의의 편에 설 것과 적극적으로 복음을 전파할 것, 우리 삶에서 다른 목소리들 보다 하나님의 약속들을 더 진지하게 받아들이는 것이 그것이다. 또 우리의 구원이 우리 자신으로부터가 아닌 하나님께로부터 온다는 것을 이해하고 어지럽고 혼란한 상황을 향하여 하나님의 말씀을 용기 있게 말하는 것-기도 가운데, 그러나 조용한 골방에서뿐만 아니라-이다. 그러므로 이것은 악을 피하거나 방해하는 것에 관한 것뿐만이 아니라 온힘을 다해 하나님께서 우리를 통해 모든 상황에서 이루실 수 있고 또 이루시기 원하는 선을 구하는 것에 관한 것이다. 이렇게 하나님의 혁명은 아주 다른 방식으로 작용한다. 우리는 우리의 자유를 주장하면서 다른 사람들이 (우리를 통해) 자유를 발견하고 이러한 변화들이 시간이 얼마나 걸리든 또 더 큰 영역들로 확대되기 위한 기초를 놓는다.

  영국의 주교인 라이트(N. T. Wright)는 다음과 같은 일상의 전술을 구체적으로 우리에게 권한다.

    "당신이 무릎을 꿇고 기도할 때마다, 특히 당신이 하나님 나라의 기도(주기도문)를 드릴 때마다, '권세들'이 아닌 예수님이 주님이심을 말쓸하십시오. 당신이 식사기도를 할 때마다 예수님이 주님이시며 세상과 세상이 제공할 수 있는 모든 것은 예수님께 속하였고 독립적인 주권을 갖고 있지 않다는 것을 말씀하십시오. 그리고 우리가 성찬식을 거행할 때 마다 우리는 상징적인 행위의 능력을 통해 도시로, 시골로, 세상으로, 우리들의 집으로, 우리의 부부관계로, 우리의 은행계좌로 메아리를 울리는 방식으로 그리스도의 승리를 축하하는 것입니다. 하나님이 하나님이시며, 예수님은 하나님의 보이는 형상이시며 하나님이 오늘날에도 인간이란 존재를 노예화하며 억압하는 악의 권세들을 이기셨다는 강력한 복음의 메아리를 말입니다(N. T. Wright, Following Jesus. Biblical Reflections On Discipleship, 21쪽)."

참고도서

Ulrich Beck/Elisabth Beck-Gernsheim, Das ganz normale Chaos der Liebe, Frankfurt 1990

Richard Nelson Bolles, Durchstarten zum Traumjob. Das Handbuch für Ein-, Um- und Aufsteiger, Frankfurt/New York 2002

Ian Bradley, Der keltische Weg, Frankfurt 1996

William Bridges, Manager in eigener Sache. Wie man auf dem neuen Arbeitsmarkt durchsetzt, München 1998

Bruder Lorenz von der Auferstehung, Allyeit in Gottes Gegenwart. Briefe, Gespräche und Schriften. Mit der Lebensbeschreibung von Gerhard Teerstegen, Metzingen 1984

Steven R. Covey, A. R. Merrill, Rebecca R. Merrill, Der Weg zum Wesentlichen. Zeitplanung der vierten Generation, Frankfurt 1997

Mihalyi Csikszentmihalyi, Flow. Das Geheimnis Des Glücks, Stuttgart 1992

Viktor Frankl, Der Mensch auf der Suche nach Sinn. Zur Rehumanisierung der Psychotherapie, Freiburg 1972

Suzanne Franks, Das Märchen von der Gleichheit. Frauen, Männer und die Zukunft der Arbeit, Frankfurt 2002

Erich Fromm, Die Kunst des Liebens, Frankfurt/Berlin/Wien 1980

Daniel Goleman/Paul Kaufman/Michael Ray, Kreativität entdecken, München 2000

Mark Greene, Imagine. How we can reach the UK, London 2003

Erik Händeler, Die Geschichte der Zukunft, Moers 2003

Brian Hathaway, Beyond renewal. The Kingdom of God, Milton Keynes 1990

Werner Heisenberg, Der Teil und das Ganze, München 1969

Leo Nefiodow, Der sechste Kondratieff, in: Knoblauch/Marquardt(Hg.), Mit Werten in Führung gehen. Konzepte christlicher Führungskräfte, Gieβen/Basel 2001

Walter Nigg, Groβe Heilige, München 1981

Horst W. Opaschowski, Deutschland 2010. Wie wir morgen leben-Voraussagen der Wissenschaft zur Zukunft unserer Gesellschaft, Hamburg 1997

Rob Parsons, The Heart Of Success. Making It In Business Without Losing In Life, Lodon 2002

Richard Sennett, Der Flexible Mensch. Die Kultur des neuen Kapitalismus, Berlin 2002

John Steinbeck, Die Früchte des Zorns, Zürich 1974

Rick Warren, Leben mit Vision. Wozu um alles in der Welt lebe ich? Asslar 2003

Walter Wink, Engaging The Powers. Discernment and Resistance in a World of Domination, Minneapolis 1992

Dallas Willard, The Divine Conspiracy. Rediscovering Our Hidden Life In God, San Francisco 1998

N.T. Wright, Following Jesus. Biblical Reflection On Discipleship, Grand Rapids 1994

Rosamund Stone Zander, Ben Zander, The Art Of Possibility. Transforming Professional And Personal Life, Boston 2000

그리스도인으로살기운동 소개

'그리스도인으로살기운동' 은 영문으로 CHRISTIAN LIFESTYLE MOVEMENT 라 하고 약자로 CLM이라한다.

 핵심성구 …

내가 너희에게 분부한 모든 것을 가르쳐 지키게 하라(마 28:20)

 목 표 …

참된 그리스도인으로 살아가도록 서로 돕고 지원한다.

- 삶의 전 영역에서 하나님 말씀을 실천하는 그리스도인
- 창조 질서 회복과 하나님 나라 건설을 위해서 노력하는 그리스도인
- 먼저 그의 나라와 그의 의를 구하는 철저히 헌신된 그리스도인

 취 지 …

그리스도인으로 살기운동은 "내가 너희에게 분부한 모든 것을 가르쳐 지키게 하라 (마 28:20)" 는 말씀을 핵심 성구로 삼고 있다.

예수님은 마태복음 28장 19-20절의 말씀에서 "너희는 가서 모든 족속으로 제자를 삼아 아버지와 아들과 성령의 이름으로 세례를 주고 내가 너희에게 분부한 모든 것을 가르쳐 지키게 하라"고 말씀하셨다.

예수님은 '제자를 삼고 세례는 주라'는 말씀에 이어서 '예수님이 분부하신 모든 것을 가르쳐 지키게 하라'고 명령하신다.

예수님이 분부하신 것, 그리고 우리가 지키고 가르쳐야 할 것은 성경의 모든 가르침이라고 할 수 있다. 특히 예수님의 말씀이 지켜져야 할 영역은 특정 영역으로 한정될 수 없는 것이다. 우리의 삶의 전 영역에서 예수님의 가르치심이 적용되고 지켜져야 한다.

한국교회는 아직까지 세상과 교회를 나누고 성스러운 영역과 세속의 영역을 나누어 생각하는 경향이 있다. 그래서 우리의 신앙이 교회 안에 한정되거나 그리스도인의 사역의 영역이 교회와 일정한 부분에만 한정되는 경우가 많이 있다.

그러나 성경은 하나님께서 이 세상의 모든 것을 창조하셨고 그 모든 것을 하나님께서 다스리신다고 말씀하신다. 그리고 그 모든 것들이 하나님께 복종되어야 할 것을 말씀하신다.(엡1:22) 또한 하나님께서는 우리가 하나님 나라의 일군이 되어서 이 땅에 하나님 나라를 확장해 나가야할 사명이 있음을 말씀하셨다.

따라서 우리는 세례를 받고 구원을 얻는 것에만 머무르는 것이 아니라 우리의 삶의 전 영역에서 하나님의 말씀이 시행되도록 해야 한다. 또 우리의 사명은 영혼을 구원하는 일뿐 아니라 하나님 나라의 말씀이 이 땅 가운데서 모두 가르쳐지고 지켜지게 하고 이 땅에 하나님의 법과 질서가 시행되게 하는 데 까지 나가야 하는 것이다.

그래서 그리스도인으로 살기운동에서는 먼저 우리가 하나님 나라의 백성으로서 하나님의 말씀의 법을 어떻게 생활 속에서 적용해야 하는지 깊이 고민하고 그것을 우리의 삶속에 실현하며 나아가 이 땅에 하나님의 법과 질서가 시행되도록 일하려는 것이다.

이런 사역을 이루는 그리스도인에게는 당연히 철저한 헌신이 요구된다.

성과 속을 나누는 이원론과 함께 한국교회의 또 하나의 큰 문제는 세속화라고 할 수 있다. 예수님을 좇아 십자가를 지려고 하기 보다는 예수님을 통해서 이 세상에서 더 편하게 번영을 누리며 살겠다는 신앙의 모습이 그것이다.

이런 신앙의 모습으로는 '예수님의 분부한 모든 것을 가르쳐 지키게 하는 것'도 불가능하고 스스로 지키는 것도 힘든 일이다. 우리 그리스도인에게는 예수님께서 말씀하셨던 것처럼 자기의 십자가를 지고 예수님을 좇는 철저한 신앙이 있을 때만이 온전한 그리스도인의 삶을 살 수 있고 그 사명을 감당할 수 있는 것이다.

따라서 그리스도인으로 살기운동에서는 삶의 전 영역에서 예수님의 가르침을 실현하기 위해 노력하는 것과 함께 그에 필수적으로 필요한 철저한 헌신의 신앙으로 나아가도록 스스로 노력하고 그런 온전한 그리스도인의 모습이 이 땅에서 온전하게 되는 것을 사명으로 한다.

CLM 3대 사역 : 계몽사역, 훈련사역, 연구사역

사역이름	사역도구	사역방법
계몽사역	홈페이지	홍보와 활동사항들을 알림, 설문 테스트 등 전인신앙 콘텐츠 개발
	월간지	크리스찬 업그레이드(격월간) - 그리스도인의 삶의 모습과 방법들을 소개
	출판	CLM 목적과 취지에 맞는 글을 번역 또는 저술 출간
	캠페인	CLM 정신이 담긴 뱃지 버튼, 스티커, 달력, 포스터 등을 제작 및 배포
훈련사역	월례회	매달의 생활 점검 독려
	이메일	하루하루 생활을 돕는 메일 발송 서비스
	훈련학교	CLM 훈련학교, CLM 성경공부 개설
	교회지원	교회에 적용할 수 있는 CLM 프로그램 보급 및 지원
연구사역	월례회	상황화신학작업을 통해서 매달 연구를 구체화 함
	컨퍼런스	년 1-2회 연구 컨퍼런스를 개최, 강연 토의 등
	홈페이지	주제별 방과 게시판을 활용하여 자체연구, 관련 문서 수집, 해당전문기관 연대.
	교재개발	각 교회에서 적용할 수 있는 성경공부 교재 및 상황화신학작업 교재 개발

더 자세한 것은 홈페이지 http://www.clm.or.kr을 참고해 주시고 CLM 사무실 (02-744-6679)로 연락주시면 자세히 안내해 드리겠습니다.

그리스도인으로 살기운동에 동참하시면 주 1회 그리스도인으로 살기운동 메일링서비스와 격월간으로 발행되는 '크리스찬업그레이드'를 구독하실 수 있습니다. 그리고 '그리스도인 정체성 버튼달기운동' 및 'CLM 성경훈련 프로그램' 등에 참여하실 수 있습니다.

옮긴이 소개

*이해란*은 독일 Bielefeld 대학 교육학과에서 상담전공으로 Diplom을 하고 현재 그리스도인으로 살기운동 번역 간사로 사역하고 있다

하나님과 함께하는 직장생활

초판발행 | 2006. 12. 27
지 은 이 | 페터 아쇼프
옮 긴 이 | 이해란
편　　집 | 오승희
표지디자인 | 이정은

펴 낸 곳 | 도서출판 CLP(그리스도인으로 살기운동 출판부)
등　　록 | 2005년 2월 21일(제 307-2005-00005호)
　　　　　 서울 성북구 성북동 184-37
　　　　　 T. 02-744-6678　　| F. 0303-0297-6679
　　　　　 http://www.clm.or.kr | e-mail: clp@clm.or.kr

총　　판 | 비전북 T.031-907-3927 / F. 031-905-3927

ISBN 89-957183-1-5 03230